"*O Deus Presente*, de Don Carson, é de muitas maneiras um livro singular e importante. Não é uma teologia sistemática tradicional, nem uma pesquisa bíblica. Antes, explica toda a linha histórica da Bíblia por meio das lentes do caráter e das ações de Deus. Como ferramenta de ministério, pode ser usado para evangelizar, visto que expõe tão completamente a doutrina de Deus, como Paulo o fez no Areópago, em Atos 17. Além disso, este livro também faz o que os catecismos das igrejas da Reforma fizeram: dá aos cristãos um conhecimento básico de crenças e comportamentos bíblicos essenciais. Por todos os meios, obtenha este livro!"

TIM KELLER, PASTOR,
REDEEMER PRESBYTERIAN CHURCH, NEW YORK CITY

"Esse é um livro muito necessário. D. A. Carson é um dos poucos eruditos bíblicos que tem o dom de escrever de maneira simples e cativante. Vivemos numa época em que as pessoas rejeitam ou aceitam prontamente a Bíblia, sem nem mesmo saber o que ela contém. Carson faz um excelente trabalho de explicar as Escrituras para que uma pessoa que nunca a abriu possa entendê-la. Ao mesmo tempo, aqueles que cresceram sob os ensinos da Bíblia acharão nesse livro verdades óbvias e valiosas que os levarão a maior adoração e apreciação do Deus a quem servimos."

FRANCIS CHAN, AUTOR DE CRAZY LOVE

"Que obra maravilhosa! Aprecio o modo como Don Carson harmoniza de maneira atraente a história de Deus escrita na Bíblia. Esse livro é um tesouro tanto para aqueles que desejam saber o que as Escrituras dizem quanto para aqueles de nós que a lemos, ensinamos e vivemos já por muitos anos."

DR. CRAWFORD W. LORITTS JR.,
PALESTRANTE, AUTOR,
PASTOR DA FELLOWSHIP BIBLE CHURCH, ROSWELL

"Estou constantemente à procura de bons livros sobre as questões da fé para alunos dedicados. Geralmente as escolhas são poucas. *O Deus presente*, de D. A. Carson, oferece material proveitoso que eu posso recomendar de coração. É desafiante, mas respeitoso, instigador do pensamento, mas acessível, fiel à fé cristã histórica, mas relevante para o nosso mundo que muda constantemente. Espero que muitos alunos e professores considerem-no com seriedade."

RANDY NEWMAN, CAMPUS CRUSADE FOR CHRIST, AUTOR DE
QUESTIONING EVANGELISM E CORNER CONVERSATIONS

"Se você já desejou ouvir a história de Deus, esse livro é para você. Se você já quis estar face a face com o Deus que o criou, amou e salvou, esse livro é para você. Se você nunca abriu a Bíblia ou vagueou por uma igreja cristã, esse livro é *especialmente* para você."

SAM CHAN, PALESTRANTE EM TEOLOGIA,
PREGAÇÃO, ÉTICA E EVANGELIZAÇÃO,
SIDNEY MISSIONARY AND BIBLE COLLEGE, AUSTRÁLIA

"Esse livro pode ser um dos mais excelentes e mais influentes que D. A. Carson já escreveu. É uma apologia abrangente para a fé cristã e está fundamentado na exposição cativante de importantes passagens bíblicas, traçando a história cronológica do evangelho da graça de Deus, com rico discernimento teológico. Relacionado habilidosamente às objeções e às questões suscitadas pela cultura do século XXI, esse livro inspirará e equipará todo cristão que deseja falar de Cristo mais eficazmente; e pode ser dado a qualquer interessado que procura descobrir o âmago da fé cristã. É o melhor livro desse tipo que já li em muito anos."

DAVID J. JACKMAN,
PROCLAMATION TRUST, LONDRES

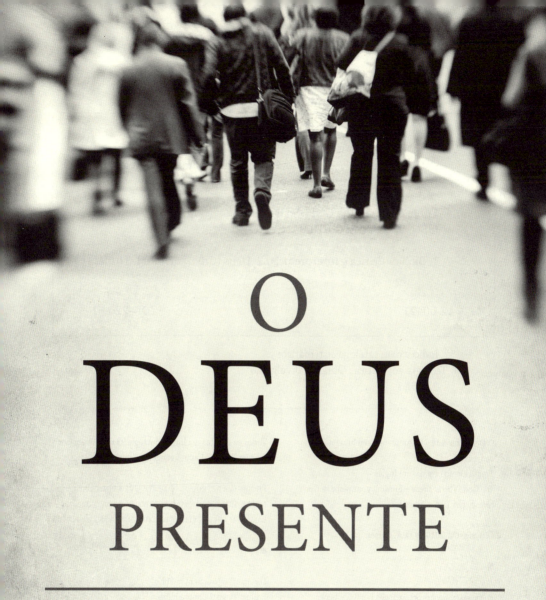

O DEUS PRESENTE

Encontrando seu lugar no plano de Deus

Dados Internacionais de Catalogação na Publicação (CIP)
(Câmara Brasileira do Livro, SP, Brasil)

Carson, D. A.
　　O Deus presente / D. A. Carson ; [tradução Francisco Wellington Ferreira]. - - São José dos Campos, SP : Editora Fiel, 2012.

　　Título original: The God who is there..
　　ISBN: 978-85-8132-010-6

　　1. Bíblia - Crítica e interpretação 2. Deus (Cristianismo) I. Título.

12-00421　　　　　　　　　　　　　　　　　　　　　　　　CDD-220.61

Índices para catálogo sistemático:
1. Teologia dogmática : Obras de divulgação
　　220.61

O Deus Presente – Encontrando seu lugar no plano de Deus
Traduzido do original em inglês
The God Who is There – Finding your place in God's history por D. A. Carson

Copyright © 2010 by D. A. Carson

■

Publicado originalmente em inglês por Baker Books,
Uma divisão de Baker Publishing Group
P.O Box 6287, Grand Rapids, Michigan 49516-6287, U.S.A

Copyright © 2010 Editora Fiel
Primeira Edição em Português: 2012

Todos os direitos em língua portuguesa reservados por Editora Fiel da Missão Evangélica Literária

Proibida a reprodução deste livro por quaisquer meios, sem a permissão escrita dos editores, salvo em breves citações, com indicação da fonte.

■

Diretor: Tiago J. Santos Filho
Editor: Tiago J. Santos Filho
Tradução: Francisco Wellington Ferreira
Revisão: Márcia Gomes
Diagramação: Wirley Corrêa - Layout
Capa: Rubner Durais
ISBN: 978-85-8132-010-6

Caixa Postal, 1601
CEP 12230-971
São José dos Campos-SP
PABX.: (12) 3919-9999
www.editorafiel.com.br

PARA

BEN E LYNAE PEAYS

SUMÁRIO

PREFÁCIO — 11

1. O DEUS QUE CRIOU TODAS AS COISAS — 15

2. O DEUS QUE NÃO DESTRÓI REBELDES — 39

3. O DEUS QUE ESCREVE SEUS PRÓPRIOS ACORDOS — 61

4. O DEUS QUE ESTABELECE LEIS — 77

5. O DEUS QUE REINA — 101

6. O DEUS QUE É INESCRUTAVELMENTE SÁBIO — 121

7. O DEUS QUE SE TORNA UM SER HUMANO — 143

8. O DEUS QUE DÁ O NOVO NASCIMENTO — 169

9. O DEUS QUE AMA — 191

10. O DEUS QUE MORRE – E VIVE NOVAMENTE — 213

11. O DEUS QUE DECLARA JUSTO O CULPADO — 239

12. O DEUS QUE REÚNE E TRANSFORMA SEU POVO — 236

13. O DEUS QUE É BASTANTE IRADO — 285

14. O DEUS QUE TRIUNFA — 301

Prefácio

Se você não sabe nada sobre o que a Bíblia diz, o livro que agora está em suas mãos é para você.

Se você se tornou recentemente interessado em Deus, ou na Bíblia, ou em Jesus, mas, com franqueza, acha que grande quantidade do material sobre o assunto é desanimador e não sabe onde começar, esse livro é para você.

Se você tem frequentado uma igreja cristã por muitos anos, de maneira indiferente – uma ótima atividade extracurricular e ocasional –, mas chegou à conclusão de que realmente precisa saber mais, esse livro é para você.

Se você tem algumas passagens da Bíblia guardadas em sua mente, mas não tem a menor ideia de como o êxodo se relaciona com o exílio ou por que o Novo Testamento é chamado de Novo Testamento, esse livro é para você.

Se, em sua experiência, a Bíblia contém milhares de informações, mas você não sabe como ela revela a Deus ou lhe apresenta Jesus de um modo totalmente humilhante e transformador, esse livro é para você.

Esse livro não é para todos. A pessoa que quer apenas uma breve introdução ao cristianismo poderá achá-lo muito grande. O que tento fazer aqui é passar pela Bíblia em 14 capítulos. Cada capítulo focaliza uma ou mais passagens bíblicas, explicando e procurando estabelecer conexões com o contexto maior, unindo as ideias para mostrar como elas convergem em Jesus. No geral, pressuponho pouca familiaridade anterior com a Bíblia. Entretanto, pressuponho que o leitor pegará uma Bíblia e ficará com ela perto de si. No capítulo 1, falarei como você pode manusear uma Bíblia.

Apresentei o material contido nesses capítulos em vários lugares. No entanto, eu o apresentei recentemente como uma série de mensagens pregadas em dois fins de semana, em Minneapolis e Saint Paul. Essa série foi gravada em vídeo e está disponível em DVD. Cada palestra pode ser baixada como um arquivo de vídeo gratuito de thegospelcoalition.org. Os vídeos em série são paralelos quase exatos aos capítulos aqui apresentados.

Meus calorosos agradecimentos àqueles que me ajudaram a reunir essa série de mensagens. A lista dos nomes poderia ser surpreendentemente longa. Gostaria de mencionar, em especial, Lucas Naugle e sua equipe de vídeo, por sua competência e profissionalismo; vários membros do ministério Desiring God, por organizarem as palestras em Minneapolis e Saint Paul; Andy Naselli, pela transcrição inicial; e Ben Peays, o diretor executivo da The Gospel Coalition, por elaborar os detalhes. Sou especialmente grato por aqueles que ouviram partes desse material em ocasiões anteriores e fizeram perguntas inteligentes e perscrutadoras que me forçaram a ser um pouco mais claro do que eu seria.

Tenho de dizer-lhe que não pretendo ser um observador neutro, avaliando com frieza o que alguns considerarão como os prós e os contras da fé cristã. Tentarei ser tão cuidadoso quanto possível em lidar com a Bíblia, mas preciso dizer-lhe que sou um cristão. O que tenho achado de Deus em Jesus Cristo é tão maravilhoso que estou ansioso para que outros também o saibam – e conheçam a Deus.

Visto que, neste livro, tento explicar coisas, em vez de supor que todos as saibam, começarei com uma pequena explicação agora mesmo. Durante anos, tenho colocado à frente de meu nome, nos prefácios dos livros que escrevi, a frase latina Soli Deo gloria. E a usarei de novo aqui. A frase significa "Glória

PREFÁCIO

somente a Deus" ou "A Deus somente seja a glória". Foi uma das cinco frases cunhadas há 500 anos para resumir uma grande quantidade da verdade cristã – nesse caso, a verdade de que tudo que fizermos deve ser feito para o louvor de Deus, em exclusão da pompa e da autoglorificação humana. O grande compositor Johann Sebastian Bach acrescentava as inicias "SDG" aos manuscritos musicais de cada uma de suas cantatas. Foi usado de modo semelhante por seu contemporâneo George Frideric Handel (mais conhecido pelo que chamamos comumente de "Messias de Handel"). É um pequeno reconhecimento de algo que está na Bíblia que iremos agora ler, em 1Coríntios 10.31: "Portanto, quer comais, quer bebais ou façais outra coisa qualquer, fazei tudo para a glória de Deus". E, se você não sabe o que "1Coríntios" significa, continue lendo!

DON CARSON
SOLI DEO GLORIA

I

O Deus

QUE CRIOU TODAS AS COISAS

Antes de nos engajarmos na primeira passagem da Bíblia, talvez seja proveitoso dizer-lhe aonde chegaremos nessa série.

Houve um tempo em que, no mundo ocidental, muitas pessoas liam a Bíblia toda e, por isso, sabiam como harmonizá-la. Mesmo aqueles que se diziam ateístas eram, eu diria, ateístas *cristãos*. Isso significa: o Deus no qual eles não acreditavam era o Deus da Bíblia. O entendimento deles sobre Deus, que achavam inaceitável, era, em alguma medida, moldado pela leitura da Bíblia que faziam. Contudo, hoje, um número crescente de pessoas não conhece a Bíblia realmente. Nunca a leram ou nunca o fizeram com atenção. Portanto, o ponto de partida para procurar entender o que é o cristianismo e quem é Jesus, é começar a lê-la novamente.

Há muitas maneiras pelas quais podemos apresentar o cristianismo. Podemos, por exemplo, fazer uma breve investigação da história da igreja cristã. Ou podemos começar analisando o que os cristãos creem em diferentes partes do mundo. Todavia, a melhor maneira de fazer isso é examinar os documentos de fundação do cristianismo. Há 66 desses documentos. Eles variam em tamanho, de uma página a pequenos livros. Foram escritos num período de 1.500 anos, em três idiomas. A maior parte deles foi escrita em hebraico. Uma pequeníssima parte foi escrita em um idioma chamado aramaico, semelhante ao hebraico. E a última parte foi escrita em grego. Isso significa que todas as Bíblias atuais – as Bíblias que temos, pegamos, lemos e valorizamos – são traduções do que foi dado originalmente nesses idiomas.

Esses 66 documentos de fundação são muito diferentes em forma e gênero literário: alguns são cartas; outros são oráculos de Deus; alguns são escritos em forma de poesia; alguns são lamentos; alguns contêm genealogias; alguns refletem intensa luta mental e espiritual de crentes que tentam entender o que Deus está fazendo na terra; alguns são escritos em um tipo de literatura que não usamos mais, chamada "apocalíptica", que emprega simbolismo admirável e visivelmente impressionante. Além disso, esses 66 documentos, chamados frequentemente de os "livros" da Bíblia, são surpreendentemente variados em termos de acessibilidade: algumas partes você pode ler com muita facilidade, enquanto outras estão cheias de simbolismo antigo, que têm de ser explicado porque pertencem a uma época e lugar bem diferentes do nosso.

Todos esses documentos de fundação, esses "livros", foram reunidos para constituir "o Livro". Isso é o que a "Bíblia" significa. Ela é o Livro. É o livro de documentos de fundação do cristianismo. E nós, que somos cristãos, insistimos no fato de que Deus se revelou supremamente nas páginas desses documentos. Visto que a maioria das pessoas não lê os idiomas nos quais a Bíblia foi escrita originalmente (hebraico, aramaico e grego), usam uma tradução para o seu idioma. Existem muitas traduções na Bíblia para o Português. Para nosso propósito, não faz muita diferença qual versão você escolher. Normalmente usa-se a Nova Versão Internacional ou Revista e Atualizada de João Ferreira de Almeida. Se em algum momento houver diferença de linguagem entre as versões que sejam significativas, gastarei um tempo explicando-as.

Nestes capítulos, descreverei o que a Bíblia diz, com a intenção de mostrar o que o cristianismo significa e como ele é, quando delimitado por seus próprios documentos de fundação. Algumas vezes, os cristãos abandonam esses documentos e, assim, traem, mesmo que involuntariamente, a herança que receberam. No entanto, a afirmação cristã é que a Bíblia revela o Deus presente.

No primeiro capítulo, refletimos sobre "o Deus que criou todas as coisas". Começamos com o primeiro livro da Bíblia, chamado Gênesis. Os livros da Bíblia estão organizados em capítulos e versículos. Isso significa que, se você abri-la em qualquer de suas passagens, achará uma separação marcada com um número grande (o número do capítulo) e, em seguida, alguns números pequenos (os números dos versículos). Assim, uma referência como "Gênesis 3.16" significa o livro de Gênesis, capítulo 3, versículo 16. Se você não é familiarizado com a Bíblia, a maneira mais fácil de orientar--se quanto à organização dela é abrir as suas primeiras páginas, nas quais você achará uma lista que contém os nomes dos livros em ordem: Gênesis, Êxodo, Levítico, Números e assim por diante, até ao final – todos os 66 livros. Assim, você poderá achar a página para que localize o livro e, quando abrir o livro, achar o número do capítulo e o do versículo. Ao longo destes 14 capítulos, me referirei a muitos livros e a muitas passagens específicas da Bíblia. Se você quiser olhá-los, poderá fazer isso. Todavia, focalizaremos em uma passagem por vez e a consideraremos – e, neste caso, será melhor você abrir sua Bíblia naquela passagem e acompanhar-me.

Mais um pequeno detalhe. Uma olhada rápida na lista de conteúdo da Bíblia mostrará que ela está dividida em duas partes desiguais. Os primeiros dois terços são frequentemente chamados de "Antigo Testamento", que é constituído de 39 dos 66 livros. Abrange a história desde a criação até o período de tempo anterior a Jesus. O último terço da Bíblia é chamado de "Novo Testamento"; é constituído dos 27 livros restantes. Começa com a história de Jesus e se concentra resolutamente nele. Os livros do Novo Testamento procedem, todos, dos primeiros 100 anos dessa era, embora o seu conteúdo também aponte para o fim da História. As expressões "Antigo Testamento" e "Novo Testamento" serão explicadas posteriormente.

GÊNESIS 1-2

Comecemos com Gênesis 1. Talvez você queira ler estes dois breves capítulos, porque as próximas considerações abordarão partes deles. As linhas iniciais da Bíblia dizem isto:

> *No princípio, criou Deus os céus e a terra. A terra, porém, estava sem forma e vazia; havia trevas sobre a face do abismo, e o Espírito de Deus pairava por sobre as águas.*
>
> *Disse Deus: Haja luz; e houve luz. E viu Deus que a luz era boa; e fez separação entre a luz e as trevas. Chamou Deus à luz Dia e às trevas, Noite. Houve tarde e manhã, o primeiro dia.*
>
> Gênesis 1.1-5

Depois, em dias sucessivos, várias coisas foram criadas por Deus. Ele disse: "Haja isto" ou: "Haja aquilo". E, ocasionalmente, um refrão é acrescentado: "E viu Deus que isso era bom" (Gn 1.10). Assim, chegamos ao quinto dia, quando as águas ficam cheias de seres vivos, e os pássaros voam acima da terra, no firmamento do céu (1.20). "Criou, pois, Deus os grandes animais marinhos e todos os seres viventes que rastejam, os quais povoavam as águas, segundo as suas espécies; e todas as aves, segundo as suas espécies. E viu Deus que isso era bom" (1.21).

Depois, no sexto dia: "Produza a terra seres viventes, conforme a sua espécie: animais domésticos, répteis e animais selváticos, segundo a sua espécie" (1.24). Outra vez, no final da descrição: "E viu Deus que isso era bom" (1.25).

> *Também disse Deus: Façamos o homem à nossa imagem, conforme a nossa semelhança; tenha ele domínio sobre os peixes do mar, sobre as aves dos céus, sobre os animais domésticos, sobre toda a terra e sobre todos os répteis que rastejam pela terra.*
>
> *Criou Deus, pois, o homem à sua imagem, à imagem de Deus o criou; homem e mulher os criou.*

O DEUS QUE CRIOU TODAS AS COISAS

> *E Deus os abençoou e lhes disse: Sede fecundos, multiplicai-vos, enchei a terra e sujeitai-a; dominai sobre os peixes do mar, sobre as aves dos céus e sobre todo animal que rasteja pela terra.*
>
> *E disse Deus ainda: Eis que vos tenho dado todas as ervas que dão semente e se acham na superfície de toda a terra e todas as árvores em que há fruto que dê semente; isso vos será para mantimento.*
>
> *E a todos os animais da terra, e a todas as aves dos céus, e a todos os répteis da terra, em que há fôlego de vida, toda erva verde lhes será para mantimento. E assim se fez.*
>
> *Viu Deus tudo quanto fizera, e eis que era muito bom. Houve tarde e manhã, o sexto dia.*
>
> *Assim, pois, foram acabados os céus e a terra e todo o seu exército.*
>
> *E, havendo Deus terminado no dia sétimo a sua obra, que fizera, descansou nesse dia de toda a sua obra que tinha feito.*
>
> *E abençoou Deus o dia sétimo e o santificou; porque nele descansou de toda a obra que, como Criador, fizera.*
>
> Gênesis 1.26-2.3

Em seguida, o restante do capítulo 2 oferece um tipo de expansão referente à criação dos seres humanos, que consideraremos no momento oportuno.

GÊNESIS 1-2 E A CIÊNCIA

Visto que grande parte da cultura do século XXI está convencida que o pensamento científico contemporâneo é fundamentalmente incompatível com os capítulos iniciais de Gênesis, devo dizer algo sobre a abordagem que adoto neste livro. Há quatro coisas a destacar:

1. Há mais ambiguidade na interpretação desses capítulos do que alguns cristãos reconhecem. Por exemplo, alguns cristãos presumem que os dois capítulos, lidos responsavelmente, afirmam que o mundo não é mais do que 4.000 anos mais velho do que a vinda de Cristo. Outros insistem que o relato des-

ses capítulos é totalmente compatível com vastas eras. Em específico, alguns acham que cada "dia" representa uma era. Outros inferem que há um grande intervalo de tempo entre os versículos 1 e 2 de Gênesis 1.

Outros veem a semana de sete dias, descrita em Gênesis, como um artifício literário: a semana da criação está cheia de simbolismo e se focaliza em outros pontos de interesse e não em descrever uma semana literal.

Outros, ainda, dedicam sua energia em comparar esses dois capítulos com outros relatos da criação, existentes no mundo antigo em que o livro de Gênesis foi escrito. Na era babilônica, por exemplo, houve um documento chamado *Enuma Elish*, descrevendo a criação do mundo. Tem sido argumentado que o relato bíblico foi elaborado à semelhança desses mitos babilônicos.

Em resumo, há diferenças de opinião significativas entre os cristãos, sem mencionar aqueles que desejam anular todo o relato. O que faremos com tudo isso?

Afirmo que o relato de Gênesis é uma mistura de gêneros que nos dá realmente alguns detalhes históricos. Ao mesmo tempo, está cheio de simbolismo demonstrável. Selecionar o simbólico e o não simbólico é bastante difícil. Como lidaremos com essa tensão? Eu lhe direi logo adiante.

2. Há mais ambiguidade nas afirmações da ciência do que alguns cientistas reconhecem. Recentemente, os meios de comunicação destacaram as novas aventuras literárias de pessoas como Richard Dawkins (*Deus, um Delírio*), Sam Harris (*A Morte da Fé: Religião, Terror e o Futuro da Razão*), Christopher Hitchens (*Deus Não É Grande: Como a Religião Envenena Tudo*) e outros. Juntos, os seus escritos constituem o que agora é chamado, algumas vezes, de "o neo ateísmo". De modo correspondente, respostas vigorosas, de vários tipos, têm sido escritas. Podemos pensar, por exemplo, em R. Albert Mohler – *Ateísmo Remix*; em David Bentley Hart – *Atheist Delusions: The Christian Revolution and Its Fashionable Enemies* (Ilusões Ateístas: Revolução Cristã e Seus Inimigos Modernos); em Paul Copan e William Lane Craig, editores de *Contending with Christianity's Critics: Answering New Atheists and Other Objectors* (Contendendo Com os Críticos do Cristianismo: Respondendo aos Novos Ateístas e Outros Opositores); ou no ensaio de William

Lane Craig – "Five Arguments for the Existence of God" (Cinco Argumentos em Favor da Existência de Deus), que interage em específico com Richard Dawkins.

Todos os livros do novo ateísmo estão baseados na suposição do materialismo filosófico: tudo que existe é matéria, energia, espaço e tempo – nada mais. Portanto, qualquer coisa que afirme ir além disso ou pertencer a algum domínio que não possa ser reduzido a essas realidades tem de ser rejeitada, até mesmo zombada, como o resquício de uma superstição que foi declarada tolice há muito tempo e deve ser imediatamente abandonada.

Apesar disso, eu conheço pessoalmente muitos cientistas proeminentes que são cristãos. Tenho falado em muitas universidades. Uma das coisas interessantes que descobri foi isto: se eu frequentasse igrejas locais nas proximidades e encontrasse alguns dos professores universitários que pertencem a essas igrejas locais e são crentes comprometidos, o número deles seria constituído mais de professores de ciência, de matemática e de matérias semelhantes do que de professores de artes, psicologia e literatura inglesa. Não é verdade que um cientista não pode ser um cristão. Por isso, alegro-me em recomendar-lhe alguns livros que falam sobre cientistas que são cristãos. Por exemplo, posso recomendar um pequeno livro escrito por Mike Poole, *God and the Scientist* (Deus e o Cientista), ou outro editado por William A. Dembski, *Uncommon Dissent: Intellectuals Who Find Darwinism Unconvincing* (Discordância Incomum: Intelectuais que Acham o Darwinismo Inconvincente), ou a obra escrita por Li Cheng, um ateísta e cientista chinês que se tornou cristão, *Song of a Wanderer: Beckoned by Eternity* (Canção de um Viandante: Atraído pela Eternidade). Está acontecendo mais debates do que percebemos.

Se o seu entendimento das origens se enquadra no paradigma moderno predominante, segundo o qual todo o nosso universo desenvolveu-se de uma grande explosão que aconteceu há aproximadamente 15 bilhões de anos, a partir de uma massa inimaginavelmente condensada, ainda há uma pergunta óbvia a fazer. Quer você apoie ou não a opinião de que essa grande explosão aconteceu sob a direção de Deus, cedo ou tarde você é forçado a perguntar: de onde surgiu aquele material altamente condensado?

É neste ponto que alguns teoristas mostram grande esperteza. Alan Guth escreveu um livro intitulado *The Inflationary Universe* (O Universo Inflacionário). Ele propõe que esse material altamente condensado que, por fim, resultou na grande explosão surgiu do nada. E, se você diz que a física não opera assim, ele responde: "Sim, mas na grande explosão, há o que os físicos chamam de *singularidade*". Uma singularidade é uma ocorrência em que as leis normais da física não operam. Isso implica que não temos acesso a elas. Esse é o ponto de mais selvagem especulação, levando um crítico chamado David Berlinski a escrever:

> "Muita coisa que é publicada é simplesmente absurdo. A derivação de algo a partir do nada, proposta por Alan Guth, é simplesmente incandescente [esterco de cavalo]. [Ora, ele usa outra palavra em lugar de 'esterco', mas quero poupar você.] Não me diga que você deriva algo do nada, quando é evidentemente óbvio a qualquer matemático que isso é um absurdo impressionante".[1]

Em outras palavras, há complicações no domínio da ciência que mostram que ela não é um obstáculo ou uma barreira que impossibilita aos cristãos, que se submetem à autoridade da Escritura e querem realmente aprender da ciência, o diálogo inteligente entre ambos.

3. Qualquer que seja a posição de alguém em relação aos debates atuais sobre o *design inteligente* – um dos debates predominantes em nossos dias –, há uma versão dele que acho quase inescapável. Deixe-me explicar. Durante os últimos 25 anos, vários grupos de pessoas – a maioria constituída de cristãos, mas há não cristãos também – têm apontado para o que chamam de "complexidade irredutível", ou seja, estruturas na natureza e no ser humano tão

---

1 Ron Rosenbaum, "Is the Big Bang Just a Big Hoax? David Berlinski Challenges Everyone", *New York Observer*, June 7, 1998. Este artigo que oferece um resumo sobre Berlinski e sua obra pode ser achada online em: http://www.observer.com/node/40610.

complexas, que seria estatisticamente impossível terem chegado à existência por acaso. Apelar à mutação fortuita, ou à mera seleção dos mais adaptados, ou a quaisquer outros apelos oferecidos nas várias heranças que surgiram do darwinismo, simplesmente não faz sentido. Sistemas vivos têm em si uma complexidade irredutível, que torna estatisticamente impossível que todos os passos necessários, mas altamente improváveis, tenham sido tomados ao mesmo tempo – e, sem essa simultaneidade estatisticamente impossível, a vida não poderia existir. O que isso sugere, argumenta-se, é a necessidade de um *designer*.

Alguns argumentam em resposta – muitos incrédulos e alguns crentes: "Sim, sim, mas esses desenvolvimentos vantajosos, simultâneos e improváveis podem apenas significar que não entendemos os mecanismos. Se começarmos a inserir Deus em tudo que não pudermos explicar, acabaremos colocando Deus nos vazios de nossa ignorância, e, à medida que aprendermos mais, os vazios se encherão, e Deus será retirado. Não precisamos de um Deus dos vazios. Um Deus dos vazios não é apenas péssima ciência, é péssima teologia". E assim o debate continua.

Qualquer que seja a sua posição nesse debate – e a literatura já é imensa –, acho interessante o fato de muitos escritores, que não afirmam ser cristãos, falarem, às vezes, sobre a sua admiração da complexidade inimaginável e do esplendor do universo – uma admiração que chega ao nível do que pode ser chamado de "adoração". Por exemplo, penso no livro fascinante *Just Six Numbers: The Deep Forces That Shape the Universe* (Apenas Seis Números: As Forças Profundas que Moldam o Universo), escrito por Martin J. Rees. Se as realidades físicas que esses números descrevem gerassem um número um pouco maior ou um número um pouco menor, o universo, como o conhecemos, não poderia existir. Por exemplo, tem de haver a distância exata entre uma partícula e outra no nível subatômico para dar equilíbrio às várias forças em andamento. Apenas seis números, tão rigidamente fixos em seus limites maiores e menores, tornam possível o universo físico. Como *isso* aconteceu? Outros escritores descrevem a extraordinária complexidade do globo ocular e, embora sejam abertamente materialistas filosóficos em sua orientação, eles são tão impressionados pela complexidade e maravilha de tudo, que começam a tratar a natureza como um deus.

À luz de um ponto de vista cristão, os instintos desses cientistas são muito bons, exceto que há um Deus que se revelou na glória do que chamamos natureza. Não tenho certeza se é correto argumentar com base na complexidade e glória dos seis números ou na rigidez das penas da cauda do pica-pau ou na complexidade irredutível de uma célula ou do globo ocular, para chegar à conclusão que Deus existe. Afinal de contas, Deus não é apenas uma inferência, o fim de um argumento, a conclusão obtida depois de harmonizar inteligentemente as evidências. Todavia, se você começa com Deus, o testemunho de sua grandeza em tudo que vemos ao nosso redor é extasiante. É necessário um grande desejo por parte do mais cínico dos cientistas para, ao invés de enxergar isso, apenas dizer: "Ora, isso é apenas física. Parem de admirá-lo. Não façam isso. Não há nenhum plano. São apenas moléculas se encontrando com moléculas".

4. Por último, deixe-me dizer de onde vim, enquanto consideramos estes textos. Cerca de 30 anos atrás, um filósofo cristão chamado Francis Schaffer escreveu um livrete intitulado *Genesis in Space and Time: The Flow of Biblical History* (Gênesis em Espaço e Tempo: O Fluxo da História Bíblica). Ele argumenta que uma das maneiras de minimizar alguns dos intermináveis debates que obscurecem as discussões sobre as origens é perguntar: "Qual é o mínimo que Gênesis 1 e os capítulos seguintes devem estar dizendo para que o resto da Bíblia faça sentido?" Portanto, eu me guardarei de dizer-lhe tudo que penso que esses capítulos dizem. Certamente, isso seria muito extenso. O que desejo sugerir-lhe é que, embora os debates sobre o simbolismo e o gênero literário de Genesis 1-2 sejam complexos e a relação deles com a ciência contemporânea seja bastante discutida, há um mínimo irredutível que esses capítulos dizem para que a Bíblia tenha coerência. E isso é o que mostrarei para você nas páginas seguintes.

Então, o que Gênesis 1-2 nos diz?

ALGUMAS COISAS SOBRE DEUS

1. *Deus simplesmente existe*. A Bíblia não começa com um grande conjunto de argumentos para provar a existência de Deus. Não começa com uma abordagem profunda, nem com algum tipo de analogia adjacente ou algo semelhante. A Bíblia apenas diz: "No princípio... Deus" (Gn 1.1). Ora, se os seres humanos fossem o teste de tudo, isso não faria sentido porque, neste caso, teríamos o direito de assentar-nos e julgar sobre a probabilidade da existência de Deus, avaliarmos as evidências e sairmos com certa possibilidade de que talvez exista algum tipo de deus. Assim, nos tornaríamos juízes de Deus. Mas o Deus da Bíblia não é assim. A Bíblia começa de maneira simples, porém categórica: "No princípio... Deus". Ele existe. Ele não é o objeto que nós avaliamos. Ele é o Criador que nos fez, e isso muda toda a dinâmica.

Essa maneira de ver a Deus está ligada a alguns desenvolvimentos no pensamento ocidental que devemos apreciar. Na primeira parte da Renascença (séculos XIV a XVII) e no tempo da Reforma (século XVI), a maioria das pessoas no mundo ocidental pressupunha que Deus existe e sabe todas as coisas. Os seres humanos existem; e, porque Deus sabe todas as coisas, o que nós sabemos tem de ser necessariamente um pequeno subconjunto do que ele sabe. Em outras palavras, todo o nosso conhecimento – porque Deus sabe todas as coisas – tem de ser um subconjunto do que ele sabe exaustiva e perfeitamente. Nessa maneira de olhar a realidade, todo o nosso conhecimento tem de vir a nós, em algum sentido, por Deus revelar o que ele sabe – por Deus revelá-lo na natureza, pelo seu Espírito ou pela Bíblia. Isso simplesmente era o pressuposto.

No entanto, a primeira metade dos anos 1600 testemunhou o surgimento do que é agora chamado de pensamento cartesiano (sob a influência de René Descartes e aqueles que o seguiram). A maneira tradicional de pensar sobre o conhecimento mudou. Mais e mais pessoas baseiam seu conhecimento em um axioma que Descartes tornou popular: "Eu penso, logo, existo". Hoje, todo aluno de primeiro ano de filosofia conhece o axioma de Descartes. O próprio

Descartes pensava que esse era um fundamento para todo o conhecimento humano. Afinal de contas, se você está pensando, não pode negar sua própria existência; o fato de você estar pensando mostra que você existe. Descartes procurava um fundamento sobre o qual cristãos, ateístas, mulçumanos, secularistas e espiritualistas pudessem concordar e que fosse indisputável. A partir desse fundamento e de outras abordagens, ele criou, gradualmente, todo um sistema de pensamento para tentar convencer as pessoas a se tornarem Católicos Romanos.

Observe, porém, como o axioma funciona: "*Eu* penso, logo, existo". Duzentos anos antes, nenhum cristão teria dito isso tão facilmente, porque a existência *de Deus* e o conhecimento absoluto *de Deus* eram pressupostos. *Nossa* existência era dependente dele, e *nosso* conhecimento era um minúsculo subconjunto do conhecimento de Deus. Começar com Deus, e não com "Eu" ou "Eu penso, logo, existo", era amplamente considerado apropriado. Se existimos, é por causa do poder *de Deus*. Nosso conhecimento e nossa existência são dependentes de Deus. Mas, deste lado do pensamento cartesiano, começamos com "Eu". Começo comigo mesmo. E isso me coloca na posição de avaliar não somente o mundo, mas também a moral, a história e Deus, de uma maneira que Deus se torna, no máximo, a inferência de meu estudo. Isso muda tudo.

Entretanto, a Bíblia não segue essa maneira de pensar. Deus simplesmente existe.

2. *Deus criou tudo que não é Deus.* Ele criou tudo que existe. Isso estabelece uma distinção irredutível entre o Criador e a criatura. Deus não é uma criatura; por correlação, nesse sentido absoluto, não somos criadores. Se alguém perguntasse: "Sim, mas como Deus surgiu?", a resposta da Bíblia é que a existência de Deus não depende de nada, nem de ninguém. A *minha* existência depende dele. A existência *de Deus* é autoexistência. Deus não tem causa. Ele apenas é. Ele sempre foi. Por contraste, todas as outras coisas no universo começaram a existir em algum lugar, quer em uma grande explosão, quer em concepção humana. Deus criou tudo. Isso significa que tudo que existe no universo, à parte de Deus, é dependente de Deus.

3. *Há apenas um Deus*. Isso se evidencia poderosamente na Bíblia. Deus falou claramente: "Haja isto", "Haja aquilo", "Deus fez tudo", "Viu Deus que era muito bom". Depois, a Bíblia enfatiza essa verdade repetidas vezes. Por exemplo, nos versículos chamados *Shemá* que os judeus recitam até hoje (e estão no quinto livro da Bíblia: Deuteronômio 6), lemos as seguintes palavras: "Ouve, Israel, o SENHOR, nosso Deus, é o único SENHOR" (Dt 6.4).[2] Há apenas um único Deus.

No entanto, mesmo neste primeiro capítulo da Bíblia há um indício de complexidade na unicidade de Deus. É apenas um indício. É difícil saber exatamente o que esse indício significa, mas ele é impressionante. No relato da criação, lemos: "Deus disse isto", "Deus disse aquilo", "Disse também Deus". Porém, quando chegamos ao relato sobre os seres humanos, lemos: "Também disse Deus: *Façamos* o homem à *nossa* imagem, conforme a *nossa* semelhança" (Gn 1.26, ênfase acrescentada). Isso poderia ser um "nós real". Se você ouve a BBC, talvez já ouviu Sua Majestade, a rainha Elizabeth II, dizendo "nós" e "nos", referindo-se claramente a si mesma. Até os quadrinhos cômicos usam essa ideia e retratam a rainha dizendo: "Nós não nos divertimos". A Bíblia poderia estar usando um tipo de "nós" editorial nessa passagem. Mas é interessante que ele seja apresentado nesse ponto, quando os seres humanos são criados, e que o texto prossiga falando na primeira pessoa do plural, não somente quando Deus diz: "Façamos", mas também nas expressões "à *nossa* imagem, conforme a *nossa* semelhança". Não ousaremos argumentar muito sobre esses detalhes. Todavia, isso é uma linguagem estranha, especialmente porque a Bíblia insiste, frequentemente, que há um único Deus e que Ele é um só. Isso poderia ser um indício que esse único Deus é um ser complexo, uma unidade complexa? Isso é algo que atrairá nossa atenção repetidas vezes à medida que prosseguimos em estudar a Bíblia.

---

2 Às vezes, no Antigo Testamento, ou seja, nos primeiros dois terços da Bíblia, a palavra "Senhor" se acha em letras maiúsculas, assim: SENHOR. Quando isso acontece, como na sentença citada, há uma palavra hebraica específica por trás dela, um nome de Deus. O nome significa algo como "Eu sou" ou "Eu sou o que sou".

Não importa como entendemos o plural, a Bíblia diz nessa passagem que Deus fez criaturas que portam a sua imagem. Leiamos novamente Gênesis 1.26-27:

Também disse Deus: Façamos o homem à nossa imagem, conforme a nossa semelhança; tenha ele domínio sobre os peixes do mar, sobre as aves dos céus, sobre os animais domésticos, sobre toda a terra e sobre todos os répteis que rastejam pela terra.

Criou Deus, pois, o homem à sua imagem, à imagem de Deus o criou; homem e mulher os [plural] criou.

Retornaremos em breve ao que pode significar ser feito à imagem de Deus.

4. *Deus é um Deus que fala.* A primeira ação descrita sob o título geral "criou Deus os céus e a terra" é esta: "Disse Deus: Haja luz" (1.3). Suponho que alguém possa imaginar que isso seja uma maneira metafórica de afirmar que Deus trouxe os céus e a terra à existência pelo seu poder e que ele não tenha proferido realmente nenhuma palavra. A expressão é metafórica. Bem, poderia ser. Exceto que, na criação de Adão e Eva, Deus lhes falou realmente e lhes deu algumas responsabilidades: "Isto é o que vocês devem fazer. É assim que o casamento deve ser". Deus *falou* com Adão e Eva. Portanto, o Deus da Bíblia, apresentado no primeiro capítulo, não é um "impulsionador insensível" e abstrato, um espírito impossível de definir, um fundamento de todos os seres, uma experiência mística. Ele tem personalidade e ousa se revelar em palavras que os seres humanos entendem. Esse retrato de Deus aparece constantemente em toda a Bíblia. Embora ele seja grande e transcendente, ele é um Deus que fala.

5. *Tudo que Deus faz é bom – muito bom.* À medida que o relato prossegue, você percebe que não há em Genesis 1 e 2 qualquer sinal de morte, decadência, carnificina, malícia, ódio, rivalidade, arrogância, orgulho ou destruição. Não há qualquer sinal dessas coisas. Tudo é muito bom. Apesar de toda a dificuldade que temos para entender a soberania de Deus em um mundo em que há sofrimento e mal – retornaremos a esses temas à medida que avançamos no

estudo da Bíblia – a Bíblia insiste que Deus é bom, e as bases dessa afirmação se acham já no primeiro capítulo de Gênesis.

6. *Deus termina a sua obra de criação e descansa.* Isso significa: Deus para de fazer sua obra de criação. Quando a Bíblia nos diz que Deus descansou de sua obra, isso não significa que Deus disse: "Puxa! Estou cansado! Fico feliz por ter terminado. Conseguirei sentar agora e pôr os pés para cima". Pelo contrário, isso é uma má compreensão do texto. Deus chega ao final de sua semana de criação – não importa como entendamos esta "semana" – e, no fim de sua obra de criação, ele para. Ele descansa e designa o sétimo dia de uma maneira especial, uma maneira que consideraremos depois.

7. *A criação proclama a glória e a grandeza de Deus.* Outro aspecto da automanifestação de Deus, nesses primeiros capítulos da Bíblia, está apenas implícito no relato, mas é elucidado nos capítulos posteriores da Bíblia. Quando você segura um *Stradivarius* em suas mãos, quanto mais que você sabe a respeito da história de fabricação do violino, mais impressionado você fica com o artesão que fez o instrumento. De modo semelhante, quanto mais sabemos sobre as coisas criadas – sua vastidão, sua complexidade, sua física, a habilidade de um pequeno beija-flor em viajar 2.400 quilômetros, em migração, e retornar para a mesma árvore, a amplitude desde as dimensões inimagináveis de um universo que se expande até a pequenez das partículas subatômicas, com suas meias-vidas incrivelmente curtas – tanto mais a nossa reação deve ser de adoração e temor genuínos diante do Criador. Essa reação aparece muitas vezes na Bíblia. Por exemplo:

> Os céus proclamam a glória de Deus, e o firmamento anuncia as obras das suas mãos.
> Um dia discursa a outro dia, e uma noite revela conhecimento a outra noite.
> Não há linguagem, nem há palavras, e deles não se ouve nenhum som;
> no entanto, por toda a terra se faz ouvir a sua voz, e as suas palavras, até aos confins do mundo.
>
> *Salmos 19.1-4*

Há algumas coisas sobre Deus que esses dois capítulos iniciais dizem com clareza. Eles também nos dizem algumas coisas sobre nós mesmos.

ALGUMAS COISAS SOBRE OS SERES HUMANOS

1. *Somos criados à imagem de Deus*. Visto que os seres humanos são criaturas, não é surpreendente que tenhamos vários atributos em comum com outras criaturas. Sabemos pela genética. Que porcentagem de meus genes é compartilhada com um chimpanzé ou com um leitão? Quando um leitão morre e volta ao pó, ele faz exatamente o que eu faço: eu também volto ao pó. Você e eu somos parte dessa ordem criada.

Se continuar enfatizando somente a continuidade que os seres humanos compartilham com os animais, por fim você acabará chegando ao tipo de posição que Peter Singer, da Universidade de Princeton, adota. Ele argumenta que toda a vida animal deve ter, mais ou menos, exatamente o mesmo tipo de direitos que os seres humanos têm; os seres humanos não são intrinsecamente mais importantes do que os golfinhos ou os chipanzés. Afinal de contas, em termos de genética, somos quase o mesmo material. Somos seres físicos; os animais são seres físicos. Eles nascem, vivem e morrem; nós também nascemos, vivemos e morremos. Mas Gênesis não vê as coisas dessa maneira. Gênesis insiste que os seres humanos, e somente os seres humanos, são feitos à imagem de Deus.

Como você pode imaginar, essa expressão "imagem de Deus" tem gerado, através dos séculos, discussão interminável. O que significa ser feito "à imagem de Deus"? Filósofos e teólogos têm escrito livros enormes dizendo: "Tem algo a ver com a facilidade de linguagem, ou com nossa autoidentidade, nossos processos de raciocínio, amor que pode ser altruísta, nossa capacidade de conhecer a Deus", e assim por diante. Mas, se você estivesse lendo a Bíblia pela primeira vez e não soubesse nada sobre esses debates, acho que sua maneira de entender a expressão "imagem de Deus" seria um pouco mais simples. Ela se torna um tipo de conceito original que se completa enquanto você lê a

Bíblia. O ensino nessa primeira conjuntura é que, como portadores da imagem de Deus, refletimos a ele. As maneiras pelas quais refletimos a Deus se manifestarão à medida que a Bíblia se abrir para nós.

De que maneiras os seres humanos começam a refletir a Deus, nesse primeiro capítulo? Deus é um Deus que fala. Ele fala com os seres humanos, *e estes falam de volta com Deus*. Existem atributos comuns de discurso, proposições e conhecimento que podem não somente ser sentidos, mas também articulados.

Há também algo de criatividade. É claro que nossa criatividade não é semelhante à de Deus. Neste capítulo, Deus faz coisas; *ele* cria as coisas a partir do nada. Não podemos fazer isso. Mas, implantada no ser humano, como um reflexo de Deus, há certa criatividade. Trabalhamos com as mãos. Minha esposa faz trabalho espetacular com bordado, seda e linha metálica; ela faz colchas e vestidos para meninas. Minha filha é uma cozinheira inventiva e criativa. Eu gosto de trabalhar com madeira. Alguns escrevem. Alguns são notavelmente criativos no uso de suas capacidades físicas. Eu tenho um filho que estuda quase todo novo desafio físico que surge e se envolve nele. Ele é quase um artista quando aprende a mergulhar, ou explorar cavernas, ou qualquer que seja o novo desafio. De onde vem esse impulso criativo? Em geral, a criatividade não é uma característica de elefantes, viúvas-negras ou rochas.

Os seres humanos têm a capacidade de trabalhar. Deus é retratado como envolvido no trabalho na semana da criação, que termina com "descanso", quando ele chega ao final da obra. O que Deus dá ao homem e à mulher são certas responsabilidades de trabalhar este mundo e cuidar do jardim. O trabalho é apresentado em toda a Escritura como algo intrinsecamente honrável. Os cristãos não devem chegar ao ponto de achar que trabalhar como operário ou secretária ou como motorista de ônibus ou fazer pesquisa em química seja algo "secular", separado de Deus. Não devemos dizer: "Trabalho como devo para pagar as contas, e o domingo é o dia em que devo ser espiritual. Na segunda, eu retorno para tentar desenvolver um novo remédio que combaterá o câncer. Isso é trabalho e nada tem a ver com Deus". Pelo contrário, se este é o universo de Deus, e se fomos criados à imagem de Deus, então, quando trabalhamos, nosso trabalho reflete a Deus, sendo oferecido a ele com integridade e gratidão. O trabalho é significativo porque somos criados à imagem de Deus. O trabalho realizado desta maneira muda nossa perspectiva sobre quem somos.

Temos de reconhecer que há diferenças intransponíveis entre Deus e nós. Já vimos que somente Deus é autoexistente. Nós não somos, pois, como todas as demais coisas da criação, somos criaturas dependentes. Deus nunca nos diz que sejamos algo que somos intrinsecamente incapazes de ser. Ele nunca nos diz: "Sejam autoexistentes, porque eu sou autoexistente". Quando a Bíblia descreve a onipotência de Deus – ou seja, seu poder ilimitado –, ele não diz: "Sejam onipotentes, porque eu sou onipotente". No entanto, em muitos domínios, precisamente porque *somos* criados à imagem de Deus, *devemos* refletir a ele. Essa é a razão por que, depois, Deus nos dirá na Bíblia: "Sede santos, porque eu sou santo". (Veremos posteriormente o que é santidade.) Devemos refletir a Deus de certas maneiras. Nestes capítulos de Gênesis, Deus é apresentado não somente como Criador, mas também como o governante soberano de tudo. E, em uma pequena medida, a função de Deus como o governante soberano deve ser refletida pelos seres humanos criados, o homem e a mulher, pois eles foram encarregados do resto da ordem criada – não para destruí-la, explorá-la ou tornarem-se economicamente egoístas com ela, mas para serem os mordomos de Deus sobre o mundo excelente que ele criou. Fomos criados à imagem de Deus e colocados sob a responsabilidade de cuidar da criação. Quando fazemos isso, refletimos algo de Deus.

Até a capacidade de conhecer a Deus, deleitar-se nele, é maravilhosa. Peter Williams escreveu um livro intitulado *I Wish I Could Believe in Meaning: A Response to Nihilism* (Gostaria de Acreditar em Significado: Uma Resposta ao Niilismo). O niilismo é a opinião de que a vida não tem significado intrínseco ou objetivo. Muitos caminhos serpeiam em direção ao niilismo, mas nenhum é mais sedutor do que aquele que diz que os seres humanos não são nada além de uma coleção de moléculas arranjadas de modo útil, seres que surgiram por puro acaso da sopa primordial. Onde está o significado em seres desse tipo? Do ponto de vista da Bíblia, o significado da vida está vinculado ao fato de sermos criados por Deus, à sua imagem, e para Deus, com um destino eterno. Isso muda radicalmente nossa percepção do que os seres humanos são. Do contrário, andamos em direção ao que um filósofo chamou de "incoerência autorreferencial". O que ele pretendia dizer com essa expressão é que nos comparamos a nós mesmos. Não temos padrões externos pelos quais alguma coisa deva ser julgada; não podemos achar uma âncora para nosso ser, em nenhum lugar. Por isso, mergulhamos em prazeres temporários, ou na busca de dinheiro, ou na autopromoção, mas não temos uma âncora que nos firma e nos dá um significado que esteja além de nós mesmos. Não há nenhuma escala.

Os seres humanos foram criados à imagem de Deus, e, como portadores dessa imagem, devem trabalhar, dominar e servir como mordomos de Deus; devem ser abundantemente centrados em Deus.

2. *Os seres humanos foram criados macho e fêmea.* Em Gênesis 1, que contém o primeiro relato da criação, lemos: "Criou Deus, pois, o homem à sua imagem, à imagem de Deus o criou; homem e mulher os criou" (Gn 1.27). Mas, em Gênesis 2, que expande a criação dos seres humanos, tanto o que eles têm em comum como as suas diferenças são expostas:

> Disse mais o SENHOR Deus: Não é bom que o homem esteja só; far-lhe-ei uma auxiliadora que lhe seja idônea
>
> Havendo, pois, o SENHOR Deus formado da terra todos os animais do campo e todas as aves dos céus, trouxe-os ao homem, para ver como este lhes chamaria; e o nome que o homem desse a todos os seres viventes, esse seria o nome deles.
>
> Deu nome o homem a todos os animais domésticos, às aves dos céus e a todos os animais selváticos; para o homem, todavia, não se achava uma auxiliadora que lhe fosse idônea.
>
> Então, o SENHOR Deus fez cair pesado sono sobre o homem, e este adormeceu; tomou uma das suas costelas e fechou o lugar com carne.
>
> E a costela que o SENHOR Deus tomara ao homem, transformou-a numa mulher e lha trouxe. E disse o homem: Esta, afinal, é osso dos

meus ossos e carne da minha carne; chamar-se-á varoa, porquanto do varão foi tomada.

Por isso, deixa o homem pai e mãe e se une à sua mulher, tornando-se os dois uma só carne.

Gênesis 2.18-24

Assim, enquanto os capítulos iniciais de Gênesis insistem que os seres humanos, macho e fêmea, foram criados igualmente à imagem de Deus, eles também insistem que a mulher foi criada como uma auxiliadora. Mas homem e mulher se ajuntaram em uma união, uma união sexual, uma união de casamento. Um padrão é estabelecido; Gênesis 2 nos diz que, geração após geração, o homem deixará sua família, a mulher deixará a sua família, e os dois estabelecerão um novo relacionamento, um novo casamento: os dois se tornarão um.

Essa é uma figura do casamento bem diferente da que alguns outros oferecem. O homem e a mulher não são apenas animais que fazem sexo. Isso não é um quadro, digamos, de um harém do antigo Oriente Próximo, no qual o mais poderoso monarca possui a maioria das mulheres, e cada mulher não é nada mais do que uma propriedade, um ser definitiva e intrinsecamente inferior. No quadro bíblico, a mulher procede do homem. Ela é um com o homem. É diferente – ela não é idêntica ao homem, é sua companheira sexual e emocional, para que no casamento os dois se tornem "uma só carne". Mas neste quadro há uma visão do casamento que, em última análise, se torna um modelo do relacionamento esclarecido em capítulos posteriores da Bíblia.

3. *O homem e a mulher eram inocentes.* Lemos no último versículo de Gênesis 2: "Ora, um e outro, o homem e sua mulher, estavam nus e não se envergonhavam" (v. 25). Tenho certeza que você já viu alguns quadrinhos de Adão e Eva no jardim, com uma pequena serpente que desce por um galho, e uma maçã pendurada. Nesses quadrinhos, não querendo mostrá-los indecentes, o cabelo da mulher cobre apropriadamente os seus seios, e folhas de figueira e outros galhos cobrem o homem nos lugares apropriadas. Algum comentário engraçado é acrescentado nos quadrinhos, e todos nós rimos. Mas o que a nudez significa neste final de Gênesis 2?

Você sabe que há uma teoria para as colônias de nudistas? Sim, eu sei que algumas colônias de nudismo são apenas uma desculpa para orgia sexual. Mas as melhores – se eu puder falar em colônias de nudismo em uma escala moral – têm certa filosofia vinculada a elas. A ideia é que, se você puder ser completamente aberto e transparente em uma parte de sua vida, então, mais cedo ou mais tarde, você poderá fomentar abertura e transparência em todas as partes de sua vida. Portanto, começamos com transparência física – abertura total, nudez total – e talvez ao longo do caminho nos tornemos, todos, pessoas maravilhosamente abertas, cândidas, honestas, cuidadosas, amorosas. Isso nunca funciona. Mas é a teoria. A razão por que isso nunca funciona é que temos tantas coisas do que nos envergonharmos. Há tanto que precisamos esconder.

No entanto, nesse relato, Adão e Eva nada tinham a esconder e, consequentemente, nada do que se envergonhar. Digam-me, homens, vocês gostariam que sua mãe, esposa ou filha soubesse tudo que vocês pensam ou sentem? E vocês, mulheres, gostariam que seu pai, esposo ou filho soubesse tudo que vocês pensam ou sentem? Escondemos todos os tipos de coisas, não escondemos? Por quê? Por que temos muito do que nos envergonhar. O que seria nunca ter contado uma mentira? Nunca ter nutrido amargura? Nunca ter sucumbido a uma paixão dominante? Nunca ter sido tomado por ódio? Nunca ter se enchido de arrogância? Mas, pelo contrário, sempre amar a Deus com o coração, alma, mente e força e o próximo como a si mesmo? Então, não teríamos nada do que nos envergonhar. Poderíamos nos permitir andar nus. Não é surpreendente que a palavra "Éden" signifique "deleite".

ALGUMAS COISAS A RESPEITO DE COMO GENESIS 1-2 SE ENCAIXA EM TODA A BÍBLIA E EM NOSSA VIDA

Aqui, eu apenas instigarei o assunto. Estes poucos parágrafos nos preparam para algumas das coisas elucidadas no resto do livro.

1. *Estes dois capítulos da Bíblia constituem o contexto necessário para Genesis*

3. Sem entendermos que tudo era muito bom, não podemos compreender plenamente o que acontece no capítulo seguinte de Gênesis, que descreve o que às vezes é chamado de "a Queda", o começo de uma grande rebelião.

2. *A doutrina da criação aparece novamente na Bíblia, em passagens escritas depois da vinda de Jesus.* Todavia, essa noção da criação é transformada: o que é prometido é uma nova criação e, em última análise, um novo céu e uma nova terra. A visão bíblica quanto ao futuro olha para trás, para a velha criação, que sucumbiu tragicamente à rebelião, ao ódio, à idolatria e ao pecado. É necessário que Deus realize um novo ato criador, comece outra vez, crie de novo pessoas, crie uma nova existência. Em alguns escritos do Novo Testamento, essa perspectiva é chamada de "nova criação". Avançamos em direção a um novo céu e uma nova terra, o lar dos justos. Examinaremos essa perspectiva mais atentamente no último capítulo desse livro. No entanto, a terminologia para ela é extraída de Gênesis 1 e 2.

De modo semelhante, Adão é retratado como o ancestral da raça humana, nossa raça, que cai em corrupção, decadência e idolatria. Mais tarde, Jesus é chamado de "o segundo Adão" – ou seja, Jesus começa outra humanidade, uma nova raça, que opera em princípios bem diferentes. Os cristãos têm de pertencer a este segundo Adão, pois, do contrário, tudo que a Bíblia fala sobre "o evangelho", as boas-novas, não faz sentido. Por igual modo, o tema de descanso e o tema de jardim também continuarão, como veremos.

3. *Acima de tudo, essa visão molda a nossa cosmovisão.* Por exemplo, no politeísmo pagão (ou seja, em concepções do mundo em que há muitos deuses), os deuses têm diferentes domínios de atividade: há um deus ou deusa da guerra, um deus do mar, um deus do amor e assim por diante. Na cosmovisão bíblica, há um único Deus, que criou todas as coisas. Isso difere, por exemplo, do hedonismo, em que a razão da existência humana é, em termos simples, que a pessoa ache tanto prazer quanto lhe for possível, por todos os meios possíveis, antes de morrer. Mas, na cosmovisão bíblica, a busca do prazer está vinculada ao próprio Deus. Fomos criados originalmente *por* Deus e *para* Deus, e o melhor e mais elevado prazer é uma centralidade em Deus que os hedonistas

seculares não podem sequer imaginar. Os prazeres dos hedonistas são muito efêmeros, insignificantes e limitados.

Alternativamente, o panteísmo nos ensina que todo o mundo e a divindade material são parte da mesma coisa. Não há diferença. Portanto, eu sou deus, e você é deus, e todos nós estamos juntos nesta existência divina. "Eu sou realmente uma pessoa bastante espiritual, você sabe, e para mim é a vibração dos cristais que me capacita a estar em harmonia com o universo e me faz sentir transcendentemente outro". Isso é um modelo de referência que muitos adotam. Mas não é a cosmovisão da Bíblia. Deus criou todas as coisas, e nós, seres humanos, que fomos criados à imagem de Deus, achamos nossa maior realização, propósito, felicidade e integridade em estarmos relacionados corretamente com Deus.

4. *O que a Bíblia diz sobre a criação é o que fundamenta a noção de prestação de contas e de responsabilidade humana.* Por que devemos obedecer a Deus? Se ele quer me guiar em direções das quais não gosto, quem é ele para me dizer o que fazer? Com certeza, sou livre para escolher outros deuses ou inventar meu próprio deus. Posso cantar a canção popular: "Eu o fiz do meu jeito". Quem é Deus para me dar ordens? Eu o desafio.

No entanto, se Deus me criou, se Deus me planejou, eu lhe devo tudo – vida, respiração e tudo mais. E, se não vejo as coisas dessa maneira, estou em desarmonia com o meu Criador. Estou em desavença com aquele que me planejou e com o que Deus tencionou que eu fosse. Estou lutando contra mim mesmo e contra o Deus que me criou. Toda a responsabilidade e prestação de contas humana diante de Deus estão fundamentadas, em primeira instância, na criação. Deus nos criou, e somos devedores a ele. Se não reconhecemos esta verdade simples, então, de acordo com a Bíblia, essa cegueira é, em si mesma, uma evidência de quão alienados estamos de Deus. É para o nosso bem que reconhecemos isso, não porque ele é o intimidador supremo, e sim porque sem ele nem mesmo estaríamos aqui. E certamente teremos de prestar contas a ele.

Agora estamos prontos para a análise bíblica do que está errado conosco.

2

O Deus

QUE NÃO DESTRÓI REBELDES

A passagem da Bíblia que focalizaremos aqui é Gênesis 3. No final do capítulo anterior, eu disse que Gênesis 1-2 monta o palco para aquilo que termina mal. Em termos gerais, isso está correto. O que eu não disse é que há em Gênesis 2 um elemento específico que monta o palco para Gênesis 3 – ou seja, Gênesis 2.17 relata uma proibição que Deus deu a Adão e Eva: "Mas da árvore do conhecimento do bem e do mal não comerás; porque, no dia em que dela comeres, certamente morrerás." Eles deviam trabalhar no jardim e gozar de todos os seus frutos. Era um deleite perfeito. *Mas* havia uma proibição: não deviam comer da árvore do conhecimento do bem e do mal. E, se comessem dela, morreriam.

Consideraremos, em seu devido lugar, por que Deus emitiu a proibição. Isso não era algo que preparava o casal para o fracasso? Em qualquer caso, sem notarmos essa proibição, talvez não possamos entender Gênesis 3.

Seguiremos tão de perto o texto bíblico, que vale a pena citá-lo aqui. Em seguida, oferecei alguns comentários introdutórios. Antes de mostrar como o material do primeiro livro da Bíblia é totalmente essencial a qualquer entendimento correto de toda a Bíblia, explicarei Gênesis 3 em quatro passos, e mostrarei por que isso é importante para você e para mim.

Mas a serpente, mais sagaz que todos os animais selváticos que o SENHOR Deus tinha feito, disse à mulher: É assim que Deus disse: Não comereis de toda árvore do jardim?

Respondeu-lhe a mulher: Do fruto das árvores do jardim podemos comer, mas do fruto da árvore que está no meio do jardim, disse Deus: Dele não comereis, nem tocareis nele, para que não morrais.

Então, a serpente disse à mulher: É certo que não morrereis.

Porque Deus sabe que no dia em que dele comerdes se vos abrirão os olhos e, como Deus, sereis conhecedores do bem e do mal.

Vendo a mulher que a árvore era boa para se comer, agradável aos olhos e árvore desejável para dar entendimento, tomou-lhe do fruto e comeu e deu também ao marido, e ele comeu.

Abriram-se, então, os olhos de ambos; e, percebendo que estavam nus, coseram folhas de figueira e fizeram cintas para si.

Quando ouviram a voz do SENHOR Deus, que andava no jardim pela viração do dia, esconderam-se da presença do SENHOR Deus, o homem e sua mulher, por entre as árvores do jardim.

E chamou o SENHOR Deus ao homem e lhe perguntou: Onde estás?

Ele respondeu: Ouvi a tua voz no jardim, e, porque estava nu, tive medo, e me escondi.

Perguntou-lhe Deus: Quem te fez saber que estavas nu? Comeste da árvore de que te ordenei que não comesses?

Então, disse o homem: A mulher que me deste por esposa, ela me deu da árvore, e eu comi.

Disse o SENHOR Deus à mulher: Que é isso que fizeste? Respondeu a mulher: A serpente me enganou, e eu comi.

Então, o SENHOR Deus disse à serpente: Visto que isso fizeste, maldita és entre todos os animais domésticos e o és entre todos os animais selváticos; rastejarás sobre o teu ventre e comerás pó todos os dias da tua vida.

Porei inimizade entre ti e a mulher, entre a tua descendência e o seu descendente. Este te ferirá a cabeça, e tu lhe ferirás o calcanhar.

E à mulher disse: Multiplicarei sobremodo os sofrimentos da tua gravidez; em meio de dores darás à luz filhos; o teu desejo será para o teu marido, e ele te governará.

E a Adão disse: Visto que atendeste a voz de tua mulher e comeste da árvore que eu te ordenara não comesses, maldita é a terra por tua causa; em fadigas obterás dela o sustento durante os dias de tua vida.

Ela produzirá também cardos e abrolhos, e tu comerás a erva do campo.

No suor do rosto comerás o teu pão, até que tornes à terra, pois dela foste formado; porque tu és pó e ao pó tornarás.

E deu o homem o nome de Eva a sua mulher, por ser a mãe de todos os seres humanos.

Fez o Senhor Deus vestimenta de peles para Adão e sua mulher e os vestiu.

Então, disse o Senhor Deus: Eis que o homem se tornou como um de nós, conhecedor do bem e do mal; assim, que não estenda a mão, e tome também da árvore da vida, e coma, e viva eternamente.

O Senhor Deus, por isso, o lançou fora do jardim do Éden, a fim de lavrar a terra de que fora tomado.

E, expulso o homem, colocou querubins ao oriente do jardim do Éden e o refulgir de uma espada que se revolvia, para guardar o caminho da árvore da vida.

Gênesis 3

ENTENDENDO GÊNESIS 3

Como entendemos este capítulo? Em outra parte da Bíblia – uma parte que não poderemos explorar em detalhes – existe o relato sobre o rei Davi seduzindo uma mulher vizinha, e, quando ele é apanhado, arranja meios de matar o marido da mulher (ver 2Sm 11). Nesse caso, você tem um homem poderoso (Davi), uma mulher fraca (a mulher do homem) e algo que é desejado (a mulher).

O profeta Natã foi enviado por Deus para confrontar o rei Davi quanto ao seu adultério e assassinato sagazmente ocultado (ver 2Sm 12). Pelo fato do rei ser um autocrata, o profeta se dirigiu a ele com certa medida de cuidado e, por isso, começou com uma parábola. Ele disse: "Vossa Majestade, algo muito triste aconteceu em nosso país. Há um fazendeiro muito rico, que tem rebanhos e gado, tão numerosos que o senhor nem acredita. Ao lado dele, vive um agricultor pobre, que possui apenas uma ovelhinha – e não a possui mais. Algumas pessoas chegaram para visitar o homem rico. E, para preparar o banquete para os visitantes, o fazendeiro rico matou a única ovelhinha do agricultor pobre". Agora, temos um homem muito poderoso (o fazendeiro rico), um homem fraco (o agricultor pobre) e algo desejado (a única ovelha desse agricultor). A parábola tem o propósito de demonstrar a traição de Davi. Inicialmente, Davi não viu a conexão, mas, por fim, percebeu a ligação. Ele foi denunciado e esmagado por sua corrupção idólatra.

É fácil perceber por que Natã contou a parábola e descobrir a intenção dela: estabelecer uma situação análoga, contando algo semelhante ao que acontecera, tendo os mesmos elementos essenciais: um homem rico, um homem fraco e algo desejado. Todavia, se você comparar as histórias em detalhes, verá algumas diferenças. No primeiro caso, o que é desejado é uma mulher; no segundo, uma ovelha. No primeiro caso, um homem fraco é morto, para que Davi esconda o seu pecado; mas, no segundo caso, aquilo que é desejado é morto (a ovelha). As histórias não são exatamente correspondentes. Se fossem exatamente a mesma, não seriam uma analogia ou uma parábola. Em outras palavras, às vezes as histórias atingem o âmago da questão, mas contêm tantos símbolos que precisamos labutar para estruturar os detalhes e entender a lição principal.

Isso acontece em Gênesis 3. A serpente pode ser a incorporação de Satanás ou pode ser o símbolo que o representa. E a Bíblia não se preocupa realmente em explicar isso. O que ela diz realmente sobre Satanás pode ser definido com bastante precisão, mas não podemos entender exatamente que arranjos de comunicação havia no Éden, e eles não afetam negativamente os principais pontos da narrativa.

Com essa introdução, quero sugerir quatro coisas que emergem de modo inconfundível de Gênesis 3.

1. A VILEZA ARDILOSA DESSA PRIMEIRA REBELIÃO (GN 3.1-6)

O texto nos apresenta a serpente. De acordo com o último livro da Bíblia, Satanás está, em algum sentido, por trás da serpente (ver Ap 12). Além disso, sua conversa macia se harmoniza com outra descrição de Satanás, na qual somos informados que ele se disfarça de anjo de luz (2Co 11.14), enganando, se possível, os próprios eleitos de Deus (Mt 24.24). Satanás é sarcástico.

Gênesis 3 nos diz também que ele foi criado por Deus: "a serpente, mais sagaz que todos os animais selváticos que o SENHOR Deus tinha feito" (Gn 3.1). Em outras palavras, a Bíblia não apresenta Satanás ou a serpente como um tipo de antideus que se levanta contra ele; igual a Deus, mas no polo oposto, como matéria e antimatéria, tendo exatamente o mesmo poder, de modo que, se colidissem, explodiriam em uma bola de fogo de energia que não deixaria nada para trás. Na Bíblia, não há um quadro em que Deus é confrontado por um antideus equivalente, como se houvesse um lado bom e um lado negro da Força, em que os seres humanos inclinam-se para um lado ou para o outro, determinando que lado da Força vencerá. Esse não é o quadro bíblico. O quadro pintado pela primeira sentença desse capítulo é que Satanás é um ser dependente, um ser criado. Essa passagem não nos diz como ou quando ele caiu. Em outra passagem, ele é retratado como parte dos seres angelicais que se rebelaram contra Deus. Mas nada disso é descrito aqui. Ele apenas aparece.

O texto bíblico nos diz que ele era o mais sagaz de todos os animais selváticos que Deus tinha feito. A palavra *sagaz* sugere dissimulação, clandestinidade. Ela tem essa conotação negativa para você? Certamente, ela o tem para mim. Mas a palavra hebraica usada nesse versículo pode ser negativa ou positiva, dependendo do contexto. Em muitas passagens, ela é traduzida por algo como "prudência". Por exemplo: "O homem prudente oculta o conhecimento" (Pv 12.23). Essa passagem não se refere a um homem astuto, um sujeito esperto que guarda seu conhecimento para si mesmo; pelo contrário, ela descreve alguém que é sábio e prudente. Ou, novamente: "Os prudentes se coroam de conhecimento" (Pv 14.18). Isso não significa que os espertos são coroados de conhecimento. De modo semelhante, no primeiro versículo de Gênesis 3, suspeito que o texto nos diz que a serpente, Satanás, foi coroada de mais prudência do que todas as outras criaturas, mas em sua rebelião a prudência se tornou astúcia; a mesma virtude que era um poder foi convertida em um erro. Podemos lembrar a observação de Sherlock Holmes: "Oh! Este mundo é perverso, e, quando um homem inteligente volve a sua mente para o crime, isso é a pior de todas as coisas!"[1]

A serpente se aproxima da mulher (quais eram os modos de comunicação, não faço a menor ideia) e evita oferecer-lhe uma negação ou uma tentação direta. Em vez disso, Satanás começa com uma pergunta: "Deus disse realmente *isso*? Deus disse realmente: Vocês não devem comer de toda árvore do jardim?" Observe o que Satanás está fazendo. Ele expressa certa quantidade de ceticismo, faz uma pergunta levemente incrédula: "Vocês acreditam realmente que Deus diria isso?" – como um empregado que pergunta: "Vocês acreditam no que o chefe fez desta vez?" A diferença é que a pessoa cuja palavra está sendo questionada é o criador, o planejador, o Deus soberano. De algumas maneiras, a pergunta de Satanás é tanto perturbadora como bajuladora. Ela introduz sutilmente a suposição de que temos a capacidade, e mesmo o direito, de julgar o que Deus disse.

Em seguida, o Diabo apresenta exagero. Deus proibiu realmente um fruto, mas a maneira como Satanás formula sua pergunta – "Deus disse re-

---

1 Sir Arthur Conan Doyle, "The Adventure of the Speckled Band", em *The Complete Works of Sherlock Holmes* (New York: Doubleday, 1930), 268.

almente: Vocês não devem comer de *toda* árvore do jardim?" – Ele apresenta a Deus como o desmancha-prazeres cósmico: "Deus existe basicamente para destruir minha alegria. Eu posso querer um lanche, mas ele diz: 'Não'. Eu quero fazer algo, mas ele diz: 'Não, não, não'. Ele é o desmancha-prazeres cósmico. Vocês podem acreditar que Deus disse isso?"

A mulher responde com certa medida de discernimento, sabedoria e graça – pelo menos, inicialmente. Ela corrige Satanás em seus fatos, em seu exagero. "Do fruto das árvores do jardim podemos comer" (3.2), ela insiste. E acrescenta, ainda corretamente: "Mas do fruto da árvore que está no meio do jardim, disse Deus: Dele não comereis" (3.3, referindo-se a 2.17). O exagero de Satanás é habilmente rejeitado. No entanto, Eva acrescenta seu próprio exagero. Ela acrescenta: *"Nem tocareis nele*, para que não morrais" (3.3, ênfase acrescentada). Deus não disse nada sobre não tocar o fruto. Isso é quase como se a proibição de comer do fruto tivesse irritado a Eva, deixando-a tão aborrecida com o fato, que ela tivesse de estabelecer a *insignificância* da proibição. O primeiro pecado foi um pecado contra a bondade de Deus.

Obteremos um pequeno discernimento quanto ao terrível deslize que se processava na mente da mulher, se imaginarmos o que ela *deveria* ter dito. Talvez algo assim: "Você está doido? Olhe ao redor! Este é o Éden; é o paraíso! Deus sabe exatamente o que está fazendo. Ele criou todas as coisas; ele me criou. Meu marido me ama, e eu o amo – e somos, ambos, dominados pela alegria e a santidade de nosso amado Criador. Meu próprio ser vibra com o desejo de refletir, de volta para ele, algo da sua glória extraordinária. Como eu poderia questionar sua sabedoria e amor? Ele sabe, de uma maneira que eu nunca poderei saber, com exatidão, o que é melhor – e confio totalmente nele. E você quer que eu *duvide* dele ou questione a pureza de seus motivos e caráter? Como isso é insensato! Além disso, que bem pode resultar de uma criatura que desafia o seu Criador e Soberano? Você está doido?"

Em vez disso, a mulher flertou com a possibilidade de que Deus pudesse ser nada mais do que um desmancha-prazeres cósmico, dado a restringir o prazer de suas criaturas.

Então, surge a primeira negação descarada de Deus. A serpente declara: "É certo que não morrereis" (3.4). De acordo com a Bíblia, a primeira doutrina a ser negada é a doutrina do julgamento. Em muitas disputas sobre Deus e o cristianismo, esse padrão se repete frequentemente, porque, se pudermos livrar-nos desse único ensino, a rebelião não terá consequências adversas, e, portanto, seremos livres para fazer o que quisermos.

Em vez de reconhecer a ameaça do julgamento, a serpente afirma que a rebelião ofereceria uma percepção especial, uma percepção divina: "Deus sabe que no dia em que dele comerdes se vos abrirão os olhos e, como Deus, sereis conhecedores do bem e do mal" (3.5). Aqui está a grande cilada, a tentação. O cerne do engano pecaminoso que a serpente promete é o fato de que o que ela diz é parcialmente verdadeiro e totalmente falso. Afinal de contas, é verdade: os olhos de Eva serão abertos, e, em algum sentido, ela verá a diferença entre o bem e o mal. Ela determinará isso por si mesma. Deus disse isso no final do capítulo: "O homem se tornou como um de nós, conhecedor do bem e do mal" (3.22).

No entanto, a promessa era totalmente subversiva. Deus conhece o bem e o mal com o conhecimento de onisciência. Ele sabe tudo que já foi, tudo que é e tudo que será, tudo que possa estar sob diferentes circunstâncias – Deus sabe tudo, incluindo o que é o mal. Contudo, a mulher aprenderá sobre o mal por experiência pessoal, aprenderá sobre o mal por se tornar má.

Uma ilustração poderá ajudar-nos. Minha esposa é uma sobrevivente de um câncer. Ela é uma sobrevivente de alto risco; por isso, os médicos ainda a acompanham com atenção. Os oncologistas conhecem muito sobre essa doença – do lado do fora. A minha esposa conhece o câncer do lado de dentro. Deus conhece tudo que precisa ser conhecido sobre o pecado, mas não por tornar-se um pecador. A mulher achará o conhecimento do bem e do mal a partir do seu interior. Nesse sentido, o que a serpente prometeu era uma mentira total.

De fato, a expressão hebraica "o conhecimento do bem e do mal" é usada frequentemente em passagens onde ter esse conhecimento significa ter a habilidade de pronunciar o que é bom e o que é mau. Se você lembra, isso foi o que Deus fez. Ele fez algo e declarou que "isso era bom" (1.10). Ele fez mais uma coisa, e "isso era bom" (1.12, 18, 21, 25). Deus terminou sua obra de criação, e "eis que era muito bom" (1.31). Deus tem esta habilidade soberana, alicerçada em conhecimento infinito, de pronunciar o que é bom. Agora, a mulher quer essa função divina. De fato, Deus disse: "Não é bom vocês comerem daquele fruto específico. Vocês morrerão". Mas, se a mulher faz isso, em vez de deleitar-se na sabedoria do seu Criador, ela pronuncia de maneira independente suas próprias escolhas quanto ao que é bom ou mau. Ela se torna "como Deus", afirmando todo tipo de independência que caracteriza somente a Deus, a autoexistência que pertence somente a Deus, a plenitude moral que somente Deus possui.

Ser como Deus, atingir isso por desafiá-lo, talvez sendo mais esperto do que ele – esse é um programa estimulante. Isso significa que Deus tem de ser considerado, a partir deste momento, conscientemente ou não, como um rival e, talvez, um inimigo: "Eu afirmo o meu próprio bem. Muito obrigado! Eu não preciso que você me diga o que eu posso ou não posso fazer".

Sem dúvida, precisamos pensar um pouco mais sobre essa árvore. O que era o fruto? Não há nenhum texto bíblico que diz que o fruto era uma maçã, como se Deus odiasse maçãs, mas fosse imparcial com peras e abacaxis. Não é necessário supor que o fruto fosse mágico, de modo que, ao ingeri-lo – não importando o que era –, uma alteração se introduziria subitamente no cérebro, a química mudaria, e a pessoa começaria a proferir, de modo repentino, o bem e o mal. Esse não é o ensino da passagem. Qualquer que fosse o fruto, era um teste inevitável. Se Deus cria portadores de sua imagem e declara o que é bom e o que é mau; se ele ordena todo o sistema e, em algum momento, alguém aparece e diz: "Agora, declararei o meu próprio bem. O que você declara ser mau, eu declararei ser bom. O que você diz ser bom eu declararei que é mau" –, essa é a razão pela qual a árvore que dava esse fruto foi chamada de árvore do conhecimento do bem e do mal. O que é essencial nesse caso não é a árvore, e sim a rebelião.

O que é tão horrivelmente trágico é que os portadores da imagem de Deus se levantaram contra ele. Isso é diminuir a Deus, para que eu seja meu próprio deus. Em resumo, isso é idolatria.

Na história da igreja cristã, alguns cristãos têm argumentado que a árvore é um símbolo do sexo. Mas isso sugere que há algo intrinsecamente mau no sexo. Esse tipo de inferência se opõe ao que a Bíblia diz. Quando Deus uniu homem e mulher no primeiro casamento, ele mesmo estabeleceu a união e declarou que isso era muito bom. Depois, na Bíblia, um escritor disse: "Digno de honra entre todos seja o matrimônio, bem como o leito sem mácula" (Hb 13.4). Na Bíblia, não há nenhuma passagem que diz que o sexo é intrinsecamente mau, embora, como todos os dons de Deus, o sexo seja abusado, corrompido, distorcido e pervertido.

Não devemos pensar que a tentação por parte da serpente era apenas um convite a quebrar uma regra, arbitrária ou não. Isso é o que muitas pessoas pensam sobre o "pecado" – é apenas quebrar uma regra. O que estava em jogo na tentação era algo muito mais profundo, mais importante, mais infeliz, mais horrível, mais detestável. Era uma revolução. Isso me torna Deus e, portanto, tira Deus do trono.

"Vendo a mulher que a árvore era boa para se comer, agradável aos olhos e árvore desejável para dar entendimento" – isto é, fisicamente atraente, esteticamente agradável, transformadora no domínio da sabedoria –, "tomou-lhe do fruto e comeu" (Gn 3.6). Para aqueles de vocês que conhecem a linguagem "tomai e comei", que os cristãos recitam na Ceia do Senhor, é impossível não lembrar este último uso dos dois verbos. Ela "tomou... e comeu". "Um ato tão simples, um desfazer tão árduo", disse alguém. "Deus provará a pobreza e a morte, antes que 'tomai e comei' se tornem verbos de salvação."[2]

Ela "deu também ao marido, e ele comeu" (3.6). Aparentemente, ele estava com ela durante tudo isso, era seu cúmplice, não menos culpado do que ela no engano e vileza do deslize para a autodestruição.

---

2 F. Derek Kidner, *Genesis: An Introduction and Commentary*, Tyndale Old Testament Commentaries (Leicester: Inter-Varsity, 1981), 68.

2. AS CONSEQUÊNCIAS INICIAIS QUE RESULTARAM DESTA PRIMEIRA REBELIÃO (GN 3.7-13)

Acima de tudo, há uma grande inversão: Deus cria o homem que ama sua esposa, procedente dele, e juntos eles devem ser vice-regentes sobre a ordem criada. Em vez disso, um dos seres da ordem criada, a serpente, seduz a mulher, que arrasta o homem, e juntos eles desafiam a Deus – a ordem da criação é invertida. E há morte. Isso não deve surpreender-nos. Se Deus é o Criador e nos dá vida, então, se nos afastarmos dele, se o desafiarmos, o que restará, senão morte? Deus é aquele que primeiramente nos deu vida. Ele não trouxe à existência o universo e os portadores de sua imagem para que fossem totalmente independentes dele, atingindo de algum modo a autoexistência que somente ele possui. Portanto, se alguém se afasta dele, o que resta, senão morte? Se afirmarmos o nosso próprio bem ou mal e decidirmos que queremos ser um deus para nós mesmos, apartando-nos assim do Deus vivo, que nos criou e nos deu vida, não haverá nada além de morte.

Que tipo de morte? Os cristãos têm debatido essa pergunta. No século IV, um pensador cristão chamado Agostinho escreveu:

> "Se perguntassem com que tipo de morte Deus ameaçou o casal, morte física, ou espiritual, ou a segunda morte [essa linguagem é usada para referir-se ao inferno], responderíamos: eram todas... [Deus] incluiu naquele momento não somente a primeira parte da primeira morte, na qual a alma perde a Deus [ou seja, morremos espiritualmente; nos escondemos de Deus e nos tornamos mortos para Deus], nem somente a última parte, na qual a alma deixa o corpo... mas também... a segunda que é a última das mortes, a eterna, que vem depois de tudo".[3]

---

3 Augustine, *The City of God*, vol. 2, Everyman's Library ed. (London: J. M. Dent, 1945), 9-10.

Você não pode separar-se do Deus da Bíblia sem ter consequências. Deus mesmo ordenou que a tentativa de tirá-lo do seu lugar tenha como consequência a punição de morte.

Observe, porém, os resultados imediatos que são destacados no texto. Os olhos do homem e da mulher são abertos; eles percebem que estão nus. Em consequência, cosem uma cobertura para si de folhas de figueira (Gn 3.7). Em um nível, a serpente cumpre a sua promessa, mas essa nova consciência do bem e do mal não é um resultado feliz. Não há prazer nisso, antes, há perda do conhecimento de Deus e, por fim, vergonha e culpa. Agora, eles têm algo a esconder; por isso, cosem folhas de figueira, o que deve ser um tanto insensato. Não podemos esconder vergonha moral com folhas de figueira.

Mas isto é também uma maneira de dizer que não há retorno para o Éden. Não podemos desfazer a perda da inocência. Se cometermos um roubo, poderemos devolver o que roubamos. Nesse caso, poderemos desfazer o erro. Todavia, a mancha em nosso próprio ser não poderá ser desfeita. Se cometermos adultério, não podemos desfazê-lo, de maneira alguma. E, se afrontarmos a Deus, não poderemos desfazer a afronta. Ela não poderá ser desfeita. Cobrimos a nós mesmos com vergonha. Não há caminho de volta à inocência. Na Bíblia, há apenas um caminho para frente – para a cruz.

Um dos resultados dessa culpa é o rompimento da comunhão com Deus (ver Gn 3.8-10). Embora o prazer de desfrutar a intimidade com Deus fosse espetacularmente maravilhoso, expresso na imagem do andar com Deus na viração do dia (3.8), esse prazer se foi. Podemos ter uma ideia dessa queda miserável usando analogias humanas. Se você fosse casado há dez anos e tivesse um casamento realmente bom, caracterizado por verdadeira intimidade, e não apenas por alegria momentânea, e então, por alguma razão abismal, você tropeçasse e dormisse com alguém com quem você não deveria; e você soubesse disso, e sua esposa também, a velha intimidade seria assolada. Vocês não poderiam mais olhar nos olhos um do outro. A vergonha os dominaria. Vocês se escondem. Ainda que fossem feitos bons esforços para curar a ruptura, há certas coisas sobre as quais vocês não poderiam mais conversar. Essa é a razão por que, em toda a Bíblia, o pecado humano diante de Deus é, às vezes, descrito como algo semelhante à traição sexual. Um escritor do Antigo Testamento, o profeta Oséias, observou a maneira como o povo traiu a Deus. Oséias retratou – isso é difícil de acreditar – o Todo-Poderoso, como esposo de uma adúltera, o marido traído. Afinal de contas, o povo de Deus o abandonou e procurou outros deuses, embora ele lhes tivesse dado vida e comunhão íntima.

Esse pecado resulta não somente em interrupção do relacionamento com Deus, mas também em relacionamentos humanos quebrados. O relato seria quase engraçado, se não fosse triste e melancólico. Deus pergunta: "Comeste da árvore de que te ordenei que não comesses?" (Gn 3.11). "A mulher que me deste por esposa", Adão responde – é culpa dela (3.12). Essa não é a última vez que um homem culpa a sua esposa. Mas a mulher não é melhor: "Não é culpa minha, Deus. Aquela serpente me enganou". Uma das coisas que habitualmente acompanha o desafiar a Deus é isto: negamos qualquer responsabilidade pelo que aconteceu. Todos os erros que cometemos é culpa de outra pessoa.

Em outras palavras, um dos resultados inevitáveis da culpa e da vergonha é a *autojustificação*. Adão justifica a si mesmo culpando sua mulher. Eva justifica a si mesma culpando a serpente. Nossa única esperança de sermos reconciliados com Deus é que *Deus* mesmo nos justifique, que Deus mesmo nos vindique. A *autojustificação* não pode salvar-nos, porque somos culpados. De fato, a autojustificação é apenas mais uma evidência de idolatria – a idolatria de pensar que temos os meios de salvar a nós mesmos, a idolatria que ainda está tão marcada pelo "eu" que não pode admitir prontamente a culpa. No começo do século XX, quando os editores do jornal *Times*, de Londres, pediram a alguns escritores eminentes que contribuíssem com alguns artigos pequenos sobre o tema "O que há de errado com o mundo?", G. K. Chesterton respondeu:

Prezados Senhores,
Eu.
Cordialmente,
G. K. Chesterton

Isso reflete uma perspectiva profundamente cristã – mas o homem e a mulher, em Gênesis 3, não chegaram nem perto de reconhecer isso.

Estes são apenas os resultados iniciais que surgem como consequência da rebelião.

3. AS MALDIÇÕES EXPLÍCITAS QUE DEUS PRONUNCIA (GN 3.14-19)

Em consequência desta rebelião, Deus pronuncia três maldições:

A PRIMEIRA MALDIÇÃO: PARA A SERPENTE

Deus diz à serpente:

> *Visto que isso fizeste, maldita és entre todos os animais domésticos e o és entre todos os animais selváticos; rastejarás sobre o teu ventre e comerás pó todos os dias da tua vida.*
>
> *Porei inimizade entre ti e a mulher, entre a tua descendência e o seu descendente. Este te ferirá a cabeça, e tu lhe ferirás o calcanhar.*
>
> Gênesis 3.14-15

Algumas pessoas acham que isso é um tipo de lenda, um mito sobre as origens, uma história fictícia sobre como a serpente perdeu suas pernas. "Houve um tempo em que todas as serpentes tinham pernas, e foi assim que elas perderam suas pernas." É sobre isso que fala esta passagem de Gênesis?

Eu sei isto: às vezes, Deus pega algo que já existe e o emprega de uma nova maneira, carregada de simbolismo. No próximo capítulo deste livro, conheceremos um homem chamado Abraão, sobre o qual se diz, entre outras coisas, ter estabelecido a prática da circuncisão para todos os homens de sua família e de sua casa. Devemos entender que a circuncisão não foi inventada por Deus ou por Abraão. Ela era amplamente praticada em todo o

Oriente próximo dos dias de Abraão. Porém, não era conhecida como um rito. Quando Deus a impôs, como veremos, deu a ela uma nova e especial conotação simbólica, no contexto de suas relações com Abraão. A circuncisão, em si mesma, não era um fenômeno novo, mas ganhou uma nova força que simbolizava a realidade do relacionamento. Isso também acontece nessa passagem de Gênesis. A serpente podia muito bem ter estado deslizando e se arrastando pelo chão, mas agora o seu modo de se locomover se torna algo carregado de simbolismo. O próprio Diabo é expulso, é rejeitado, uma coisa viscosa que anda pelo chão.

Na Bíblia, os símbolos posteriores seguem esse mesmo padrão. O profeta Isaías (no final do século VIII a.C.), por exemplo, descreveu um dia por vir quando "o lobo e o cordeiro pastarão juntos, e o leão comerá palha como o boi; pó será a comida da serpente" (Is 65.25). Ele não disse isso porque as serpentes são, de algum modo, menos morais do que os leões, e sim porque, no simbolismo daqueles dias, a serpente estava conectada com o Diabo e tudo que era viscoso, desprezível e repugnante.

Quando Deus disse: "Porei inimizade entre ti [a serpente] e a mulher, entre a tua descendência e o seu descendente" (3.15), isso não significa que todas as mulheres odiariam serpentes. Sei que algumas mulheres odeiam serpentes, incluindo a minha esposa. Minha esposa, embora tenha diversos talentos e dons, não foi chamada para ser herpetologista. Mas há algumas mulheres que são herpetologistas. A maldição relatada em Gênesis 3 vai além do nível das mulheres e das serpentes. De fato, o texto prossegue imediatamente para falar não somente da mulher, mas também da descendência: haverá inimizade "entre a tua descendência e o seu descendente". Se essa expressão significa "toda a descendência da mulher e toda a descendência da serpente", então, a inimizade pronunciada é entre todos os seres humanos e todas as serpentes; e não existiria nenhum herpetologista! Esse não é o ensino do texto.

Da mulher, da raça humana virá, por fim, o descendente que esmagará a cabeça da serpente. Você assistiu ao filme *A Paixão de Cristo*, dirigido por

Mel Gibson? Não importando as virtudes ou as fraquezas do filme, a cena de abertura, em que Jesus está em agonia e ora no jardim do Getsêmani, é verdadeiramente memorável. Enquanto Jesus está orando, uma serpente começa a deslizar sobre um de seus braços. Jesus se levanta e, repentinamente, pisa com força a cabeça da serpente. O simbolismo é o de Gênesis 3. Indo à cruz, Jesus destruirá, finalmente, a serpente, o Diabo, que mantém pessoas cativas do pecado, vergonha e culpa. Ele esmagará a cabeça da serpente por tomar sobre si mesmo a culpa e a vergonha dessas pessoas.

Gênesis 3.15 é chamado nos círculos cristãos de "protoevangelho", ou seja, o primeiro anúncio do evangelho, o primeiro anúncio das boas-novas. Após a Queda, o quadro é sombrio, com ameaça de condenação, mas agora há uma promessa de que da descendência da mulher – da raça humana – surgirá alguém que esmagará a cabeça da serpente. De fato, essa promessa é estendida no Novo Testamento, a última terça parte da Bíblia, de Cristo para os cristãos. Em uma carta escrita em meados do século I aos cristãos em Roma, o apóstolo Paulo disse: "O Deus da paz, em breve, esmagará debaixo dos vossos pés a Satanás" (Rm 16.20). Há um sentido em que os cristãos, por viverem sob os benefícios do evangelho e serem reconciliados com Deus por causa do evangelho, estão destruindo o Diabo e suas obras.

A SEGUNDA MALDIÇÃO: PARA A MULHER

Deus disse à mulher:

> *Multiplicarei sobremodo os sofrimentos da tua gravidez; em meio de dores darás à luz filhos; o teu desejo será para o teu marido, e ele te governará.*
>
> Gênesis 3.16

A primeira ordem categórica que Deus deu à mulher foi: "Sede fecundos, multiplicai-vos, enchei a terra e sujeitai-a" (Gn 1.28). Agora, porém, após a Queda, até esses direitos e privilégios mais fundamentais – parte do próprio ser do homem e da mulher – se tornam uma coisa dolorosa. Toda a ordem criada está caótica. Até mesmo o dar à luz a uma nova vida está ligado a sofrimento.

"O teu desejo será para o teu marido, e ele te governará" (3.16). Como você pode imaginar, esta passagem tem sido interpretada de muitas maneiras diferentes. Vale a pena refletir sobre o fato de que os dois verbos, usados juntos aqui, ocorrem como par somente em mais uma passagem nos cinco primeiros livros da Bíblia (Gênesis, Êxodo, Levítico, Números, Deuteronômio), a saber, no capítulo seguinte. Se um leitor estivesse em sua primeira leitura de Gênesis 3 e pensasse: "Eu não tenho a mínima indicação do que isso significa", e prosseguisse alguns versículos adiante, se depararia com o mesmo par de verbos. Nessa segunda instância, eles se acham numa passagem mais clara. Isso levaria o leitor a dizer: "Ah! Isso faz sentido" – e a aplicar o mesmo significado a Gênesis 3.16.

A segunda passagem está em Gênesis 4. Aqui, aprendemos que um dos filhos de Adão e Eva, chamado Caim, quer matar seu irmão, Abel. O capítulo retrata o primeiro homicídio. Quando Deus explica a Caim por que ele, Deus, está irado com Caim, ele diz: "Se procederes bem, não é certo que serás aceito? Se, todavia, procederes mal, eis que o pecado jaz à porta; o *seu desejo será contra* ti [ou seja, o pecado deseja controlar-te, manipular-te, dar-te ordens], mas *a ti cumpre dominá*-lo" (Gn 4.7, ênfase acrescentada). Isso também se aplica às consequências da Queda: a mulher *deseja ter* seu marido para controlá-lo, e ele a *governa* com certo tipo de força brutal. Há pecado em ambos os lados: ela quer controlar, e ele, sendo fisicamente mais forte, bate nela. O que temos aqui, em Gênesis 3.16, é a destruição do relacionamento conjugal. Os tentáculos da rebelião contra Deus corroem todos os relacionamentos.

Quando você lê os capítulos seguintes de Gênesis, contempla desde o primeiro homicídio a duplo assassinato, poligamia, genocídio, estupro – constantemente - tudo porque no começo alguém disse: "Eu serei Deus".

A terceira maldição – para Adão

E a Adão disse: Visto que atendeste a voz de tua mulher e comeste da árvore que eu te ordenara não comesses, maldita é a terra por tua causa; em fadigas obterás dela o sustento durante os dias de tua vida.
Ela produzirá também cardos e abrolhos, e tu comerás a erva do campo.
No suor do rosto comerás o teu pão, até que tornes à terra, pois dela foste formado; porque tu és pó e ao pó tornarás.

Gênesis 3.17-19

"Visto que atendeste a voz de tua mulher e comeste da árvore que eu te ordenara não comesses" (3.17). Adão deu ouvidos à mulher e não a Deus. Em última análise, a primeira lealdade tem de ser prestada a Deus, somente a Deus.

"Maldita é a terra por tua causa" (3.17). Toda a ordem criada da qual somos parte não está funcionando apropriadamente. Está sob maldição, sujeita por Deus à morte e à decadência.

Poderíamos continuar desenvolvendo este tema, mas temos de considerar o último assunto desse capítulo.

4. OS EFEITOS A LONGO PRAZO DESSA REBELIÃO (GN 3.20-24)

"Fez o SENHOR Deus vestimenta de peles para Adão e sua mulher e os vestiu" (Gn 3.21). Eles usavam folhas de figueira. Se Deus fez vestes de pele, então, sangue foi derramado – um sacrifício de animal. Nessa altura da história bíblica, não há ainda um sistema de sacrifícios. Isso surge depois – um sistema sacerdotal com sacrifícios e leis prescritas. Mas Deus sabia que o casal precisava ser coberto. Eles tinham muita vergonha para ocultar. Deus não lhes disse: "Tirem essas folhas de figueira estúpidas. Se vocês apenas expuserem-se e forem honestos um com o outro, poderemos todos viver juntos novamente e, depois, viver sempre felizes". Não há caminho de volta. Deus os cobriu com algo mais durável, ao preço de um animal que derramou seu sangue.

Este é o primeiro sacrifício na longa trajetória de sacrifícios sangrentos que acompanha toda a história até a vinda de Jesus. Quando ele aparece, é declarado "o Cordeiro de Deus, que tira o pecado do mundo" (Jo 1.29). Por meio de seu sacrifício de sangue – por meio de sua morte – somos cobertos. Nossa vergonha e nossa culpa são tratadas porque ele morre em nosso lugar. Um cordeiro não pode fazer isso. Aqui, em Gênesis 3, a morte de um animal para cobrir o homem e a mulher é uma figura do que está por acontecer, o primeiro passo de toda uma instituição de sacrifícios que nos remete, por fim, ao sacrifício supremo e ao que Jesus fez para tirar nosso pecado e cobrir nossa vergonha.

CONCLUSÃO

Quero pensar agora em como este capítulo se encaixa na Bíblia e em nossa vida.

O primeiro ensino importante é que Gênesis 3 descreve rebelião obstinada. Algumas das questões difíceis que o darwinismo estritamente materialista tem de enfrentar são: "De onde vem a moralidade? De onde vem o significado? De onde vêm as noções de certo e de errado?"

Durante as últimas duas ou três décadas, surgiu um campo de esforço científico e filosófico que é agora rotulado comumente de sociobiologia. Um escritor intitulou seu livro de *The Selfish Gene* (O Gene Egoísta). Ele argumenta que, por causa da maneira como nos desenvolvemos de acordo com as linhas evolucionárias, temos genes que nos protegem. São esses genes que nos movem em direção a certo comportamento que nos mantém vivos e, em se reproduzindo, fortalecerão aquelas pessoas cujo comportamento é mais vantajoso. Aqueles que não desenvolvem esse comportamento vantajoso diminuirão, e, por isso, temos, estatisticamente, uma porcentagem cada vez maior de seres humanos que possuem esses genes adaptados a produzir o comportamento vantajoso. Até um gene egoísta pode aprender ao longo da vida que, cooperação com as outras pessoas de genes semelhantes é melhor do que seguir sozinho; e até isso é um tipo de egoísmo expandido. Agora você tem uma predisposição genética para trabalhar e compartilhar cooperativamente, e isso pode não se harmonizar com algum ponto de vista individualista sobre a sobrevivência dos mais adaptados, mas no nível coletivo – no nível sociobiológico – esse ponto de vista da função do gene egoísta faz bastante sentido. Em outras palavras, pessoas podem desenvolver uma tendência para certo comportamento que é, então, chamado de bem ou mal, o que é, porém, nada mais do que seleções felizes de genes que equipam você, através das gerações, com comportamento vantajoso. Em resumo, a sociobiologia se tornou uma tentativa sistemática de explicar as noções de certo e de errado não em um nível moral, e sim em um nível puramente genético e naturalista.

Eu seria a última pessoa que desejaria argumentar que não há nenhuma conexão entre nossa moralidade e nosso corpo, entre nossa vontade e nosso espírito, entre nossa herança e nossa formação, incluindo nossa constituição genética. Somos seres integrais; todas as nossas partes interagem juntas. Todavia, é muito difícil imaginar pessoas se voluntariando para sacrificar sua vida em benefício de outras, sofrendo em lugar delas, a fim de melhorarem a raça. Por exemplo, uma pessoa no campo de concentração em Auschwitz que finge ter feito algo proibido para ser morto, a fim de que outro companheiro seja liberto, não é explicado prontamente pela sociobiologia. Por isso, em nossos dias, livros e ensaios têm começado a responder às pretensões da sociobiologia, argumentando que essa disciplina não pode explicar certos tipos de conduta.

Pete Lowman escreveu um livro intitulado *A Long Way East of Eden* (Um Longo Caminho a Leste do Éden). O propósito de Lowman é mostrar que o relato da Queda faz muito mais sentido quanto aos dilemas morais e o viver pervertido no mundo do que qualquer outra explicação. O sociólogo Christian Smith argumenta a mesma ideia em seu livro *Moral, Believing, Animals: Human Personhood and Culture* (Moral, Crer, Animais: Personalidade Humana e Cultura).

Um segundo ensino importante a obervar é que Gênesis 3 não pensa no mal primariamente em termos horizontais, e sim em termos verticais. Quando pensamos no mal, tendemos a pensar no nível horizontal. Talvez nenhum de nós deseje negar que Auschwitz foi um mal. Talvez não queiramos negar que estuprar uma criança seja mau. Talvez não queiramos negar que operar um grande esquema fraudulento que rouba bilhões de dólares das pessoas seja mau. Certamente a Bíblia diz muitas coisas condenatórias sobre males em nível horizontal, ou seja, males que perpetramos entre nós mesmos. Entretanto, o que a Bíblia diz mais frequentemente é que Deus detesta a idolatria. Isso é a dimensão vertical do mal. A pessoa mais ofendida nesse capítulo de Gênesis é Deus. O principal problema não é que Eva tenha sido realmente confrontada porque Adão a culpou. A culpa primária é diante de Deus. Sim, você poderia ler passagens do profeta Isaías, que condena males em nível horizontal, como os patrões gananciosos que não pagam salários justos; contudo, páginas e mais páginas do texto bíblico se dedicam à idolatria. Esse é o mal supremo.

Em terceiro, visto dessa perspectiva, Gênesis 3 mostra o que mais necessitamos. Se você é um marxista, você precisa de revolucionários e economistas decentes. Se você é um psicólogo, precisa de um exército de conselheiros. Se você pensa que a fonte de todo distúrbio e desordem é médica, você precisa de grande número de hospitais beneficentes de pesquisa médica. Mas, se a nossa principal e mais solene necessidade é sermos reconciliados com Deus – que agora está contra nós e pronuncia morte sobre nós, por causa de nossa rebelião obstinada – então, aquilo que mais necessitamos, embora possamos ter todas essas outras necessidades derivadas, é sermos reconciliados com Deus. Precisamos de alguém para nos salvar.

A Bíblia não faz sentido para você, se você não concorda com o que ela diz a respeito de nosso maior problema. Se você não vê qual é a análise da Bíblia sobre o nosso problema, você não pode concordar com a sua análise quanto à solução do problema. O problema crucial é nossa alienação de Deus, a tentativa de nos identificarmos apenas em referência a nós mesmos, essa idolatria que diminui a Deus. E o que precisamos ter é a reconciliação com esse Deus, ou não temos nada. É à luz dessa análise que Gênesis 3 olha para frente, para a vinda do descendente da mulher.

Pouco tempo atrás, estive em um funeral. Na placa que estava fixada na porta da casa, minha esposa e eu lemos estas palavras daquele vizinho: "Aqueles que nos amam continuem nos amando; aqueles que não nos amam, que Deus mude o coração deles; e, se ele não mudar o coração deles, que quebre o seu tornozelo, e os conheceremos pelo seu manquejar". Esperto. Não pude deixar de pensar quão trágico era aquilo. O homem acabara de partir para encontrar-se com seu Criador, e suas últimas palavras para nós, presentes no funeral, eram severas, sobre pessoas que não gostavam dele – pensando ainda em um nível horizontal.

No século XVII, o grande filósofo Blaise Pascal escreveu: "Que tipo de anomalia é o homem? Quão novo, quão monstruoso, quão caótico, quão paradoxo, quão prodigioso, juiz de todas as coisas, verme frágil, repositório da verdade, mergulhado em dúvida e erro, glória e refugo do universo".[4] Ele entendeu Gênesis 1, 2 e 3.

Ou, nas palavras de um filósofo e escritor contemporâneo, Daniel L. Migliore:

> *Nós, seres humanos, somos um mistério para nós mesmos. Somos racionais e irracionais, civilizados e selvagens, capazes de amizade profunda e hostilidade mortal, livres e em escravidão, o clímax da criação e seu maior perigo. Somos Rembrandt e Hitler, Mozart e Stalin, Antígone e Lady Macbeth, Rute e Jezabel. "Que obra de arte", diz Shakespeare sobre a humanidade. "Somos muito perigosos", diz Arthur Miller em After the Fall, "estamos... não em um jardim de fruto de cera e folhas pintadas que fica a leste do Éden, e sim depois da Queda, depois de muitas, muitas mortes".[5]*

Agora, começamos a entender o enredo de toda a Bíblia: quem consertará isso?

---

4 Blaise Pascal, *Pensées*, ed. A. J. Krailsheimer (London: Penguin, 1995), 34.
5 Daniel L. Migliore, *Faith Seeking Understanding: An Introduction to Christian Theology*, 2nd ed. (Grand Rapids: Eerdmans, 2004), 139.

3

O Deus

QUE ESCREVE SEUS
PRÓPRIOS ACORDOS

O que devemos pensar sobre o relacionamento entre Deus e os seres humanos? Quando pensamos nesse relacionamento, que tipo de modelo temos em mente?Há muitas opções propostas nas várias culturas que nos rodeiam. Será útil descrevermos três delas.

MODELO 1: O AVÔ SUPERMANSO

Deus é um cavalheiro benevolente, que tem uma barba longa e esvoaçante, cuja tarefa primordial é ser bom. Quando eu era um estudante na Inglaterra, anos atrás, estive por um tempo na Alemanha, para aprimorar o meu alemão. Enquanto eu estive lá, na escola de línguas, conheci um jovem engenheiro que fazia curso de doutorado, natural da África Ocidental Francesa. Porque eu fora criado falando francês, e ele era da África Ocidental Francesa, saíamos de vez em quando – umas duas vezes por semana – para tomar uma refeição juntos e conversar num idioma em que nos sentíamos mais à vontade, francês em vez do alemão, que estava nos causando dores de cabeça. Quando o conheci um pouco mais, descobri que ele era casado e que sua esposa estava em Londres estudando medicina, enquanto ele estava na Alemanha estudando alemão, para voltar a concluir seus estudos de doutorado em engenharia mecânica numa universidade alemã. Logo descobri que, uma vez por semana, ele ia ao bairro de prostitutas e pagava para ter uma mulher. Por esse tempo, eu já o conhecia bem. Por isso, certa noite, quando saímos para uma refeição, eu lhe perguntei: "Não quero ser muito intromedito, mas o que você diria se descobrisse que sua esposa está fazendo algo semelhante em Londres?""Ah! Eu a mataria!" – ele respondeu.Eu lhe disse: "Ora, isso parece um padrão duplo"."Sim", ele respondeu, "mas você tem de entender. Na parte do mundo de onde eu vim – em nossa estrutura tribal – ela estaria me desonrando. Seria uma questão de honra. Eu teria de matá-la"."Mas você me disse que foi educado na escola de uma missão. Você aprendeu a Bíblia. Você sabe que o Deus da Bíblia não é injusto – ele não tem um conjunto de padrões para os homens e um conjunto de padrões para as mulheres"."*Le bom Dieu*", ele respondeu, "*il doit nous pardonner. C'est son métier*". "Deus é bom. Ele certamente perdoará. Esse é o seu trabalho." Na verdade, meu amigo estava citando as palavras de Catarina, a Grande. É uma grande afirmação para nos livrar de uma situação difícil e para nos esquivar de qualquer tipo de culpa, não é? Esse é um tipo de modelo do relacionamento entre Deus e os seres humanos. Deus é um avô supermanso cujo trabalho consiste em ser bom e perdoar-nos.

MODELO 2: DEÍSMO

Deus é espetacularmente grande. Pense nas eras incalculáveis necessárias para viajarmos de galáxia a galáxia, à velocidade da luz. Quantas galáxias existem? Onde é o final? E Deus fez tudo isso! Ele é maior do que tudo isso, incalculavelmente grande, transcendentemente glorioso. Então, é claro que não podemos esperar que ele se preocupe com nossa existência insignificante nesse mundo. Temos tanta importância para ele como uma nanopartícula tem para nós. Ainda que tenhamos alguma preocupação genuína com os animais de nossa chácara, não damos a menor importância para os vermes da terra. Por que Deus se preocuparia conosco? Ele pode ter colocado todo o universo a funcionar como um grande relógio antiquado, mas agora o universo está funcionando sozinho, sem qualquer ação de Deus, fazendo tudo por si mesmo.Nem o modelo do deísmo nem o do avô se harmoniza com a Bíblia. É verdade que, de acordo com a Bíblia, Deus criou todas as coisas. Além disso, ele é "grande", transcendentemente glorioso. Mas ele também é descrito como pessoal, um ser que interage e fala com as criaturas que criou à sua imagem, sendo intimamente interessado nas coisas delas e considerando-as responsáveis para com ele. Descobriremos que Deus, conforme descrito na Bíblia, é incalculavelmente amoroso, embora, ao mesmo tempo, totalmente santo; de tal modo que, ao confrontar a rebelião, o pecado e tudo que é perverso e mau, ele se mostra irado – e não há outra palavra para descrever sua atitude.Portanto, o Deus do primeiro modelo, que é bastante comum, não pode ser harmonizado com a Escritura, porque ele é apenas bonzinho: não há justiça nele, nenhuma virtude moral, nem julgamento, nem a simples paixão de ser Deus e de ser reconhecido como Deus. O modelo do avô nos coloca no centro do universo, e a função de Deus é amimar-nos ali. Isso é chamado de idolatria. O segundo modelo não pode ser harmonizado com a Escritura porque retrata a Deus como muito distante, muito desinteressado, muito impessoal. Deus é mostrado na Bíblia como intensamente pessoal e totalmente soberano. Podemos considerar outro modelo do relacionamento entre Deus e os seres humanos.

MODELO 3: TROCA DE FAVORES

Este é um modelo muito comum no mundo do politeísmo, ou seja, nas religiões em que há deuses múltiplos. Esses deuses são todos finitos. Todos eles têm personalidade, e muitos deles têm suas peculiaridades, fraquezas, males, excentricidades, pecados e necessidades. Eles possuem, também, suas esferas de interesse, seus domínios de operação. Portanto, a maneira como a religião pagã funciona é assim: você vai ao templo do deus específico e lhe oferece o tipo de coisa que ele quer. Você faz um favor para esse deus, oferecendo-lhe um sacrifício específico ou fazendo uma doação ao seu templo ou envolvendo-se em algum ritual prescrito. Assim, talvez esse deus lhe dê o que você quer.Então, no século I, você quer fazer uma viagem segura pelo mar no mundo do Mediterrâneo? Você se dirige ao templo de Netuno, o Deus do mar. Oferece os sacrifícios apropriados, espera e ora que Netuno mantenha o mar calmo e você tenha uma viagem tranquila. Você precisa fazer um discurso importante para os seus acionistas? Então, você recorre ao deus da comunicação, Hermes, no mundo grego, e Mercúrio, no mundo latino. Você oferece os sacrifícios apropriados. Faz um favor àquele deus, e ele lhe faz de volta um favor. Assim, essa forma de religião é um tipo de arranjo de retribuição equivalente: você me faz um favor, eu lhe faço outro de volta. Nesse tipo de religião, você pode viver em certo temor de que não pagou o suficiente, de que não fez o favor apropriado ou de que, talvez, o deus em questão seja particularmente genioso.Temos de reconhecer que alguns cristãos também pensam que seu relacionamento com Deus é do tipo "troca de favores". Se você for muito bom, terá um casamento feliz. Se fizer suas devoções todos os dias, viverá uma vida longa e não terá câncer enquanto não estiver, pelo menos, com 96 anos de idade. Se você for honesto no trabalho, não perderá seu emprego, como acontece com outras pessoas, que merecem perdê-lo mais do que você. Se você sempre fizer suas orações, seus filhos nunca se rebelarão. E um dia você irá para o céu. Você me faz um favor, e eu lhe faço de volta um favor.O problema neste modelo é que ele pressupõe que o Deus da Bíblia tenha necessidades: você precisa oferecer-lhe algo que ele precisa e, por isso, quer. Essa é a razão pela qual, na religião, a abordagem "troca de favores" é um sistema de permuta. Essa é a razão pela qual o sistema funciona, pelo menos em teoria, no politeísmo. Os deuses são todos finitos. E todos eles têm necessidades.

Mas suponha que você tenha de lidar com um Deus que não tem nenhuma necessidade. O que você lhe oferecerá?

DEUS NÃO PODE SER MANIPULADO (ATOS 17.24)

O apóstolo Paulo entendeu estas questões. Ele foi um pregador do século I que apareceu na narrativa bíblica pouco depois da crucificação e ressurreição de Jesus. Paulo escreveu um quarto do Novo Testamento. Ele foi especialmente capacitado para anunciar o Deus da Bíblia aos politeístas que dominavam a cultura do mundo imperial romano. Por isso, nós o encontramos, por exemplo, na grande cidade de Atenas, explicando cuidadosamente que existe um único Deus, que não pode ser manipulado e que esse entendimento faz grande diferença. Naquele tempo, Atenas tinha a reputação de ser a mais erudita cidade do mundo romano, seguida por Alexandria, no Egito.

Quando apresentou sua mensagem a alguns filósofos e mestres em Atenas, Paulo explicou a eles o que sustentava ser a verdade. O mundo dos atenienses era um mundo de deuses, e a natureza de sua religião era "troca de favores". Mas Paulo lhes disse: "O Deus que fez o mundo e tudo o que nele existe [isso mostra Paulo afirmando o ensino bíblico de Gênesis 1-2 sobre a criação], sendo ele Senhor do céu e da terra, não habita em santuários feitos por mãos humanas" (At 17.24). Paulo não pretendia dizer que Deus não poderia se revelar em um templo, se resolvesse fazer isso. O que Paulo pretendia dizer era que Deus não podia ser reduzido a um templo, sendo manipulado e controlado por uma classe sacerdotal. Não podemos colocá-lo em uma posição em que o controlemos para fazer a nossa vontade, oferecendo dinheiro a uma classe de sacerdotes conectados a um templo, os quais são, conforme se alega, peritos em descobrir o que os deuses querem. O Deus da Bíblia é muito grande para isso; ele fez tudo que existe. Ele é soberano sobre tudo e não pode ser manipulado.

DEUS NÃO PRECISA DE NÓS (ATOS 17.25)

Em seguida, Paulo disse isto: "Nem é servido por mãos humanas, como se de alguma coisa precisasse" (At 17.25). Isso não é admirável? Deus não precisa de você. E certamente não precisa de mim. Ele não precisa de nossas bandas de louvor. Isso não é como se Deus chegasse à tarde de quinta-feira e começasse a disser: "Oh! mal posso esperar até domingo, quando os rapazes darão um show com aquelas guitarras novamente. Estou me sentindo tão sozinho. Preciso ser estimulado aqui". Ele não precisa de nossa adoração. Não precisa de nosso dinheiro. Não precisa de nós. Não precisa de nada. Na eternidade passada, antes que existisse qualquer coisa, Deus estava lá; e ele era totalmente cheio de gozo e contentamento. Mesmo naquele tempo, ele era um Deus amoroso, porque na complexidade da unicidade de Deus (em categorias que veremos em momento oportuno), o Pai amava o Filho (chegaremos a essas categorias). Havia uma distinguibilidade em Deus. Ele não criou seres humanos porque estava sozinho e pensou: "Meu trabalho como Deus será mais agradável se eu fizer um ou dois portadores de minha imagem que me afaguem de vez em quando". Ele não precisa de nós. Nesse sentido, Deus não pode ser comparado com os deuses finitos e necessitados do politeísmo.

Não me entendam mal: o fato de Deus não precisar de nós não significa que ele não nos corresponda, que não se deleite em nós, que não se satisfaça em nós. Ele nos corresponde, mas faz isso não motivado por alguma necessidade intrínseca em seu ser ou caráter, e sim por total determinação de suas perfeições e vontade. Deus interage conosco não porque não preveja o futuro ou deixe as coisas saírem do controle ou por ter renunciado sua soberania ou nunca tenha sido soberano ou seja psicologicamente debilitado ou *necessite* de algo – antes, é motivado pelas perfeições de tudo que ele é, com todas as suas características e atributos. Ele sempre corresponde em harmonia com todos os seus atributos. Ele nunca é menos do que Deus. Você pode imaginar quão difícil foi para Paulo comunicar essa verdade para aqueles acadêmicos sofisticados, cuja noção de religião estava presa a uma forma de politeísmo do tipo "troca de favores"?

NÓS PRECISAMOS DE DEUS (ATOS 17.25)

Para acentuar ainda mais a distinção entre Deus e os deuses dos atenienses, Paulo acrescentou: "Ele mesmo é quem a todos dá vida, respiração e tudo mais" (At 17.25). Deus não precisa de nós, mas nós precisamos dele. O ensino de Paulo procede diretamente de Gênesis 1-3: somos dependentes de Deus quanto à "vida, respiração e tudo mais".Quando o Senhor Jesus esteve na terra, ensinou que nem um pardal cai do céu sem a aprovação de Deus e que até os cabelos de nossa cabeça estão contados (ver Mt 10.29-30). Em meu caso, isso significa que Deus está fazendo uma conta de subtração rápida, e ele conhece todos os meus cabelos, até os que desaparecem. E cada respiração, eu a tenho por permissão de Deus. Sou dependente dele, Paulo nos lembra, quanto à vida, à respiração e tudo mais – quanto ao alimento, quanto à saúde. Sou uma criatura totalmente dependente. Eu não sou o Criador.Então, como você pode ter um relacionamento com este Deus? Ele não é um avô supermanso. Além disso, ele não está muito longe, em segurança. Ele é intensamente pessoal, mas não tem nenhuma necessidade. Isso significa que não temos nada para trocar com ele. A única razão por que ainda estamos aqui é que Deus permite que isso aconteça. Na semana passada, um de meus amigos que ensinava em um seminário de Dallas – um bom amigo, um professor de Novo Testamento, autor de livros importantes, pai de três filhos: um é missionário na Sibéria, o outro, na Rússia, e o outro, no Afeganistão – estava correndo. Ao voltar para casa, deitou-se e morreu. Ele não pôde fazer nada quanto a isso. Se o nosso coração continua batendo, isso acontece porque Deus permite. E, se ele diz: "Venha para casa, meu filho. Está na hora. Seu trabalho está terminado", você vai. Ou, se ele diz: "Louco, nesta noite pedirão a sua alma", você morre. Como você barganhará com um Deus assim? "Ó Deus, eu lhe darei 10%."

Mas ele possui *você* e tudo que você é e tem. "Senhor, eu me tornarei um missionário." "Serei um diácono melhor na igreja." Você está tentando subornar a Deus? Isso o tornará uma pessoa melhor?Não, só há uma maneira de termos um relacionamento com este Deus: se ele nos mostrar graça soberana. Não temos nada que possamos trocar com ele.A maneira como a graça soberana – a decisão de Deus de ser gracioso para algumas pessoas – age na Bíblia, pode ser vista em várias estruturas diferentes. Às vezes, Deus promete graciosamente fazer alguma coisa, para que as pessoas aprendam a crer no que ele diz, creiam em sua Palavra e anseiem pelo que ele fará. Às vezes, Deus entra em acordos formais com elas. Esses acordos formais são chamados "alianças". Acho que podemos pensar nas alianças como um tipo de contrato, um acordo legal – exceto que os contratos modernos são negociados por ambas as partes. Na Bíblia, as alianças refletem, muitas vezes, alianças que eram bem conhecidas no mundo antigo. Em alguns casos, um superpoder regional impunha uma "aliança" a um estado vassalo: a aliança era toda de cima para baixo. Isso se aplica igualmente a Deus: ele é o Deus que escreve seus próprios acordos, suas alianças, e nisso sua graça é espetacularmente manifestada.A Bíblia fala sobre várias alianças que Deus estabeleceu. Começaremos com a aliança feita com Abraão.

GÊNESIS 12

O que aconteceu nos capítulos intermediários – ou seja, entre Gênesis 3 e 12 – não é agradável. Abominações se multiplicaram até que Deus destruiu quase tudo no planeta, por meio de um dilúvio. Somente algumas poucas pessoas foram poupadas, e o líder, Noé, ficou bêbado prontamente. No capítulo 11, a rebelião está crescendo pela terra novamente, em desafio a Deus. E, agora, em Gênesis 12, lemos: "Disse o Senhor a Abrão [seu nome foi depois mudado para Abraão; continuarei chamando-o de Abraão]: Sai da tua terra, da tua parentela e da casa de teu pai e vai para a terra que te mostrarei" (Gn 12.1). Nesse tempo, Abraão vivia em um lugar chamado Ur, na antiga Babilônia. Depois, ele se mudou para uma cidade chamada Harã. Agora, Deus estava lhe dizendo que fosse para um lugar que se tornaria a terra de Israel. Deus prometeu a ele três coisas:

> *De ti farei uma grande nação, e te abençoarei, e te engrandecerei o nome. Sê tu uma bênção! Abençoarei os que te abençoarem e amaldiçoarei os que te amaldiçoarem; em ti serão benditas todas as famílias da terra.*
>
> Gênesis 12.2-3

Isso é uma promessa. Mais tarde, a promessa foi acrescentada de detalhes. Os descendentes de Abraão seriam tão numerosos como a areia do mar. Um filho foi prometido a Abraão, e esse filho prometido, por meio de quem viria todas as bênçãos, nasceria quando Abraão estivesse em idade avançada. Nessa altura, Abraão já tinha 75 anos. Sua esposa também estava envelhecendo, mas a promessa era que o filho viria da união de Abrão e sua esposa, Sara. Abraão atravessou períodos de dúvida e incerteza. Ele tentou facilitar as coisas dormindo com outra mulher. É uma história desagradável. Mas, por fim, Deus cumpriu sua promessa. Eles tiveram um filho, um filho chamado Isaque.

No devido tempo, Isaque casou, e sua esposa deu à luz dois filhos. Antes de os meninos nascerem, Deus falou à mãe: "Você tem gêmeos em seu ventre. Deixe-me dizer-lhe: o mais velho servirá ao mais novo" (ver 25.23). Naquela cultura, esse arranjo não seria normal, mas Deus escolheu, em sua soberania, o mais novo, antes mesmo que os meninos tivessem feito bem ou mal. Motivado por sua graça soberana, Deus escolheu um acima do outro e predisse o que aconteceria. Em seguida, Deus preservou certa linhagem através dos anos, geração após geração, até que as tribos se multiplicassem e, por fim, possuíssem a terra.

E, no meio de todas estas promessas, esta se destaca: "Em ti serão benditas todas as famílias da terra" (12.3). Deus estava não somente escolhendo Abraão e seus descendentes, mas também insistindo que, por meio desses descendentes tribais, *todos os povos* da terra seriam abençoados. Isso nos mostra Deus *prometendo* algo de maneira graciosa, soberana e incondicional.

GÊNESIS 17

Mas, depois, há não somente a promessa, mas também a aliança. Em Gênesis 17, lemos:

> *Quando atingiu Abrão a idade de noventa e nove anos, apareceu-lhe o SENHOR e disse-lhe: Eu sou o Deus Todo-Poderoso; anda na minha presença e sê perfeito. Farei uma aliança entre mim e ti e te multiplicarei extraordinariamente.*
>
> *Prostrou-se Abrão, rosto em terra, e Deus lhe falou:*
>
> *Quanto a mim, será contigo a minha aliança; serás pai de numerosas nações. Abrão já não será o teu nome, e sim Abraão; porque por pai de numerosas nações te constituí.*
>
> *Far-te-ei fecundo extraordinariamente, de ti farei nações, e reis procederão de ti.*
>
> *Estabelecerei a minha aliança entre mim e ti e a tua descendência no decurso das suas gerações, aliança perpétua, para ser o teu Deus e da tua descendência.*
>
> *Dar-te-ei e à tua descendência a terra das tuas peregrinações, toda a terra de Canaã, em possessão perpétua, e serei o seu Deus.*
>
> *Disse mais Deus a Abraão: Guardarás a minha aliança, tu e a tua descendência no decurso das suas gerações.*
>
> *Esta é a minha aliança, que guardareis entre mim e vós e a tua descendência: todo macho entre vós será circuncidado.*
>
> *Gênesis 17.1-10, ênfase acrescentada*

Isso é muito admirável. Isso não é apenas uma promessa; é uma *aliança* – uma aliança imposta por Deus, que deixou ambas as partes com obrigações.

O Deus que Escreve Seus Próprios Acordos

Deus seria o Deus de Abraão e seus descendentes, asseguraria a terra para eles e garantiria que nações inteiras procederiam de Abraão. De sua parte, Abraão e seus descendentes tinham de guardar a aliança – ou seja, deviam manter fidelidade para com Deus e confirmar sua aceitação dessa aliança por meio do rito da circuncisão. E, no final do capítulo, o texto nos diz: "Tomou, pois, Abraão a seu filho Ismael, e a todos os escravos nascidos em sua casa, e a todos os comprados por seu dinheiro, todo macho dentre os de sua casa, e lhes circuncidou a carne do prepúcio de cada um, naquele mesmo dia, como Deus lhe ordenara" (17.23).

GÊNESIS 15

Assim, temos primeiramente uma promessa (Gênesis 12) e, depois, uma estrutura de aliança (Gênesis 17). Entre Gênesis 12 e 17, há outro capítulo que fala sobre aliança: Gênesis 15. No começo desse capítulo, Deus falou: "Não temas, Abrão, eu sou o teu escudo, e teu galardão será sobremodo grande" (15.1). Depois, segundo esse mesmo capítulo, Abraão caiu em profundo sono (15.12) e teve uma visão espetacularmente sobrenatural. A preparação para a visão aconteceu quando Abraão perguntou a Deus:

> SENHOR Deus, como saberei que hei de possuí-la?
> Respondeu-lhe: Toma-me uma novilha, uma cabra e um cordeiro, cada qual de três anos, uma rola e um pombinho.
> Ele, tomando todos estes animais, partiu-os pelo meio e lhes pôs em ordem as metades, umas defronte das outras; e não partiu as aves.
>
> *Gênesis 15.8-10*

Agora, temos uma novilha partida ao meio, uma cabra partida ao meio, um cordeiro partido ao meio, um pássaro de um lado e um pássaro do outro lado.

Aves de rapina desciam sobre os cadáveres, porém Abrão as enxotava.

Ao pôr do sol, caiu profundo sono sobre Abrão, e grande pavor e cer-
radas trevas o acometeram;

então, lhe foi dito: Sabe, com certeza, que a tua posteridade será pe-
regrina em terra alheia, e será reduzida à escravidão, e será afligida
por quatrocentos anos. Mas também eu julgarei a gente a que têm de
sujeitar-se; e depois sairão com grandes riquezas.

E tu irás para os teus pais em paz; serás sepultado em ditosa velhice.

Na quarta geração, tornarão para aqui; porque não se encheu ainda
a medida da iniquidade dos amorreus.

E sucedeu que, posto o sol, houve densas trevas; e eis um fogareiro
fumegante e uma tocha de fogo que passou entre aqueles pedaços.

Naquele mesmo dia, fez o Senhor *aliança com Abrão.*

Gênesis 15.11-18

O que estava acontecendo? Isso impressiona o leitor moderno como algo bizarro. Hoje, quando falamos em escrever os nossos acordos, não é isso que acontece no final da cerimônia de assinatura.

ALIANÇAS NO MUNDO ANTIGO

Havia diferentes tipos de aliança no mundo antigo. Como já indiquei, às vezes, as alianças eram estabelecidas entre um superpoder regional e peque-nos estados vassalos. O superpoder regional – os hititas, em alguns períodos de tempo, os assírios em outros, e os babilônios em outros – arranjaria um acordo, uma aliança. Basicamente, a aliança dizia: "Cuidaremos de vocês. Manteremos seguras as suas fronteiras. Garantiremos que sejam protegidos de inimigos. E vocês pagarão seus tributos e mostrarão lealdade a nós", e as-sim por diante. Era um acordo entre duas partes. A aliança especificava que, se uma das partes não cumprisse os termos, certas coisas desagradáveis deve-riam acontecer à parte ofensora. Obviamente, o superpoder regional tinha o poder de impor as punições desagradáveis, e não a outra parte, mas essa era a maneira como as alianças eram escritas. Às vezes, um dos sinais desse tipo de acordo e ameaça correspondente era tomar animais, parti-los ao meio e colocar as partes em dois lados; em seguida, as duas partes celebrantes da aliança passavam entre os animais divididos, para significar: "Que isto aconteça comigo se eu quebrar esta aliança. Que eu seja partido ao meio. Que eu seja cortado pela metade".

Por isso, Abraão preparou os animais. Obviamente, Deus não era um ser humano para caminhar ao lado de Abraão, entre os animais. Abraão caiu em sono profundo, e, em seu sonho, ele viu uma tocha de fogo que representava a presença de Deus. Um fato interessante é que, em vez de mover-se entre os animais *lado a lado com Abraão* (como se os dois estivessem dizendo: "Que isto aconteça conosco se algum de nós quebrar a aliança"), Deus passou por aquele corredor de sangue *sozinho*. Ele tomou para si mesmo a total responsabilidade pelo cumprimento da aliança. Isso é graça.

Abraão pecaria. Isaque, seu filho, seria um covarde. O filho seguinte, Jacó, aprenderia algumas lições ao longo de sua vida, mas ele sempre seria um enganador e espertalhão. Jacó teve 12 filhos: um deles dormiu com a concubina de seu pai; outro dormiu com sua própria nora; dez desses filhos não podiam resolver se matariam seu irmão mais novo ou se o venderiam como escravo. E estes são os patriarcas! Apesar disso, Deus não os destruiu. Ele havia jurado por meio daquele ato simbólico que, se viessem maldições, elas deveriam cair sobre ele. É claro que os descendentes de Abraão, mais tarde chamados israelitas, deviam praticar o sinal da aliança para mostrar que eram filhos dela – e, assim, eles praticaram a circuncisão, geração após geração. Todavia, à medida que os anos passaram, e a onda moral subia e descia, podemos nos admirar de quanto dano e destruição foram feitos, enquanto Deus ainda os tolerava por causa da promessa de cumprir sua aliança. Ele os protegeria e os traria à sua terra. E da descendência deles viria alguém por meio de quem as nações da terra seriam abençoadas.

Há mais um capítulo em Gênesis que devemos considerar.

GÊNESIS 22

Gênesis 22 acontece depois do nascimento de Isaque, o filho favorecido de Abraão. O texto bíblico nos diz:

Depois dessas coisas, pôs Deus Abraão à prova e lhe disse: Abraão!
Este lhe respondeu: Eis-me aqui!
Acrescentou Deus: Toma teu filho, teu único filho, Isaque, a quem
amas, e vai-te à terra de Moriá; oferece-o ali em holocausto, sobre um
dos montes, que eu te mostrarei.

Gênesis 22.1-2

Assim, Abraão vai até ao lugar. O filho, que tem cerca de 13 anos, diz:

Meu pai! Respondeu Abraão: Eis-me aqui, meu filho! Perguntou-
-lhe Isaque: Eis o fogo e a lenha, mas onde está o cordeiro para o
holocausto?
Respondeu Abraão: Deus proverá para si, meu filho, o cordeiro para o
holocausto; e seguiam ambos juntos.

Gênesis 22.7-8

Em uma cena horrível, Abraão deita seu filho no altar e está prestes a matá-lo – a sacrificar seu próprio filho.

Mas do céu lhe bradou o Anjo do SENHOR: Abraão! Abraão! Ele res-
pondeu: Eis-me aqui!
Então, lhe disse: Não estendas a mão sobre o rapaz e nada lhe faças;
pois agora sei que temes a Deus, porquanto não me negaste o filho,
o teu único filho.
Tendo Abraão erguido os olhos, viu atrás de si um carneiro preso pe-
los chifres entre os arbustos; tomou Abraão o carneiro e o ofereceu

O Deus que Escreve Seus Próprios Acordos

> *em holocausto, em lugar de seu filho.*
>
> *E pôs Abraão por nome àquele lugar – O Senhor Proverá. Daí dizer--se até ao dia de hoje: No monte do Senhor se proverá.*
>
> *Então, do céu bradou pela segunda vez o Anjo do Senhor a Abraão e disse: Jurei, por mim mesmo, diz o Senhor, porquanto fizeste isso e não me negaste o teu único filho,*
>
> *que deveras te abençoarei e certamente multiplicarei a tua descendência como as estrelas dos céus e como a areia na praia do mar; a tua descendência possuirá a cidade dos seus inimigos,*
>
> *nela serão benditas todas as nações da terra, porquanto obedeceste à minha voz.*
>
> Gênesis 22.11-18

Ora, talvez você pergunte: "Que tipo de Deus quer que alguém sacrifique seu próprio filho?" Nas religiões pagãs daquele tempo, não era incomum os pais sacrificarem seus filhos. Um deus pagão chamado Moloque era representado como segurando um grande vaso de pedra em suas mãos, e um fogo era acesso debaixo do vaso até que ficasse vermelho ardente. Algumas vezes, os pais lançariam naquele vaso seus filhinhos gritantes. Isso não era algo incomum. Era uma marca de devoção. Mas o principal ensino desse relato de Gênesis é que isso *não* é o que Deus quer. Como poderíamos agradar a Deus, o Deus da Bíblia, destruindo nossos filhos?

Em um sentido, devemos ver esse acontecimento como um tipo de prova em harmonia com as normas culturais daqueles dias: "Você tem para comigo o tipo de confiança que os pagãos parecem ter em seus deuses – seus deuses falsos e assassinos, aos quais eles estão dispostos a sacrificar seus próprios filhos?" Mas, quando chega o momento crucial, Deus diz, na realidade: "Você não entende? *Eu* providencio o sacrifício! Como você pode me agradar por sacrificar seu filho?" Assim como em Gênesis 15, somente Deus anda pelo corredor sangrento e toma sobre si mesmo a maldição da aliança, neste acontecimento, ele providencia o sacrifício. A proibição de sacrifício de crianças foi incorporada, no tempo oportuno, à lei do Antigo Testamento. O sacrifício de crianças devia ser visto como um crime idólatra, a despeito das pressões culturais da época. O Deus presente não exige que sacrifiquemos nossos filhos. Em vez disso, em sua graça soberana, ele provê um sacrifício. O que ele quer é que nos voltemos totalmente para ele e digamos: "Tu és Deus. Tu és Senhor. Tu és soberano. Sou dependente de ti. Preciso de ti. Creio em ti. Eu te obedecerei".

Para todos as falhas da vida de Abraão e de nossa vida, Deus provê o cordeiro sacrificial. As histórias e relatos começam a multiplicar-se nas páginas do Antigo Testamento, em antecipação do tempo em que Deus proveria um sacrifício que excede grandemente o valor de um carneiro preso nos arbustos.

ORAÇÃO CONCLUSIVA

Confessamos, Senhor Deus, que em um mundo digital, cheio de incontáveis bênçãos materiais, em um mundo de física nuclear e ritmo impressionante, precisamos de esforço para considerar atentamente essas passagens bíblicas. Mas começamos a vislumbrar que tu és o Deus soberano a quem devemos tudo. O âmago de nossa rebelião é o desejo de sermos Deus, em teu lugar, realizarmos as coisas por nós mesmos, fazermos trocas contigo. Fazemos erros que prejudicam a nós mesmos, nossa família, nossa cultura e as relações entre as nações – tudo, desde pequena demonstração de superioridade até racismo e genocídio e tudo que se acha entre estes. No entanto, confessamos: no âmago de tudo isso, há esta rebelião horrível, esta idolatria que exige que sejamos nossos próprios deuses.

Senhor, abra nossos olhos para que vejamos tua independência soberana, tua glória, tua paciência conosco para não sermos destruídos, a maneira como tomaste tempo, através de inúmeras gerações, para mostrar que Deus gracioso e soberano tu és, até que, na plenitude do tempo, enviaste teu próprio Filho, para ser o Cordeiro de Deus que tira o nosso pecado. Senhor Deus, abra nossos olhos e nosso coração, para que sejamos inescapavelmente atraídos a ele. Em nome de Jesus, amém.

4

O Deus

QUE ESTABELECE LEIS

Suspeito que uma das objeções mais comuns levantadas contra os cristãos de hoje e contra o cristianismo no Ocidente é que os cristãos são intrinsecamente restritos e intolerantes. Eles sustentam que certas coisas são verdadeiras e que os seus opostos são falsos. Distinguem entre ortodoxia e heresia. Eles têm suas próprias regras de conduta, de moralidade. Aprovam algumas coisas e desaprovam outras. Isso é arrogante e, ainda pior, divisivo. Em vez de edificar uma comunidade cívica, para estabelecer uma sociedade genuinamente tolerante, essas linhas inflexíveis têm o resultado inevitável de gerar divisionismo. Para aqueles que são criados em algumas das tendências pós-modernas mais fortes, sob a influência, digamos, de Michael Foucault, todas as reivindicações de falar a verdade são, na realidade, revindicações de poder; são formas de manipulação. Em vez fomentar a liberdade, apenas engendram constrangimento e coerção.

No entanto, quando consideramos as acusações mais atentamente, elas são problemáticas. Nenhuma comunidade é totalmente inclusiva. Tim Keller, pastor em Nova Iorque, gosta de dar este exemplo: suponha que você tenha uma comissão de gays, lésbicas e transexuais que labuta em uma grande cidade, trabalhando em inclusão. Os membros da comissão se dão muito bem. Suponha que um deles chegue a uma das reuniões da comissão e diga: "Vocês sabem, isso é um tanto embaraçoso, mas eu tive uma estranha experiência religiosa. Encontrei um grupo estranho de pessoas – eles são cristãos – e toda a minha vida foi mudada. Eu não vejo mais as coisas da mesma maneira. Não estou mais convencido de que a homossexualidade é apenas um estilo de vida alternativo". Os outros lhe dizem: "Bem, achamos que você está totalmente errado nisso, mas você é bem-vindo com suas ideias. Ainda queremos acolhê--lo". À medida que as semanas passam, as tensões surgem, porque a comissão como um todo não está seguindo a mesma direção que este membro específico segue. Por fim, as pessoas da comissão dirão a este membro: "Sabe, você não compartilha mais de nossas opiniões. Está seguindo noutra direção. Sua percepção de certo e errado é diferente da nossa. Não temos mais certeza de que você pertença a esta comissão. Achamos que seria bom você renunciar".

Eles teriam se envolvido em excomunhão.

É impossível sermos completa e incessantemente abertos, porque até essa abertura incessante está baseada na suposição de que ela é uma coisa boa. Por isso, se alguém diz: "Não é bom ser incessantemente aberto", aqueles que estão comprometidos com a abertura incessante sentem que têm de rejeitar essa pessoa, exatamente porque eles não querem ser incessantemente abertos com a pessoa que não sustenta a opinião deles. Em outras palavras, em um mundo finito há limites. Há, inevitavelmente, inclusões e exclusões.

Além disso, até o apelo à verdade é inevitável. Em uma geração anterior, a verdade era frequentemente analisada sob a categoria de psiquiatria e psicologia. Isso está mudando novamente agora. Uma geração atrás, a compositora popular Anna Russel zombou gentilmente desta "geração eu" com suas formas de explicar todo comportamento estranho:

> *Fui ao meu psiquiatra para ser psicanalisada*
> *Para descobrir por que matei gato e arroxeei o olho de meu marido.*
> *Ele me deitou em um divã para ver o que podia descobrir*

O Deus que Estabelece Leis

> *E eis o que ele extraiu de minha mente subconsciente:*
> *Quando eu tinha um ano, mamãe escondeu minha boneca numa*
> *árvore*
> *Por isso, segue-se, naturalmente, que estou sempre bêbada.*
> *Quando eu tinha dois anos, vi meu pai beijar a empregada um dia,*
> *E essa é a razão por que eu sofro agora de cleptomania.*
> *Aos três anos, tive o sentimento de ambivalência para com meus*
> *irmãos,*
> *Por isso, segue-se, naturalmente, que envenenei todos os que me*
> *amavam.*
> *Mas estou feliz: aprendi agora a lição que isso me ensinou:*
> *Tudo que eu faço de errado é culpa de outra pessoa.*

Isso foi uma geração atrás. Agora lidamos com as coisas de um modo diferente. Agora dizemos que a verdade é moldada pela comunidade. A verdade é apenas aquilo que é percebido por um grupo específico ou por um indivíduo do grupo. Houve um tempo em que os céticos rejeitavam o cristianismo porque (diziam) ele não é verdadeiro. Hoje eles são mais propensos a rejeitar o cristianismo porque este *afirma* ser verdadeiro, visto que eles creem não existirem absolutos. Nos anos 1960, muitos alunos universitários seguiam o existencialismo individual de Albert Camus ou Jean-Paul Sartre. Hoje é muito provável que eles creiam que as noções de moralidade e verdade são formadas socialmente e que nenhum conceito assim formado tem direito legítimo de ser superior a qualquer outra perspectiva formada socialmente.

No entanto, é claro que, se você afirma que essa opinião é verdadeira, então, você crê que ela é formada socialmente, por isso, não pode reivindicar de maneira legítima qualquer superioridade. E, em última análise, não podemos escapar da noção da verdade. Além disso, a própria liberdade não pode ser permanentemente ilimitada. Você gostaria de ser livre para tocar extremamente bem o piano? Então, é inevitável que você tenha de aprender muita disciplina, aprender que certos acordes soam bem e outros não. Há certos princípios na maneira como a música opera. Você quer ser livre para ter um casamento realmente maravilhoso, digno e feliz? Então você não será livre para fazer certas coisas. Em outras palavras, uma abertura incessante em relação à liberdade se torna um tipo de escravidão.

Precisamos manter tudo isso em mente quando chegamos à Bíblia e descobrimos que Deus legisla. Ele estabelece leis. A menos que estejamos dispostos a pensar fora de nosso contexto cultural do Ocidente, poderemos achar isso um tanto ofensivo. No entanto, na narrativa bíblica, descobrimos que a lei de Deus está realmente vinculada à jubilosa liberdade de vivermos sob o governo do Deus que nos criou.

A NARRATIVA BÍBLICA DESDE OS PATRIARCAS ATE A ENTREGA DA LEI

Vamos continuar a narrativa bíblica de onde a deixamos no capítulo anterior. Terminamos no relato sobre os patriarcas (Abraão, Isaque e Jacó), que haviam sido chamados por Deus para constituir um tipo de nova humanidade que entraria em um relacionamento de aliança com Deus. Eles permaneceram na terra de Canaã (depois chamada de Israel), como nômades que cuidavam de grandes rebanhos até que, por causa da fome, se mudaram, em bloco para o Egito. À medida que os séculos se passaram, eles se multiplicaram em número e se tornaram servos e escravos para os egípcios. Mas ainda tinham uma herança de fé, que fora sustentada pelo Deus que se manifestara ao patriarca Abraão. Os hebreus se multiplicaram. Esse grupo de pessoas que seriam, mais tarde, conhecidas como israelitas e, mais tarde ainda, como judeus prósperos, floresceu sob escravidão e cativeiro.

No devido tempo, Deus levantou um homem chamado Moisés. Este Moisés era hebreu, mas, por meio de circunstâncias estranhas, foi criado na corte real egípcia. Quando ainda jovem, tomando partido de seu povo étnico oprimido, acabou matando um egípcio e fugindo para se salvar. Gastou boa parte de sua vida trabalhando como um pastor no deserto, mas, quando tinha 80

O Deus que Estabelece Leis

anos, ouviu a voz de Deus lhe ordenando-lhe que voltasse e livrasse seu povo da escravidão, tirando-o do Egito. Em Êxodo 3, Moisés apresentou todas as razões pelas quais não deveria ir: ele era muito velho e não sabia falar muito bem em público. Outra pessoa deveria ir. Ele ainda era um homem procurado no Egito.

> *Disse Moisés a Deus: Eis que, quando eu vier aos filhos de Israel e lhes disser: O Deus de vossos pais me enviou a vós outros; e eles me perguntarem: Qual é o seu nome? Que lhes direi?*
>
> *Disse Deus a Moisés: Eu Sou O Que Sou. Disse mais: Assim dirás aos filhos de Israel: Eu Sou me enviou a vós outros.*
>
> *Disse Deus ainda mais a Moisés: Assim dirás aos filhos de Israel: O Senhor, o Deus de vossos pais, o Deus de Abraão, o Deus de Isaque e o Deus de Jacó, me enviou a vós outros; este é o meu nome eternamente, e assim serei lembrado de geração em geração.*
>
> Êxodo 3.13-15

Em outras palavras, Deus dá a si mesmo um nome ("Eu Sou O Que Sou... Eu Sou me enviou a vós outros"), mas não é um nome que o restringe. Ele é o que é. "Eu Sou O Que Sou." Depois, ele define a si mesmo, revela a si mesmo para pessoas como Moisés, para pessoas como nós, à medida que se revela progressivamente através dos séculos. Deus é eterno. Ele não é um objeto de alguém que pode ser caracterizado e definido. Deus é o que *ele* diz que é. Ele é o que revela de si mesmo. Ele é. "Assim dirás aos filhos de Israel: Eu Sou me enviou a vós outros" (3.14). E, por fim, Moisés tirou o povo da escravidão. Talvez você já tenha ouvido falar das dez pragas e da travessia do mar Vermelho. Moisés conduziu o povo para fora do Egito.

Eventualmente, os israelitas que saíram do Egito vêm até um monte no deserto, o monte Sinai. Não chegam ainda à terra prometida. No monte Sinai, Deus faz outra aliança. Ele estabelece outro acordo com os israelitas. A aliança ou acordo de Deus com Abraão (como vimos no capítulo anterior), estava alicerçada na promessa do que Deus faria, a única condição era de ele mesmo ser Deus. Ele passou simbolicamente entre as partes daqueles animais para dizer: "Isso é o que *eu* farei. É inconcebível que outra coisa possa ser feita. *Eu* te abençoarei. *Eu* te darei segurança. *Eu* multiplicarei a tua descendência, farei de ti uma grande nação, e, por meio de tua descendência, todas as nações da terra serão abençoadas". Agora, no Sinai, Deus entra em uma nova aliança com toda a nação. Frequentemente, nós a chamamos de aliança mosaica (nome do homem que a mediou), ou a aliança do Sinai (nome do monte em que Deus se revelou), ou a aliança da lei (pois contém muitas leis, assim como a aliança feita com Abraão foi caracterizada por promessa). No Novo Testamento, essa aliança é referida como a "antiga aliança" uma ou duas vezes, porque precedeu a aliança que Jesus estabeleceu, chamada de "nova aliança" – que, é lógico, torna "antiga" a aliança anterior, dada por Moisés. Essa é a origem dos títulos dados às duas partes da Bíblia. "Antigo Testamento" e "Novo Testamento" são maneiras alternativas de nos referirmos à velha e à nova aliança.

A velha aliança estabelecida no segundo livro da Bíblia, o livro de Êxodo, especificava formas de religião, como a nação devia se organizar, quem eram os sacerdotes e assim por diante. Acima de tudo, ela revelava mais de Deus.

OS DEZ MANDAMENTOS (ÊXODO 20)

No âmago dessa aliança, há um grupo de versículos que nos dão os Dez Mandamentos. Esses mandamentos são dados em duas passagens no Antigo Testamento. A passagem que examinaremos é Êxodo 20.1-19:

> *Então, falou Deus todas estas palavras:*
> *Eu sou o* SENHOR, *teu Deus, que te tirei da terra do Egito, da casa da servidão.*
> *Não terás outros deuses diante de mim.*
> *Não farás para ti imagem de escultura, nem semelhança alguma do*

que há em cima nos céus, nem embaixo na terra, nem nas águas debaixo da terra.

Não as adorarás, nem lhes darás culto; porque eu sou o SENHOR, *teu Deus, Deus zeloso, que visito a iniquidade dos pais nos filhos até à terceira e quarta geração daqueles que me aborrecem*

e faço misericórdia até mil gerações daqueles que me amam e guardam os meus mandamentos.

Não tomarás o nome do SENHOR, *teu Deus, em vão, porque o* SENHOR *não terá por inocente o que tomar o seu nome em vão.*

Lembra-te do dia de sábado, para o santificar.

Seis dias trabalharás e farás toda a tua obra.

Mas o sétimo dia é o sábado do SENHOR, *teu Deus; não farás nenhum trabalho, nem tu, nem o teu filho, nem a tua filha, nem o teu servo, nem a tua serva, nem o teu animal, nem o forasteiro das tuas portas para dentro; porque, em seis dias, fez o* SENHOR *os céus e a terra, o mar e tudo o que neles há e, ao sétimo dia, descansou; por isso, o* SENHOR *abençoou o dia de sábado e o santificou.*

Honra teu pai e tua mãe, para que se prolonguem os teus dias na terra que o SENHOR, *teu Deus, te dá.*

Não matarás.

Não adulterarás.

Não furtarás.

Não dirás falso testemunho contra o teu próximo.

Não cobiçarás a casa do teu próximo. Não cobiçarás a mulher do teu próximo, nem o seu servo, nem a sua serva, nem o seu boi, nem o seu jumento, nem coisa alguma que pertença ao teu próximo.

Todo o povo presenciou os trovões, e os relâmpagos, e o clangor da trombeta, e o monte fumegante; e o povo, observando, se estremeceu e ficou de longe.

Disseram a Moisés: Fala-nos tu, e te ouviremos; porém não fale Deus conosco, para que não morramos.

Estes são os Dez Mandamentos. Diz-se frequentemente que eles são divididos em duas partes: os primeiros quatro tratam do relacionamento do povo com Deus; e os seis restantes tratam dos relacionamentos entre as pessoas (não adulterar, falar a verdade e assim por diante). Consideraremos rapidamente alguns desses mandamentos.

MANDAMENTO 1: A EXCLUSIVIDADE DE DEUS

O primeiro dos Dez Mandamentos nos dirige ao reconhecimento da exclusividade de Deus: "Não terás outros deuses diante de mim" (20.3). Observe o contexto em que o mandamento foi dado. "Eu sou o SENHOR, teu Deus, que te tirei da terra do Egito, da casa da servidão" (20.2). Até este ponto da narrativa bíblica, Deus é revelado como o Criador, aquele que fez tudo e todos. Como Criador, ele é o Deus a quem temos de prestar contas, o Deus de quem somos dependentes, o Deus que nos dá vida e respiração, saúde e força e tudo mais. Isso é verdade quanto a todos os seres humanos. Mas, nesse texto de Êxodo, o foco está no que Deus fez por alguns seres humanos específicos, os descendentes de Abraão. Deus os tirou da escravidão. Por consequência dessa libertação, Deus disse: "Não terás outros deuses diante de mim" (20.3).

Este é um tema reiterado constantemente na Bíblia. Tanto por ser criador como por ser libertador do povo da aliança, há uma repetida exigência de lealdade ao Deus presente. Dois capítulos à frente, lemos: "Quem sacrificar aos deuses e não somente ao SENHOR será destruído" (22.20). Um capítulo depois deste, lemos: "Do nome de outros deuses nem vos lembreis, nem se ouça de vossa boca" (23.13). Onze capítulos depois, lemos: "Não adorarás outro deus; pois o nome do SENHOR é Zeloso; sim, Deus zeloso é ele" (34.14). Ou, novamente: "Eu sou o SENHOR, e não há outro" (Is 45.5). "Só contigo está Deus, e não há outro que seja Deus" (Is 45.14).

Talvez a princípio fiquemos inquietos quanto à noção de um Deus zeloso ou ciumento. Você quer que seu cônjuge seja constantemente ciumento? Mesmo no contexto de casamento, certamente você deseja que haja um pouco de ciúme, não deseja? Ou seu casamento será do tipo aberto, em que ambos os cônjuges têm permissão de fazer sexo com várias pessoas, sem repercussões – todos são felizes com isso? Não há um senso de que, se vocês estão realmente comprometidos um com o outro, certo tipo de ciúme, que preserva o relacionamento, é bom e saudável, uma reação sábia? E essa reação existe entre pares, entre amigos íntimos. Agora pense em Deus, o Deus que criou todas as coisas. Retornamos à situação que descobrimos em Gênesis 3. A natureza da primeira rebelião foi idolatria. O que Deus deveria ter dito? "Oh! desenvolvam a espiritualidade de vocês à medida que vivem. Inventem seu próprio deus. Eu realmente não me importo." Esse tipo de reação nega o caráter de Deus. Nega o seu papel como Criador. Nega a sua função exclusiva como sustentador soberano da vida. Em Êxodo 20, ele é o Deus que resgatou seu povo da escravidão. Poderia ele dizer: "Vocês podem fingir que outro deus os livrou, se quiserem. Podem fazer seus próprios deuses"?

Ele é o SENHOR, cujo nome é Zeloso.

Na verdade, esse assunto também visa ao bem do povo. Se Deus dissesse: "Vocês podem fazer o que quiserem", eles simplesmente cairiam em incessante autojustificação, amor próprio e egoísmo. Eles se tornariam indistintos dos pagãos que viviam ao seu redor. Logo ofereceriam seus filhos a Moloque, o deus que descrevi no capítulo 3. Por que não? Os seus vizinhos faziam isso. Essa insistência na centralidade em Deus visava o bem dos israelitas. Na verdade, era um ato de amor, de grande generosidade. "Eu sou o SENHOR, teu Deus, que te tirei da terra do Egito, da casa da servidão. Não terás outros deuses diante de mim" (Êx 20.2-3). O primeiro dos Dez Mandamentos nos ordena a reconhecer a exclusividade de Deus.

MANDAMENTO 2: A TRANSCENDÊNCIA DE DEUS

O segundo mandamento nos ordena a reconhecer a transcendência de Deus. "Não farás para ti imagem de escultura, nem semelhança alguma do que há em cima nos céus, nem embaixo na terra, nem nas águas debaixo da terra"

(Êx 20.4). A proibição preserva a distinção entre o Criador e a coisa criada. Logo que você começa a dizer: "Deus se parece com isto" (seja um peixe, ou uma montanha, ou um ser humano), de algum modo você o reduz. Ele se torna algo menor, que podemos encapsular, domesticar e, em alguma medida, controlar. Mas vimos, desde o princípio, que Deus não quer que o entendamos dessa maneira. Há apenas um Criador, e ele tem de ser distinguido de tudo que constitui a ordem criada. Deus não pode ser domesticado.

MANDAMENTO 3: A IMPORTÂNCIA DE DEUS

O terceiro dos Dez Mandamentos nos ordena a reconhecer a importância de Deus. "Não tomarás o nome do SENHOR, teu Deus, em vão, porque o SENHOR não terá por inocente o que tomar o seu nome em vão" (Êx 20.7). No mundo antigo, o nome de uma pessoa estava firmemente ligado à sua identidade e ao seu caráter. Quando uma pessoa usava mal o nome de Deus, ela o desrespeitava, ela o manchava. Portanto, quando a Bíblia nos manda dar glória ao glorioso nome de Deus (como em Salmos 72.19), isso significa dar glória a Deus. Significa louvar o próprio Deus.

A razão por que não devemos dizer: "Oh! Deus!", quando atingimos nosso polegar com um martelo, ou dizer: "Jesus!", quando somos desapontados, é porque isso diminui a Deus. Se você fosse tão ousado ao ponto de se voltar para a pessoa que acabou de usar o nome de Jesus, por haver machucado o seu polegar com um martelo, e dizer-lhe: "Gostaria que você não usasse o nome de meu Salvador dessa maneira", ela talvez responderia: "Eu não quis dizer nada com isso". Mas este é justamente o problema: ela não quis dizer nada com o nome de Jesus. Essa é a razão exata por que esse uso é "profano", ou seja, comum. Usar o nome de Deus ou de Jesus quando você não quer "dizer nada" não é profano porque você falou uma palavra mágica que não tinha permissão de usar, como se somente os sacerdotes pudessem dizer o correto abracadabra. Esse uso do nome de Jesus é profano porque é banal, é insignificante. Estamos lidando com Deus e não devemos dizer ou fazer nada que o diminua ou menospreze. Esse uso é, no melhor, desrespeitoso, ingrato e desprezador; no pior, diminui a Deus e desce ao nível de idolatria.

MANDAMENTO 4: O DIREITO DE DEUS DE REINAR, INCLUSIVE SOBRE O NOSSO USO DO TEMPO

O quarto dos Dez Mandamentos nos ordena a reconhecer o direito de Deus de reinar sobre cada aspecto da vida, incluindo o uso do tempo em que vivemos, nos movemos e temos nossa existência.

> *Lembra-te do dia de sábado, para o santificar.*
>
> *Seis dias trabalharás e farás toda a tua obra.*
>
> *Mas o sétimo dia é o sábado do SENHOR, teu Deus; não farás nenhum trabalho, nem tu, nem o teu filho, nem a tua filha, nem o teu servo, nem a tua serva, nem o teu animal, nem o forasteiro das tuas portas para dentro;*
>
> *porque, em seis dias, fez o SENHOR os céus e a terra, o mar e tudo o que neles há e, ao sétimo dia, descansou; por isso, o SENHOR aben-çoou o dia de sábado e o santificou.*
>
> *Gênesis 20.8-11*

Este padrão foi estabelecido na criação. Deus fez sua obra de criação em seis dias e parou no sétimo dia. E o padrão estabelece, nesta passagem, um ciclo de tempo na ordem humana. Há um tempo para descanso. O motivo primário não é somente viver de acordo com o padrão que Deus estabeleceu, mas também preservar um dia dedicado ao "SENHOR, teu Deus" (20.10).

OUTRAS OBSERVAÇÕES

Poderíamos considerar o resto dos Dez Mandamentos, mas, em vez disso, me restringirei a várias observações breves.

1. O capítulo começa dizendo: "Falou Deus todas estas palavras" (Êx 20.1). Deus está sendo apresentado como um Deus que fala, não somente com um discurso que trouxe o universo à existência (Gênesis 1-2) ou que interage com os portadores de sua imagem (Gênesis 3) e estabelece uma aliança com eles (Gênesis 15), mas também com o tipo de discurso que lhes dá ordens. Posteriormente, o texto bíblico nos diz: "Estas palavras falou o SENHOR a toda a vossa congregação no monte, do meio do fogo, da nuvem e da escuridade, com grande voz, e nada acrescentou" (Dt 5.22). Ele falou.

2. Esses Dez Mandamentos têm um lugar central na antiga aliança. Eles são citados pelos profetas (Oséias, no século VII a.C., e Jeremias, no final do século VII até o século VI a.C.) e nos Salmos. E são, às vezes, aludidos no Novo Testamento.

3. Os primeiros quatro mandamentos nos levam aos seis seguintes. *Porque* Deus é o que ele é, *porque* ele tem de ser honrado e reverenciado, devemos nos comportar de certa maneira entre nós mesmos.

4. Acima de tudo, os Dez Mandamentos estão relacionados à autorrevelação de Deus em um ato redentor gracioso, a libertação de seu povo da escravidão. Ele é o Deus que tira o seu povo da escravidão e lhe diz: "Vocês agirão desta maneira".

5. Em sua maior parte, os Dez Mandamentos não somente introduzem novos padrões de comportamento, mas também codificam o relacionamento que o povo da aliança de Deus deve ter com ele. Em outras palavras, depois da Criação, o que saiu errado primeiro foi a traição do relacionamento entre o Criador e os seres criados, portadores de sua imagem. Pouco depois da Queda, os seres humanos ficaram tão perdidos que um deles matou um outro (Gênesis 4) – mesmo antes de estar em vigência uma lei que dizia: "Não matarás". A inserção da lei que proíbe matar nos Dez Mandamentos não torna o assassinato um pecado, como se cometer assassinato antes da introdução dos Dez Mandamentos fosse algo aceitável. Pelo contrário, o assassinato já era uma atitude ímpia, uma traição perversa do relacionamento que devíamos ter com Deus e uns com os outros. Mas os Dez Mandamentos formalizam o que é exigido e o

que é proibido. Por essa razão, as leis de Deus, incluindo os Dez Mandamentos, não têm o poder de transformar-nos; elas não têm o poder de libertar-nos de nossa propensão para o pecado. Elas estabelecem os padrões e, assim, em um sentido, ressaltam nossas falhas e fracassos – expõem nosso mau comportamento pelo que ele é e torna-o mais do que egocentrismo idólatra: nosso mau comportamento é agora transgressão de mandamentos específicos.[1] Cobiçávamos e fornicávamos mesmo sem a lei que diz: "Não adulterarás"; mas agora, além da traição e da quebra de relacionamentos que são intrínsecos à cobiça e à fornicação, essas atitudes são a quebra de um mandamento específico.

O SANTO DOS SANTOS (LEVÍTICO 16)

Olhamos rapidamente os Dez Mandamentos, mas esses mandamentos não são os únicos tipos de lei que Deus estabeleceu. Ele também estabeleceu uma estrutura completa de rituais.

Não é possível resumir toda essa estrutura que Deus estabeleceu, mas será proveitoso assimilar uma parte mais importante dela. Deus ordenou que um tabernáculo (uma grande tenda, um tipo de antecessor do templo) fosse erigido; e deveria ser construído de certa maneira. Deus proveu o desenho e as dimensões exatas; e as pessoas trabalharam e o construíram.

O tabernáculo era basicamente uma sala cujo cumprimento era três vezes a dimensão da largura. Dois terços do tabernáculo eram separados do último terço, o que constituía um quadrado perfeito. De fato, era um cubo perfeito; as dimensões de cumprimento, altura e largura eram exatamente as mesmas. A primeira sala, a maior, era chamada de Santo Lugar; a segunda sala, separada da primeira por meio de um véu ou cortina, era chamada de Santo dos Santos. Do lado de fora da tenda, havia o lugar para o sacrifício de animais; no interior do tabernáculo, havia uma variedade de objetos: um castiçal, um lugar em que os pães eram colocados semana após semana e outras coisas que não

---

1 Mil e quinhentos anos depois, o apóstolo Paulo formularia esse mesmo argumento sobre a função da lei no âmbito da história bíblica (ver Gálatas 3).

considereremos. Fora do tabernáculo, havia também átrios nos quais as pessoas se congregavam. Em muitas maneiras, o desenho básico é bem simples – não exatamente o tipo de catedral que você acha em Roma ou Canterbury, uma estrutura enorme. O tabernáculo era, afinal de contas, uma tenda planejada com excelência.

No interior do Santos dos Santos, havia uma caixa. Era chamada de arca da aliança ou arca do acordo; ela continha certas coisas, incluindo uma cópia dos Dez Mandamentos. Algo especial acontecia com esta caixa uma vez por ano. Deus ordenara que uma classe especial de pessoas realizasse essa atividade, ou seja, alguns sacerdotes. Todos os sacerdotes eram tirados de uma das tribos dos hebreus antigos, chamada os levitas. E o sumo sacerdote tinha de ser um levita que descendia de uma família específica, a família de Arão, irmão de Moisés. Uma vez por ano, o sumo sacerdote devia levar o sangue de um bode e de um touro imolados para trás do véu, até ao Santo dos Santos, e aspergi-lo no topo da arca da aliança. Isso acontecia em um dia chamado "o Dia da Expiação". Enquanto isso, fora do tabernáculo, outro bode era levado ao deserto, para vaguear ali.

Por conta de nosso mundo grandemente secular, alguns não podem deixar de pensar: "Que tipo de religião era essa, que usava sangue de animais e bodes errantes?" Essas coias eram também parte do que Deus ordenara em sua lei. Neste caso, a descrição se acha no terceiro livro da Bíblia: Levítico 16. Levítico é um livro que descreve muitos dos sacrifícios que deviam ser realizados pelos sacerdotes e o que os sacrifícios significavam. Todavia, tomamos um espaço aqui para descobrir um pouco mais precisamente o que acontecia no Dia da Expiação, conforme prescrito por Deus, o Deus que estabelece leis.

> Falou o SENHOR a Moisés, depois que morreram os dois filhos de Arão [ou seja, o irmão de Moisés], tendo chegado aqueles diante do SENHOR.
>
> Então, disse o SENHOR a Moisés: Dize a Arão, teu irmão, que não

entre no santuário em todo tempo, para dentro do véu, diante do propiciatório que está sobre a arca, para que não morra; porque aparecerei na nuvem sobre o propiciatório.

Entrará Arão [que era o sumo sacerdote] no santuário com isto: um novilho, para oferta pelo pecado, e um carneiro, para holocausto.

Vestirá ele a túnica de linho, sagrada, terá as calças de linho sobre a pele, cingir-se-á com o cinto de linho e se cobrirá com a mitra de linho; são estas as vestes sagradas. Banhará o seu corpo em água e, então, as vestirá.

Da congregação dos filhos de Israel tomará dois bodes, para a oferta pelo pecado, e um carneiro, para holocausto.

Levítico 16.1-5

Em seguida, todo o ritual é descrito. Na cabeça de um dos bodes – aquele que não seria morto – Arão colocava sua mão. Isso era uma maneira de significar que os pecados do próprio sacerdote, de sua família e de todo o povo estavam sendo transferidos, por assim dizer, para o bode que levava embora, simbolicamente, o pecado deles. Esse animal era solto no deserto, para nunca mais retornar. Os outros dois animais, um carneiro e um novilho, eram imolados, e seu sangue era coletado numa pequena bacia, levado ao Santo dos Santos, atrás do véu, e aspergido no topo da arca da aliança; isso era uma maneira de dizer que alguém havia morrido – alguém pagara o preço de morte – pelos pecados do sacerdote, de sua família e do povo. Isso tinha de acontecer uma vez por ano, no Dia da Expiação. Essa era a única vez em que o sacerdote tinha permissão de entrar no Santo dos Santos, aquele cubo perfeito.

Estou mencionando esses detalhes porque você verá no final desse livro que todos esses detalhes são retomados posteriormente na Bíblia. O fato de que a sala era um cubo é retomado mais tarde, bem como a arca da aliança, o sangue de novilhos e de bodes e, além destas coisas, a função do sumo sacerdote.

Você percebe onde estamos no desenvolvimento da narrativa bíblica? Deus revelou a si mesmo como um Deus que considera o seu povo responsável para com ele. Ele já havia banido Adão e Eva de sua presença. Como alguém retorna à presença de Deus? Como alguém pode ser reconciliado com ele? O que descobrimos é que todos esses sacrifícios são ordenados sob a vigência da lei da aliança, sob a vigência da aliança de Moisés, para indicar que a morte ainda prevalecerá, sem o sacrifício, porque ainda há muito pecado, mesmo entre o povo da aliança. Abraão era um pecador. Isaque e Jacó eram pecadores. Os patriarcas eram pecadores. E, agora, o povo de Deus – a comunidade da aliança, o povo com o qual Deus estabeleceu sua aliança – também são pecadores terríveis. Isso nos leva a outra passagem nesta coleção de livros. É uma das passagens mais chocantes.

ÊXODO 32-34

O que é retratado neste capítulo é a descida de Moisés do monte Sinai, quando ele trouxe pela primeira vez os Dez Mandamentos, gravados em tábuas de pedra. Ele estava acompanhado do jovem chamado Josué, que, por fim, se tornaria seu sucessor. Quando se aproximaram do acampamento, eles ouviram muito barulho, e Josué não sabia o que causava aquele barulho. Era um som de alegria? Moisés foi o primeiro a discerni-lo: "Não é alarido dos vencedores nem alarido dos vencidos, mas alarido dos que cantam é o que ouço" (Êx 32.18). Eles descobriram que, enquanto Moisés esteve fora (por algumas semanas), o povo – que acabara de ser liberto da escravidão e fora exposto repetidas vezes à autorrevelação graciosa de Deus, o povo que estava prestes a entrar numa terra prometida e ser estabelecido como nação – reduziu, de algum modo, o Deus que operara toda aquela libertação, à imagem de um bezerro. Eles disseram, na realidade: "Não sabemos onde está Moisés. Ele está fora por várias semanas. E não estamos convencidos de que este Deus é um ser muito transcendente. Gostaríamos de ter uma imagem que o retratasse. Não podemos ter um deus que podemos ver e tocar, como todos os vizinhos ao nosso redor?"

Arão, o irmão de Moisés, que ficara encarregado do povo, foi amedrontado pelo que estava acontecendo, pelo potencial de violência da multidão, e por essa razão disse: "Bem, deem-me os braceletes e os brincos de ouro, e vejamos o que posso fazer". Ele produziu um pequeno e atraente bezerro de ouro, o tipo de imagem que era conhecido nos círculos de ídolos no Egito. As pessoas estavam realizando uma grande festa ao redor desse deus, um tipo de adoração pagã que se tornava cada vez mais entusiasmada. De fato, foi o som de cantos que Moisés ouviu, quando desceu do monte – mas não o som de cantos em adoração ao Deus presente, e sim o canto para um deus domesticado que podia ser tocado, beijado e adulado. "Este é o deus que nos tirou da terra do Egito", eles cantavam. Nas cenas horríveis que se seguiram, Deus ameaçou destruir todo a nação e começar de novo, talvez com Moisés. Moisés intercedeu pelo povo em oração (ver Êxodo 33). Moisés se sentiu terrivelmente sozinho e decepcionado com seu próprio irmão.

Disse Moisés ao Senhor: Tu me dizes: Faze subir este povo, porém não me deste saber a quem hás de enviar comigo; contudo, disseste: Conheço-te pelo teu nome; também achaste graça aos meus olhos.

Agora, pois, se achei graça aos teus olhos, rogo-te que me faças saber neste momento o teu caminho, para que eu te conheça e ache graça aos teus olhos; e considera que esta nação é teu povo.

Êxodo 33.12-13

Ou seja, Moisés disse, em essência: "Eu não os escolhi. Eu não os tirei da terra do Egito. Sou apenas o teu porta-voz. *Tu* tens de fazer o que precisa ser feito com eles. Não posso mudar o coração deles. Não posso salvá-los. Não posso redimi-los. Eles são o *teu* povo. Não são o meu povo. Além disso, quem enviarás comigo?" De fato, Deus havia ameaçado não ir mais com Moisés. Se ele fosse, o pecado do povo, em proximidade com a santidade transcendente de Deus, resultaria em que ele acabaria destruindo todos eles. Mas, em vez disso, o Senhor respondeu:

A minha presença irá contigo, e eu te darei descanso.

Êxodo 33.14

Descanso. Onde ouvimos essa linguagem antes? Você lembra que no final da semana da criação Deus descansou? Entrar na terra prometida é frequentemente retratado como entrar na terra de descanso. Agora, Deus promete que, apesar do pecado do povo, ele os acompanhará. Será tolerante e os levará ao descanso.

> *Então, lhe disse Moisés: Se a tua presença não vai comigo, não nos faças subir deste lugar.*
>
> *Êxodo 33.15*

O que toda pessoa precisa ter é a presença do Deus vivo. Não basta a uma igreja ter os rituais certos, os sermões certos e o tipo certo de música. Se Deus não se manifestar de alguma maneira, se ele não estiver presente, que vantagem há nessa igreja? O cristianismo é meramente algum tipo de herança de rituais estruturados? Ou ele depende de sermos reconciliados com o Deus que nos criou e a quem temos de prestar contas? "Se tua presença não vai conosco, que vantagem no cristianismo?" Moisés continuou:

> *Pois como se há de saber que achamos graça aos teus olhos, eu e o teu povo? Não é, porventura, em andares conosco, de maneira que somos separados, eu e o teu povo, de todos os povos da terra?*
>
> *Êxodo 33.16*

Não há proveito algum em apenas ser diferente porque temos regras. Precisamos ter Deus conosco.

> *Disse o SENHOR a Moisés: Farei também isto que disseste; porque achaste graça aos meus olhos, e eu te conheço pelo teu nome.*
> *Então, ele disse: Rogo-te que me mostres a tua glória.*
>
> *Êxodo 33.17-18*

O Deus que Estabelece Leis

Uma coisa é andar pela fé, saber que Deus fala, mas, "por favor", disse Moisés, "eu não posso ver uma manifestação de tua transcendência? Como tu és espetacular – eu não posso ver isso? Não posso ter mais disso?"

> *Respondeu-lhe: Farei passar toda a minha bondade diante de ti [ou seja, a glória de Deus é manifestada de algum modo em sua bondade – preste atenção a estas palavras; retornaremos a elas, quando, depois, estudarmos sobre Jesus] e te proclamarei o nome do Senhor; terei misericórdia de quem eu tiver misericórdia e me compadecerei de quem eu me compadecer.*
> *E acrescentou: Não me poderás ver a face, porquanto homem nenhum verá a minha face e viverá.*
>
> *Êxodo 33.19-20*

Já observamos que as ocorrências da palavra Senhor em letras maiúsculas refletem as quatro letras hebraicas YHWH, pelas quais Deus revelou a si mesmo: "Eu Sou O Que Sou". Deus proclamou seu próprio nome. Ele se identificou em meio aos muitos deuses da vizinhança. Ele estava dizendo: "Isto é o que eu sou. Sou o Deus presente. Proclamarei o meu nome – o Senhor, em tua presença. Terei misericórdia de quem eu tiver misericórdia e me compadecerei de quem eu me compadecer". Como você lida com um Deus com quem você não pode fazer trocas, que não tem necessidades? Isso tem de ser uma obra da graça soberana: "Terei misericórdia de quem eu tiver misericórdia e me compadecerei de quem eu me compadecer" (33.19). Mas, se o que você deseja é me ver de maneira íntima e pessoal, face a face, então, disse Deus: "Não me poderá ver a face, porquanto homem nenhum verá a minha face e viverá" (33.20).

> *Disse mais o Senhor: Eis aqui um lugar junto a mim; e tu estarás sobre a penha.*
> *Quando passar a minha glória, eu te porei numa fenda da penha e com a mão te cobrirei, até que eu tenha passado.*

Depois, em tirando eu a mão, tu me verás pelas costas; mas a minha
face não se verá.

Êxodo 33.21-23

O relato espetacular do que aconteceu depois está em Êxodo 34. Moisés se escondeu. O Senhor passou enquanto Moisés estava escondido na fenda de uma rocha. Deus falou certas palavras. Depois que o Senhor passou, Moisés teve permissão de espiar e ter apenas um vislumbre da resplandecência da glória do Senhor. Isso foi tudo que lhe foi permitido ver. E, quando o Senhor passou, as palavras que ele pronunciou foram estas:

E, passando o SENHOR *por diante dele, clamou:* SENHOR, SENHOR
Deus compassivo, clemente e longânimo e grande em misericórdia e
fidelidade;
que guarda a misericórdia em mil gerações, que perdoa a iniquidade,
a transgressão e o pecado, ainda que não inocenta o culpado, e visita
a iniquidade dos pais nos filhos e nos filhos dos filhos, até à terceira
e quarta geração.

Êxodo 34.6-7

Poderíamos facilmente gastar o resto desse livro explicando todas as coisas que Deus disse a respeito de si mesmo. À medida que a narrativa bíblica se desenvolve, Deus revela progressivamente quem e o que ele é.

Deus disse que "visita a iniquidade dos pais nos filhos e nos filhos dos filhos, até à terceira e quarta geração" (34.7). Isso acontece porque o pecado é social. O pecado nunca é individual. Você não pode cometer um pecado, ainda que este seja bem particular, sem que ele tenha repercussões não somente em sua própria vida, mas também na comunidade em que você vive. Talvez a fraqueza seja tão particular, como ver pornografia em secreto: certamente, isso não fará dano a ninguém, exceto a você mesmo. Mas, na realidade, se você vê pornografia em secreto, a sua maneira de considerar o sexo oposto será gra-

O Deus que Estabelece Leis

dualmente mudada, e isso moldará a dinâmica da família, o que, por sua vez, influenciará seus filhos. Seu pecado tem implicações sociais para a segunda, a terceira e a quarta geração. Isso é o que Deus afirma nessa passagem. Deus transcende tempo e espaço e pode ver as ramificações que você não pode.

No entanto, focalizarei o profundo paradoxo nessa autorrevelação de Deus. *Por um lado*, ele é compassivo e gracioso. Se ele não fosse compassivo e gracioso, a raça humana teria acabado no final de Gênesis 3. Teria havido apenas julgamento. A morte foi prometida, e, em vez disso, Deus foi tolerante. Ele é grande em "misericórdia e fidelidade;[2] que guarda a misericórdia em mil gerações, que perdoa a iniquidade, a transgressão e o pecado" (Êx 34.6-7). *Por outro lado*, embora ele seja um Deus de perdão, ele não se enquadra no primeiro modelo que vimos no capítulo anterior, segundo o qual Deus é como um superavô que tem uma longa barba branca e cujo único negócio é perdoar e ser bom. Ele é, também, o Deus que não deixa o culpado sem punição. Como harmonizamos esses dois temas? Já aprendemos que ele é o Deus que *perdoa* o pecado; agora, o texto bíblico nos diz que não podemos fingir que o pecado não está presente: Deus não inocenta o culpado. No Antigo Testamento, na aliança mosaica, o Dia da Expiação é o ponto mais próximo que chegamos da resolução dessa tensão: uma vez por ano, o sumo sacerdote colocava sua mão sobre a cabeça de um bode e o enviava embora, para simbolizar que o pecado era removido. Depois, levava o sangue de outro bode e de um novilho à presença de Deus, no Santo dos Santos, e o aspergia sobre a arca da aliança. Na realidade, o sacerdote estava dizendo: "Merecemos morrer. Estes animais morreram em nosso lugar. Isto resolverá? É o que o Senhor ordenou. Isto resolverá? Não terás misericórdia de nós, em nosso pecado, em nossa rebelião e deserção?"

Já vimos que a lei de Deus, embora seja muito importante, não pode salvar-nos. Ela não tem poder para fazer isso, visto que temos a capacidade de desobedecê-la. Na Bíblia, a demonstração mais notável do fato de que a lei não pode salvar-nos e reconciliar-nos com Deus se acha no final dos cinco

---

2 Lembre-se dessas duas palavras. Elas aparecerão de novo no capítulo 7.

primeiros livros. Quais são os cinco primeiros livros? Gênesis, Êxodo, Levítico, Números e Deuteronômio. São frequentemente chamados de "Pentateuco" ou os cinco livros de Moisés. Bem no final do último desses livros, Deuteronômio, no último capítulo, Moisés não entrou na terra prometida. Ele foi chamado de o homem mais manso que já viveu; foi aquele que mediou a aliança; foi o herói que, em idade avançada, organizou a nação, estabeleceu um sistema de sacerdotes e uma estrutura judicial; era um homem de justiça e integridade, que guiou o povo, repetidas vezes, através de tempos turbulentos. Mas ele explodiu aqui e ali. Ele também pecou e não entrou na terra prometida. A lei não pode salvar.

No entanto, a lei proporcionou um meio – uma estrutura baseada em sacrifícios – pelo qual Deus se revelou como aquele que acompanha o seu povo. Isso inclui o paradoxo que temos diante de nós: o desejo de Deus de perdoar é emparelhado com sua insistência de que o pecado seja punido. Esses polos terão uma solução gloriosa somente 1.500 anos depois. Após a morte e ressurreição de Jesus, outro livro foi escrito, um livro do Novo Testamento. Nós o chamamos de Epístola aos Hebreus. O autor desse livro convida os seus leitores, nos capítulos 9 e 10, a olharem para trás, para o antigo sistema de sacrifícios, e lhes diz: "Vocês não entendem? Aqueles sacrifícios de um bode e de um touro não podem resolver definitivamente o pecado! Como podem, se os próprios sacerdotes têm de oferecer sempre os mesmos sacrifícios, ano após ano? Como pode o sangue de um novilho e de um bode pagar pelo pecado? Em que sentido o próprio novilho oferece um sacrifício? O novilho vem e diz: 'Tudo bem, morrerei por vocês. Furem minha garganta'? Onde está exatamente o valor moral neste sacrifício?"

O antigo Dia da Expiação, celebrado todo ano de acordo com a aliança mosaica foi descartado, porque temos o sacrifício final pelo pecado: o próprio Jesus, que derramou seu sangue em nosso favor, um sacrifício moral perfeito. Ele ofereceu sua vida, sofreu a nossa morte e retirou o nosso pecado, de um modo que nenhum animal poderia fazer. A lei apontava para frente, para aquele único meio de Deus reconciliar rebeldes consigo mesmo e unir em Jesus os polos de Êxodo 34: Deus é grande "em misericórdia e fidelidade" (34.6) e perdoa "a iniquidade, a transgressão e o pecado" (34.7), não porque ele inocenta o culpado, e sim porque outro recebeu a punição deles.

Este é o Deus que estabelece leis e, ao estabelecê-las, nos aponta para Jesus.

5
O Deus
QUE REINA

O que vem à nossa mente quando ouvimos a palavra "rei" ou "monarca"? Sem dúvida, isso depende, em parte, de onde vivemos no mundo. O último rei que os Estados Unidos tiveram, o rei George III, não é tido em muito boa consideração. Os Estados Unidos são uma república democrática, e não queremos nem precisamos de uma monarca. Talvez não queiramos ir tão longe como Voltaire em nossa avaliação antimonarca e anticlerical das coisas. Ele disse que ficaria satisfeito quando o último rei fosse estrangulado com as entranhas do último sacerdote. Entretanto, embora existam monarcas em outras partes do mundo, sentimo-nos felizes que eles não estejam aqui. Se estivéssemos numa disposição mais positiva, poderíamos pensar na rainha Elizabeth II e admitir que a pompa real tem suas atrações. Eles sabem realizar um casamento real decente, com cavalos vistosos, carruagens incrustadas de ouro, coroas espetaculares e aquelas cornetas longas que repercutem um som agudo e penetrante, não é mesmo?! Há algo extasiante nisso, não há? Considere: a rainha Elizabeth II é uma monarca constitucional, uma maneira educada de dizer que ela não tem muito poder real. Ela é limitada por uma estrutura constitucional, à parte de qualquer conselho ou influência moral que ela possa oferecer ao primeiro ministro.

Isso é muito diferente, digamos, do reino da Arábia Saudita. Embora alguma limitação proceda da família maior, o governo desse país é muito próximo de um reino absoluto. É diferente também do reino da Tailândia. Os tailandeses amam o seu rei. Você realmente não pode falar qualquer palavra contra a realeza na Tailândia. As pessoas não aceitariam isso, embora as limitações no poder do rei sejam bastante significativas.

O REINO DE DEUS SOBRE TUDO

Percepções quanto ao significado das palavras "rei" e "monarca" diferem em várias partes do mundo. Contudo, nos tempos bíblicos, não havia qualquer entendimento do que *nós* queremos dizer hoje com a expressão "monarca constitucional". Se você é um rei, você *reina*! Isso é o que os reis fazem. Você tem a autoridade. A verdade é que, nas Escrituras, Deus é apresentado frequentemente como o rei. Por exemplo, o Livro dos Salmos dizem: "Nos céus, estabeleceu o SENHOR o seu trono, e o seu reino domina sobre tudo" (Sl 103.19). E Daniel 4.35 diz: "Todos os moradores da terra são por ele reputados em nada; e, segundo a sua vontade, ele opera com o exército do céu e os moradores da terra; não há quem lhe possa deter a mão, nem lhe dizer: Que fazes?" Essa é outra maneira de dizer que a soberania de Deus abrange completamente todos os domínios. Isto está incluído no próprio relato da criação: Deus fez tudo, tudo lhe pertence, e ele continua a reinar. Ele permanece soberano sobre tudo. Nesse sentido, você e eu estamos no reino de Deus, quer gostemos, quer não. Nesse sentido, você *não* pode estar fora do reino de Deus. Se ele reina verdadeiramente sobre tudo, até aqueles que não creem nele, que o odeiam e acham que há outros deuses, estão no reino de Deus.

O REINO DE DEUS SOBRE ISRAEL

A noção do reino de Deus – o reinado de Deus – é bastante flexível na Escritura. Você tem de prestar atenção ao contexto para entender apropriadamente o que está sendo dito em uma passagem específica. No Antigo Testamento, visto que Deus chamou o seu povo – os hebreus, os israelitas – para si mesmo, primeiramente por meio da aliança feita com Abraão e, depois, por meio da aliança feita sob a liderança de Moisés, Deus é entendido como o rei de seu povo. Deus tem de ser o governante deles, o rei deles. Os israelitas constituíam a nação *de Deus* e, portanto, num aspecto estrito, alguém só estaria sob o reinado de Deus se pertencesse à comunidade da aliança. Isso é diferente da noção de que o reino de Deus é equivalente à extensão ilimitada de seu domínio providencial. No momento, focalizaremos o escopo menor – a maneira como Deus reina sobre seu povo da aliança, os israelitas.

O LIVRO DOS JUÍZES

Depois que o povo finalmente entrou na terra prometida, passou por ciclos desanimadores. Após duas ou três gerações, o que eles sabiam sobre a bondade de Deus no passado – como ele os poupara, como os protegera e provera todas as suas necessidades – foi esquecido. Eles se tornaram quase indistinguíveis dos povos pagãos ao seu redor. Deus, então, impôs vários tipos de juízos terrenos. Por exemplo, eles eram atacados e embaraçados pelas outras tribos que viviam na região – os midianitas ou outros. Os israelitas suplicavam a Deus misericórdia, tolerância e perdão.

E Deus levantava um juiz. Esse juiz liderava o povo em renovação e pequenas batalhas com alguns de seus opressores. Os israelitas se reestabeleciam e renovavam seus votos de aliança, de serem fiéis diante de Deus. Em seguida, em outras duas ou três gerações, todos esqueciam e caíam coletivamente em desgraça e vergonha, cedendo a várias formas de libertinagem realmente horrível, sem mencionar a idolatria que estava por trás. Seguia-se, como consequencia, outra rodada de juízo e outro apelo desesperado pela ajuda de Deus. Então, Deus levantava outro juiz, e o ciclo começava novamente. As espirais descendentes no livro de Juízes são tão impressionantes, que dificilmente podemos ler os dois ou três últimos capítulos em público, porque eles são grotescos e bárbaros. À medida que o livro prossegue, começamos a ouvir um refrão triste: "Naqueles dias, não havia rei em Israel; cada um fazia o que achava mais reto" (Jz 21.25). Esta é a maneira como o livro termina: caos sangrento. É como se o livro terminasse dizendo: "Ó Deus, como precisamos de um rei para ordenar nossa vida e dar segurança à nossa nação".

SAUL

Logo descobrimos que algumas pessoas queriam um rei, não para que ficassem um pouco mais seguras ou para que alguém, em autoridade, os mantivesse fiéis à aliança ou vigiasse as coisas quando a estrutura moral e ética se destroçasse. Não, algumas pessoas queriam um rei apenas para que fossem mais parecidos com as nações pagãs ao seu redor. O clamor era, na realidade, este: "Queremos ser como eles. Eles parecem ter as coisas em ordem civil. Gostaríamos de ter exatamente o mesmo tipo de arranjo constitucional". Deus responde: "Bem, se vocês querem um rei, vamos em frente! Mas vocês se arrependerão!" Deus escolhe para eles um homem jovem chamado Saul, que parece convenientemente humilde, tímido (ele não quis realmente o trabalho) e cuidadoso. Ele amava ao Senhor. Todavia, em poucos anos, ele se tornou um homem corrupto, paranoico, temeroso, bruto e ímpio, que ansiava por mais poder. Qualquer um que fosse visto como ameaça à sua autoridade, queria matar. Era uma bagunça (ver 1Samuel 8 a 31).

DAVI

No entanto, Deus levantou outro rei. Ele disse: "Agora, permitam-me mostrar-lhes, pelo menos em princípio, como deve ser um bom rei. Eis um homem segundo o meu coração! Seu nome é Davi". Depois que Saul morreu, Davi se tornou rei. Inicialmente, ele foi um rei muito bom, um excelente administrador. Ele deu segurança às fronteiras e uniu as tribos. Mudou sua capital, da pequena cidade de Hebrom para Jerusalém – o mesmo local da Jerusalém moderna. Davi se estabeleceu ali e trouxe ordem, paz e prosperidade (ver 1Samuel 16; 2Samuel 1 a 5).

2SAMUEL 7

"Sucedeu que, habitando o rei Davi em sua própria casa, tendo-lhe o Senhor dado descanso de todos os seus inimigos em redor, disse o rei ao profeta Natã: Olha, eu moro em casa de cedros, e a arca de Deus se acha numa tenda" (2Sm 7.1-2).

Essa "arca de Deus" é a que descrevemos no capítulo anterior. Ela era uma caixa colocada no Santo dos Santos, que continha algumas coisas, incluindo as tábuas de pedra em que estavam escritos os Dez Mandamentos. O topo da arca de Deus era o lugar onde o sangue era aspergido no Dia da Expiação. Nesta altura da história de Israel, por volta de 1000 a.C., essa arca de Deus ainda residia numa tenda – um tabernáculo. "Eu moro em casa de cedros", Davi disse a Natã, "mas o lugar em que Deus se encontra com os seus sacerdotes é nada mais do que uma tenda".

> *Disse Natã ao rei: Vai, faze tudo quanto está no teu coração, porque o Senhor é contigo.*
>
> *Porém, naquela mesma noite, veio a palavra do Senhor a Natã, dizendo:*
>
> *Vai e dize a meu servo Davi: Assim diz o Senhor: Edificar-me-ás tu casa para minha habitação?*
>
> *Porque em casa nenhuma habitei desde o dia em que fiz subir os filhos de Israel do Egito até ao dia de hoje; mas tenho andado em tenda, em tabernáculo.*
>
> *Em todo lugar em que andei com todos os filhos de Israel, falei, acaso, alguma palavra com qualquer das suas tribos, a quem mandei apascentar o meu povo de Israel, dizendo: Por que não me edificais uma casa de cedro?*
>
> *Agora, pois, assim dirás ao meu servo Davi: Assim diz o Senhor dos*

Exércitos: Tomei-te da malhada, de detrás das ovelhas, para que fosses príncipe sobre o meu povo, sobre Israel.

E fui contigo, por onde quer que andaste, eliminei os teus inimigos diante de ti e fiz grande o teu nome, como só os grandes têm na terra.

Prepararei lugar para o meu povo, para Israel, e o plantarei, para que habite no seu lugar e não mais seja perturbado, e jamais os filhos da perversidade o aflijam, como dantes,

desde o dia em que mandei houvesse juízes sobre o meu povo de Israel. Dar-te-ei, porém, descanso de todos os teus inimigos; também o SENHOR *te faz saber que ele, o* SENHOR, *te fará casa.*

Quando teus dias se cumprirem e descansares com teus pais, então, farei levantar depois de ti o teu descendente, que procederá de ti, e estabelecerei o seu reino.

Este edificará uma casa ao meu nome, e eu estabelecerei para sempre o trono do seu reino.

Eu lhe serei por pai, e ele me será por filho; se vier a transgredir, castigá-lo-ei com varas de homens e com açoites de filhos de homens.

Mas a minha misericórdia se não apartará dele, como a retirei de Saul, a quem tirei de diante de ti.

Porém a tua casa e o teu reino serão firmados para sempre diante de ti; teu trono será estabelecido para sempre.

Segundo todas estas palavras e conforme toda esta visão, assim falou Natã a Davi.

Então, entrou o rei Davi na Casa do SENHOR, *ficou perante ele e disse: Quem sou eu,* SENHOR *Deus, e qual é a minha casa, para que me tenhas trazido até aqui?*

Foi isso ainda pouco aos teus olhos, SENHOR *Deus, de maneira que também falaste a respeito da casa de teu servo para tempos distantes; e isto é instrução para todos os homens, ó* SENHOR *Deus.*

Que mais ainda te poderá dizer Davi? Pois tu conheces bem a teu servo, ó SENHOR *Deus.*

Por causa da tua palavra e segundo o teu coração, fizeste toda esta grandeza, dando-a a conhecer a teu servo.

Portanto, grandíssimo és, ó SENHOR Deus, porque não há semelhante a ti, e não há outro Deus além de ti, segundo tudo o que nós mesmos temos ouvido.

Quem há como o teu povo, como Israel, gente única na terra, a quem tu, ó Deus, foste resgatar para ser teu povo? E para fazer a ti mesmo um nome e fazer a teu povo estas grandes e tremendas coisas, para a tua terra, diante do teu povo, que tu resgataste do Egito, desterrando as nações e seus deuses?

Estabeleceste teu povo Israel por teu povo para sempre e tu, ó SENHOR, te fizeste o seu Deus.

Agora, pois, ó SENHOR Deus, quanto a esta palavra que disseste acerca de teu servo e acerca da sua casa, confirma-a para sempre e faze como falaste.

Seja para sempre engrandecido o teu nome, e diga-se: O SENHOR dos Exércitos é Deus sobre Israel; e a casa de Davi, teu servo, será estabelecida diante de ti.

Pois tu, ó SENHOR dos Exércitos, Deus de Israel, fizeste ao teu servo esta revelação, dizendo: Edificar-te-ei casa. Por isso, o teu servo se animou para fazer-te esta oração.

Agora, pois, ó SENHOR Deus, tu mesmo és Deus, e as tuas palavras são verdade, e tens prometido a teu servo este bem.

Sê, pois, agora, servido de abençoar a casa do teu servo, a fim de permanecer para sempre diante de ti, pois tu, ó SENHOR Deus, o disseste; e, com a tua bênção, será, para sempre, bendita a casa do teu servo.

2Samuel 7.3-29

O rei deveria ser o vice-regente de Deus, o sub-rei. Deus continuaria sendo rei, o soberano final sobre todo o povo, mas o rei deveria mediar a justiça, os caminhos e as leis de Deus para todo o povo. Todavia, nesta passagem temos um notável conjunto de relacionamentos.

1. UM REI COM INICIATIVAS RELIGIOSAS RESTRINGIDAS (2SAMUEL 7.1-11)

O rei Davi queria fazer um favor para Deus. Ele estava estabelecido como rei. O primeiro versículo diz que a nação desfrutava de descanso. (Observe de novo esse tema: descanso de seus inimigos, descanso na terra prometida.) Davi olhou ao redor. Ele já estava na nova capital por tempo suficiente para obter um palácio excelente para si mesmo, mas o centro de adoração coletiva para toda a nação ainda era aquela tenda levemente desgastada. Ele talvez se lembrasse de que o livro de Deuteronômio, no tempo de Moisés, predisse um centro permanente; por isso, ele pensou: "Bem, este é o tempo. Por que eu não devo ser aquele que construirá o centro permanente? Isso é o que eu gostaria de fazer". E, em certo sentido, o profeta Natã disse: "Grande ideia. Deus está com você. Vá em frente". Mas Deus interveio e disse a Natã: "Não sejam tão rápidos. Esta não é a maneira como as coisas irão acontecer". E Deus apresentou duas ou três razões por que não deveria ser assim:

1. Deus sozinho toma a iniciativa nas mudanças cruciais da história bíblica (ver 2Sm 7.5-7). Não vimos isso antes? Pense em Abraão. Ele acordou um dia e, em suas devoções, disse algo assim?

> Ó Deus, falando com franqueza, este mundo parece estar caminhando para o inferno. Acho que deveríamos fazer algo a respeito disso. Acho que devemos começar uma nova raça entre os seres humanos, um tipo de subconjunto. Gostaria de ser o primeiro dela. Eu serei o grande ancestral de toda esta nova humanidade. Nós a chamaremos de "hebreus". Você pode ser o nosso Deus, e nós seremos o seu povo. Você nos diz o que devemos fazer, e lhe obedeceremos. E começaremos uma nova

O DEUS QUE REINA

estrutura de dinastia. Não é uma grande ideia? E esta nova raça, esta nova comunidade da aliança, mostrará ao mundo como é ter um relacionamento correto com você.

Foi assim que aconteceu? Não, Deus tomou a iniciativa. Ele chamou a Abraão, levou-o para a terra e lhe deu uma aliança. Mesmo naquela cena no meio da noite, em que Deus se colocou sob um tipo de voto de aliança, de cuidar de seu povo, ele mesmo tomou a iniciativa de andar sozinho por aquele corredor sangrento (ver Gn 15). Em Gênesis 22, Deus tomou a iniciativa de prover um cordeiro.

Ou pense em Moisés. Quando Moisés era um homem jovem, ele se perguntou sobre a possibilidade de começar uma revolução e tirar o seu povo da escravidão? Ele foi descoberto em um assassinato e teve de fugir para salvar a vida. Ele viveu em um deserto por quase meio século. De fato, quando Deus tomou a iniciativa, Moisés não estava muito interessado em ir: "Deus, estou ficando velho e tenho dificuldade para falar. Não sou um líder. Sou apenas um pastor". Mas Deus tomou a iniciativa e, no devido tempo, usou a Moisés.

Deus não dará sua glória a ninguém. Ele não se mostra aberto às nossas sugestões a respeito de como governar o universo. Essa é, na verdade, a sua primeira objeção:

> Vai e dize a meu servo Davi: Assim diz o SENHOR: Edificar-me-ás tu casa para minha habitação?
> Porque em casa nenhuma habitei desde o dia em que fiz subir os filhos de Israel do Egito até ao dia de hoje; mas tenho andado em tenda, em tabernáculo.
> Em todo lugar em que andei com todos os filhos de Israel, falei, acaso, alguma palavra com qualquer das suas tribos, a quem mandei apascentar o meu povo de Israel, dizendo: Por que não me edificais uma casa de cedro?
>
> 2Samuel 7.5-7

Isso não significa que o templo não deveria ser construído. Na verdade, ele seria construído na próxima geração. Essa tarefa seria confiada ao filho de Davi, o rei Salomão. Mas Deus tomou a iniciativa.

2. Deus engrandece os seus servos – e não o contrário (ver 2Sm 7.8-11). Deus disse:

> *Agora, pois, assim dirás ao meu servo Davi: Assim diz o SENHOR dos Exércitos: Tomei-te da malhada, de detrás das ovelhas, para que fosses príncipe sobre o meu povo, sobre Israel.*
> *E fui contigo, por onde quer que andaste, eliminei os teus inimigos diante de ti e fiz grande o teu nome, como só os grandes têm na terra.*
> *2Samuel 7.8-9, ênfase acrescentada*

Em seu coração, talvez Davi estivesse começando a pensar que iria fazer um favor para Deus. Se ele pudesse construir um templo maior do que os templos dos vizinhos pagãos, ele não mostraria que o verdadeiro Deus é mais magnificente do que os deuses deles? Davi engrandeceria o nome de Deus e faria um favor para ele. Mas, na verdade, Deus estava dizendo: "As coisas não são assim. Eu sou aquele que engrandece o seu nome".

Em certos contextos, é maravilhoso que os crentes tentem engrandecer o nome de Deus, mas nem sempre, porque alguns sucumbem à ilusão de que, por meio disso, estejam fazendo um favor para Deus. Adorar a Deus, exaltar seu nome, deve ser uma resposta de gratidão e adoração – e não uma maneira de dizermos: "Os pagãos adoram os seus deuses. Temos de exceder a adoração deles porque, em uma competição, podemos tornar o nome de Deus maior do que os nomes de seus deuses". Deus diz: "Você entendeu isso totalmente errado. Eu torno o seu nome grande, e não o contrário. Você era um pastor de ovelhas. Eu não somente fiz de você um rei, mas também farei seu nome ressoar através dos séculos".

Hoje, há milhões de cristãos em todo o mundo que conhecem o nome de Davi. Muitos deles nunca ouviram falar de Alexandre, o Grande. Não sabem

O DEUS QUE REINA

muito sobre o rei Tutancâmon. Mas o nome de Davi chegou até nós através de 3.000 anos.

O capítulo começa, como vimos, com um rei cujas iniciativas religiosas foram restringidas, e foi nesse contexto que Deus fez uma promessa admirável.

2. UMA DINASTIA COM UMA PROMESSA ETERNA REVELADA (2SM 7.11-17)

"Também o SENHOR te faz saber que ele, o SENHOR, te fará casa" (2Sm 7.11). É claro que há um jogo de palavras aqui. Davi queria construir uma "casa", ou seja, um templo para Deus. Deus edificaria uma "casa", ou seja, uma família, uma dinastia para Davi. "Você quer construir uma casa para mim?" Podemos quase ver Deus sorrindo. "*Eu* edificarei uma casa para *você*. Vou lhe dizer como farei isso".

> *Quando teus dias se cumprirem e descansares com teus pais, então, farei levantar depois de ti o teu descendente, que procederá de ti, e estabelecerei o seu reino.*
>
> *Este edificará uma casa ao meu nome [ou seja, Salomão edificaria o templo], e eu estabelecerei para sempre o trono do seu reino.*
>
> *Eu lhe serei por pai, e ele me será por filho; se vier a transgredir, castigá-lo-ei com varas de homens e com açoites de filhos de homens.*
>
> *Mas a minha misericórdia se não apartará dele, como a retirei de Saul, a quem tirei de diante de ti.*
>
> *Porém a tua casa e o teu reino serão firmados para sempre diante de ti; teu trono será estabelecido para sempre.*
>
> 2Samuel 7.12-16

Duas ou três observações esclarecem essa passagem:

1. Davi estava ciente de que seu antecessor, Saul, havia começado bem e terminado mal; e, por consequência, o filho de Saul, Jônatas, nunca chegou ao

trono. Nenhuma dinastia fora estabelecida. Fora uma dinastia de uma única geração (se pudermos falar sobre dinastia em termos de uma geração). Houve tanta impiedade, que Deus sentenciou: "Isso não continuará". Mesmo que Davi permanecesse fiel durante toda a sua vida (e, na realidade, ele teve seus próprios fracassos), quem garantiria o que aconteceria nas gerações posteriores? Se você pertence à realeza, você se preocupa em preservar a linhagem familiar, a dinastia, a casa – quer seja a casa de Windsor (no caso da rainha Elizabeth II), quer seja, de acordo com este texto, a casa de Davi. De modo assegurador, Deus afirma: "*Eu* edificarei uma casa para você, de tal modo que, embora seu filho faça alguma coisa errada, algo realmente ímpio, eu não o removerei do trono, da maneira como removi a Saul, deixando-o sem um sucessor que estabelecesse a dinastia. Eu não farei isso. Preservarei sua casa, sua família".

Então, poderá haver aplicação de castigo temporal. Poderá haver alguma punição temporal. Poderá acontecer que nações se levantem contra a nação de Davi. Poderão acontecer coisas desse tipo. Mas Deus não imporá a sanção final que extinguirá a linhagem. Isso foi o que Deus prometeu a Davi.

2. O que Deus quis dizer quando falou: "Eu lhe serei por pai, e ele me será por filho" (7.14)?

Para nós, a filiação está relacionada ao DNA. Quantos programas de televisão, sem mencionar a série CSI, usam o DNA para descobrir quem é o verdadeiro pai, que pessoa é o verdadeiro filho? Vinculados a essa ciência estão os litígios de paternidade. A filiação é, antes de tudo, uma questão de descendência genética. Mas o mundo antigo entendia as coisas de modo diferente. Descendência física contava apenas parte da história; havia também a descendência de obra e de identidade.

Quantos homens estão hoje trabalhando nas mesmas profissões que seus pais exerceram na mesma idade? Quantas mulheres estão trabalhando nas mesmas vocações que suas mães exerceram? Já fiz essa pergunta em muitos contextos ocidentais e descobri que não mais do 5% ou 6% responderam afirmativamente, e a porcentagem tem sido cada vez menor. Por contraste, no mundo antigo, se o seu pai fosse um padeiro, você se tornaria um padeiro.

O Deus que Reina

Se fosse um agricultor, você seria um agricultor. Se o nome de seu pai fosse Stradivari, então você faria violinos. Em outras palavras, em uma sociedade agrícola, artesanal e pré-industrial, na grande predominância dos casos, o filho terminaria fazendo o que seu pai fazia, e a filha terminaria fazendo o que a sua mãe fazia. Hoje, as noções de liberdade são tais, que saímos de casa para uma universidade ou para uma faculdade técnica, obtemos um trabalho em algum lugar e seguimos uma vocação totalmente separada da tradição de nossa família. Tal liberdade era impensável há 300 ou 400 anos, exceto em raras ocasiões. Portanto, o resultado era que a pessoa se identificava não somente com a família, mas também com a profissão da família. Essa foi a razão por que Jesus foi chamado de "o filho do carpinteiro" – José, reconhecido como seu pai, era um carpinteiro. De fato, em um lugar, Jesus foi chamado de "o carpinteiro". Aparentemente, o seu pai, José, havia morrido, e Jesus assumiu os negócios da família. José era um carpinteiro. O que se esperava que Jesus fosse? Ele foi um carpinteiro.

Esse padrão vocacional significava que, no curso normal dos acontecimentos, o pai ensinava ao filho a sua profissão. Certamente, não havia educação superior. No judaísmo posterior, as sinagogas podiam ensinar aos filhos a leitura e a escrita elementar. Famílias prósperas podiam contratar pessoas para ensinar habilidades educacionais ou mesmo conhecimento mais avançado para alguns dos filhos. Mas a sua *profissão*, aquilo que você aprendia a fazer para subsistir, esse tipo de treinamento você recebia de seu pai. Se ele era um agricultor, ele lhe ensinava quando plantar a semente, quando irrigar, como entender o clima, como fazer uma boa cerca e coisas assim. Por causa da identificação do filho com a vocação do pai, a noção de filiação envolvia um conjunto de associações mais amplo do que ela tem na série CSI.

A partir dessa matriz social, surgiram diversas metáforas bíblicas. Por exemplo, diversas vezes na Bíblia alguém era chamado de "filho de Belial"; e isso significava um "filho de indignidade". Isso não dizia que o pai era o Sr. Indigno. O que isso significava era que o caráter da pessoa era tão indigno, que ela pertencia à família da indignidade. Essa é a única explicação adequada. Jesus nos deu um exemplo que ilustra esse tipo de metáfora: "Bem-aventurados os pacificadores, porque serão chamados filhos de Deus" (Mt 5.9). A ideia é que Deus é o supremo pacificador. Então, se você faz a paz, está agindo como Deus; você se mostra como um filho de Deus. Essa afirmação de Jesus não está dizendo como você se torna um cristão. Esta dizendo que, neste aspecto, você está fazendo o que Deus faz; está agindo como Deus age e, assim, está mostrando ser um "filho" de Deus.

Em outro lugar, quando Jesus estava debatendo com alguns adversários judeus (ver Jo 8), ele afirmou que seu ensino os libertaria; mas eles replicaram: "Como pode ser isto? Nós mesmos somos verdadeiros filhos de Abraão. Somos a verdadeira herança, e essa herança nos liberta". Jesus respondeu: "Se vocês pecam, são escravos do pecado, e somente eu posso libertá-los. Sei que fisicamente vocês são descendentes de Abraão, mas não estão respondendo à revelação da mesma maneira como Abraão respondeu". Eles arriscaram e disseram: "Somos não somente filhos de Abraão. Somos filhos de Deus. Deus mesmo é nosso verdadeiro pai". Na realidade, Jesus lhes respondeu: "Isso não é possível. Eu vim de Deus. Ele me conhece, e eu o conheço. Se vocês não me reconhecem, não podem ser filhos de Deus. Eu lhes direi quem é o pai de vocês. O pai de vocês é o Diabo. Ele foi assassino desde o princípio, e vocês estão procurando me assassinar. Ele foi mentiroso desde o princípio, e vocês não estão falando a verdade a respeito de mim".

É obvio que Jesus não estava negando que seus adversários eram realmente filhos de Abraão, no aspecto genético. Eles eram. Jesus também não sugeriu que, de algum modo, os demônios copularam com mulheres para produzir algum tipo de geração bastarda. Ele estava dizendo que, quanto ao comportamento, eles agiam como o Diabo. Isso os tornava filhos do Diabo.

Esse é o uso da terminologia "filho" na passagem de 2Samuel 7. Ela é usada para se referir a reis. Se Deus era o Rei supremo sobre o povo, quando um homem da linhagem de Davi ascendia ao trono, ele se tornava "filho" de Deus. Isso não significava que ele assumia literalmente a natureza divina ou qualquer coisa desse tipo. Significava apenas que estava agindo como filho de

Deus, em lugar de Deus, na família do rei. Deus reina sobre o seu povo da aliança. Ele se preocupa em ministrar justiça e preservar fidelidade à aliança. Se um rei da linhagem de Davi fizesse isso, estaria agindo como filho de Deus. Essa é a natureza da promessa dada nessa passagem. "Este [ou seja, o herdeiro de Davi] edificará uma casa ao meu nome, e eu estabelecerei para sempre o trono do seu reino. *Eu lhe serei por pai, e ele me será por filho*" (7.13-14, ênfase acrescentada).

No entanto, filhos podem errar. O que aconteceria? "Se vier a transgredir", Deus acrescentou, "castigá-lo-ei com varas de homens e com açoites de filhos de homens. Mas a minha misericórdia se não apartará dele, como a retirei de Saul, a quem tirei de diante de ti" (7.14-15).

3. Há mais uma coisa a entendermos desta passagem: "A tua casa e o teu reino serão firmados para sempre diante de ti; teu trono será estabelecido para sempre" (7.16). Em outras palavras, Deus não estava somente prometendo que a linhagem de Davi permaneceria para a geração seguinte, de Salomão, quando o templo seria construído, ainda que Salomão se mostrasse ímpio. Estava dizendo que a dinastia seguiria adiante; seria estabelecida para sempre.

Essa promessa poderia ser cumprida apenas de duas maneiras. Uma maneira seria que cada geração produzisse um novo herdeiro de Davi, para que o trono fosse passado ao herdeiro seguinte, e deste, ao herdeiro seguinte, por tempos intermináveis. A outra única maneira possível não foi nem mesmo mencionada nessa passagem. No entanto, em teoria, se houvesse na linhagem de Davi um herdeiro que vivesse para sempre, a promessa poderia ser cumprida.

Essa promessa foi dada por volta de 1000 a.C. Foi precursora de inúmeras outras promessas para os reis davídicos através dos séculos. A maioria de nós, estou certo, já ouviu o *Messias*, de Handel, que cita Isaías 9, escrito no final do século VIII a.C., mais de 200 anos depois dessa promessa feita a Davi. Isaías viu um rei que surgiria: "Porque um menino nos nasceu, *um filho se nos deu*... para que se aumente o seu governo, e venha paz sem fim sobre o trono de Davi e sobre o seu reino" (Is 9.6-7, ênfase acrescentada). Em outras palavras, ele seria um filho de Davi que seria também um "filho de Deus", que permaneceria sob a autoridade de Deus, como vice-regente de Deus. "Para que se aumente o seu governo, e venha paz sem fim" (Is 9.7). "Seu nome será: Maravilhoso Conselheiro, Deus Forte, Pai da Eternidade, Príncipe da Paz" (Is 9.6).

A linguagem é extraordinária: um filho de Davi que seria chamado "Deus Forte" e "Pai da Eternidade"? Não imagino que Isaías tenha entendido todo o significado de sua profecia. Contudo, à primeira vista, ela parece estar prometendo que, de algum modo, haveria um descendente de Davi, alguém da linhagem e herança de Davi, que seria chamado apropriadamente de não menos do que Deus. (Veremos de modo breve que outros profetas fizeram promessas semelhantes.) Essa é uma antecipação de um descendente de Davi que excederia em muito seu estimado antecessor.

3. UM REI COM PRIVILÉGIOS ESPETACULARES, HUMILHADO (2SM 7.18-27)

Davi foi aquietado e impressionado pelo que lhe foi prometido. O seu apelo, então, não foi mais: "Permite-me construir um templo para ti e faze algo para *ti*". Agora, só havia gratidão em Davi: "Eu não mereço isto. Isto é maravilhoso. Tudo que peço, querido Deus, soberano Deus, é que cumpras a tua promessa".

DE DAVI PARA O REI JESUS

Tudo isso aconteceu, como já disse, por volta de 1000 a.C. Houve muitos desenvolvimentos intermediários antes da vinda de Jesus. Depois de vários séculos, o reino davídico se corrompeu. Apenas duas gerações depois, o reino se dividiu em reino do Norte e reino do Sul. E a linhagem de Davi reinou somente sobre o Sul. Mais dois séculos e meio se passaram, e o reino do Norte nunca teve uma dinastia estabelecida. Reis surgiam, reis desapareciam; um novo usurpador surgia e matava todos os filhos do rei anterior. Era um caos

O Deus que Reina

brutal, repleto de muitas formas de idolatria. Por fim, os líderes foram levados em cativeiro sob o domínio do império assírio. Mais um século e meio se passou, e a dinastia de Davi se tornou tão corrupta e perversa que, apesar dos tempos ocasionais de avivamento, no começo do século VI (por volta de 587 a.C.), ela foi destruída. Os babilônios a conquistaram. Muitos dos líderes foram levados ao exílio, desta vez sob o domínio do império babilônio, que tomou o lugar do império assírio.

No devido tempo, Deus os trouxe de volta: inicialmente, apenas uns 50.000 ou mais. Eles reconstruíram o templo que havia sido queimado, mas, por comparação com o grande templo erigido no tempo de Salomão, filho de Davi, este segundo templo era uma estrutura bem simples. Ainda não havia rei. Eles viviam sob o domínio dos persas, que deram lugar à autoridade dos gregos e, depois destes, ao império romano. Assim, atravessamos os séculos e chegamos à mudança das eras, de antes para depois de Cristo, e ainda não havia um rei davídico restaurado no trono. Os israelitas se acharam sempre debaixo de um ou outro domínio. Nessa altura, o superpoder regional era Roma. E os monarcas dos judeus eram reis mesquinhos e rudes, como os Herodes.

Abrimos as páginas do Novo Testamento, a parte da Bíblia que começa nos dizendo o que aconteceu nos tempos de Jesus. Qual é o primeiro versículo do primeiro livro do Novo Testamento? "Livro da genealogia de Jesus Cristo, filho de Davi, filho de Abraão" (Mt 1.1). Aqui está o cumprimento da promessa do reino davídico. (A palavra "Cristo" é o equivalente da palavra hebraica "Messiah" e se refere a alguém que é "ungido" ou separado para uma tarefa específica.)

Quando Jesus começou seu ministério público, anunciou a chegada do reino e usou a palavra "reino" de várias maneiras. Por exemplo, ele disse algo assim: "O reino é semelhante a um homem que semeou trigo em um campo, boa semente em um campo. E, à noite, alguns inimigos vieram e semearam joio no meio do trigo. O trigo e o joio cresceram juntos. Os servos do homem lhe perguntaram: Queres que vamos e tentemos arrancar o joio agora? Não, não! Deixai-os crescer juntos até o final quando, então, haverá uma última separação. O reino é assim". Em outras palavras, temos aqui um quadro do reino que envolve este mundo com boa semente e com má semente que crescem juntas. Isso inclui Billy Graham e Adolf Hitler. Há boa semente, e há joio. Ambos crescem até ao final quando haverá uma última divisão. Essa é uma perspectiva sobre o reino.

Em outra passagem, em João 3 (uma passagem que consideraremos depois), Jesus disse: "Quem não nascer da água e do Espírito não pode entrar no reino de Deus" (Jo 3.5). De acordo com essa noção sobre o reino, nem todos estão no reino. Segundo a noção anterior, todos estão no reino. Ou você é trigo, ou você é joio. Mas, nesta noção do reino, existe um subconjunto do reino de Deus, do governo de Deus, do domínio de Deus, sob o qual há vida. Somente aqueles que são nascidos de novo podem entrar nesse reino ou vê-lo.

Mencionando algumas variações adicionais: às vezes, Jesus falou sobre o reino como algo que já havia começado. O reino já está aqui, operando em secreto. Ele é como fermento posto em uma massa; está operando quietamente e tendo seus efeitos. Contudo, em outros momentos, Jesus falou do reino como algo que vem no final, quando haverá consumação e transformação tremenda. Portanto, o reino já está presente; mas, visto de outra maneira, ele ainda não veio. Todas essas noções do reino centralizam-se em Jesus, o rei.

Depois da Segunda Guerra Mundial, um teólogo suíço chamado Oscar Cullmann usou um dos momentos decisivos da guerra para explicar algumas destas noções. Ele chamou atenção para o que aconteceu no Dia D, 6 de junho de 1944. Nesse tempo, os aliados do Ocidente já tinham expulsado os inimigos do Norte da África e começavam a penetrar a bota da Itália. Os russos estavam vindo das estepes. Já tinham defendido Stalingrado e avançavam para e através da Polônia e outros países da Europa Oriental. No Dia D, os aliados ocidentais chegaram às praias da Normandia e, em três dias, descarregaram 1,1 milhões de homens e inúmeras toneladas de material bélico. Havia uma segunda fronte do Ocidente. Toda pessoa inteligente podia ver que a guerra estava acabada. Afinal de contas, a guerra já estava acabada em termos de energia, material bélico, número de soldados e destinos para os quais todas essas frentes e trajetórias convergiam. Isso significou que Hitler disse: "Opa! Fiz o cálculo errado!" e pediu paz? O que aconteceu depois foi a Batalha do Bulge, na qual ele quase conquistou a costa da França novamente, mas recuou por falta de combustível. Depois, houve a Batalha de Berlim, que foi uma das mais sangrentas de toda a guerra. Portanto, a guerra ainda não estava terminada. Um ano depois, a guerra terminou finalmente na Europa, depois de os combatentes haverem atravessado esse grande intervalo entre o Dia D e o Dia da Vitória na Europa.

Cullmann disse que a experiência cristã é como essa guerra. O rei prometido veio. Este é o nosso Dia D: a vinda de Jesus, sua cruz e sua ressurreição. Depois de ressuscitar dos mortos, Jesus declarou, conforme os últimos versículos do evangelho de Mateus: "Toda a autoridade me foi dada no céu e na terra" (Mt 28.18). Ele é o rei. Mas isso significa que o Diabo diz: "Opa! Fiz o cálculo errado! Acho que é melhor pedir paz"? Isso significa que os seres humanos dizem: "Bem, bem, você ressuscitou dos mortos. Você venceu. É melhor render-nos"? Não, o que isso significa é que você tem alguns dos mais violentos conflitos, porque Jesus ainda não derrotou todos os seus inimigos. Ele reina. Toda a soberania de Deus é mediada pelo rei Jesus. O reino já começou. Está aqui. Ou você está nesse reino, no sentido do novo nascimento, ou você está fora dele. Alternativamente, quando pensamos no reino total de Jesus (toda autoridade pertence a ele), você está nesse reino, quer goste quer não. A questão é se você se prostrará agora, alegremente, com arrependimento, fé e ações de graça, ou esperará até ao final para se prostrar em terror. O fim está chegando. O Dia da Vitoria cristã está chegando, e não há dúvida de quem será visto como Rei no último dia.

Quando Paulo escreveu aos cristãos que residiam na cidade de Corinto, em meados do século I, descreveu Jesus como o rei pelo qual toda a soberania de Deus é mediada: "Porque convém que ele reine até que haja posto todos os inimigos debaixo dos pés. O último inimigo a ser destruído é a morte" (1Co 15.25-26). A morte morrerá. É claro que isso nos traz de volta ao que aconteceu em Gênesis 1, 2 e 3. Em contraposição com essa grande rebelião que tentou degradar a Deus, uma rebelião que trouxe apenas morte e decadência, temos Jesus Cristo. O rei Jesus já derrotou a morte e permanece como o rei de Deus, da linhagem de Davi. Todavia, embora seja um homem da linhagem de Davi, Jesus é aquele que é chamado "Deus Forte, Pai da Eternidade" (Is 9.6). Ele reinará até que destrua o último inimigo: a morte. Essa é a razão por que a igreja se levanta e canta, repetidas vezes: "Salve, Rei Jesus". Precisamos de um rei – um rei que é perfeitamente justo, que não pode ser corrompido, que é totalmente bom, em quem não há nenhum mal. Jesus salva e transforma poderosamente seu povo, que vem a ele e reconhece alegremente o seu senhorio.

Salve, Rei Jesus.

6

O Deus

QUE É

INESCRUTAVELMENTE SÁBIO

Neste capítulo, focalizaremos dois tipos de literatura do Antigo Testamento. Um tipo é o Livro dos Salmos. O outro é um conjunto de livros diversos chamado frequentemente de literatura de sabedoria. Por razões que mencionarei de modo breve, até alguns dos salmos são corretamente designados como literatura de sabedoria.

Nenhuma destas categorias – salmos e literatura de sabedoria – dá prosseguimento à história bíblica. Elas não são a sequência dos livros narrativos que nos contam o que aconteceu em seguida aos israelitas nem se referem ao que estava acontecendo na história mundial naquela época. Às vezes, alguns salmos individuais podem ser vistos como procedentes de um período específico da história do Antigo Testamento. Porém, em sua maioria, esses materiais suprem algo um pouco diferente. Refletem as experiências, os discernimentos, a revelação de Deus que seu povo considerou em sua mente durante aqueles tempos. Embora, em sua maior parte, esse material não dê prosseguimento à narrativa histórica, a contribuição que ele faz é tão substancial que não pode ser ignorado. Temos de dizer algo sobre esses livros para entendermos como eles contribuem para a nossa compreensão de Deus, conforme ele se revela na Bíblia.

O DEUS QUE FAZ SEU POVO CANTAR: SALMOS

Alguém fez uma pilhéria dizendo: "Quero escrever canções de uma nação, não me importo com quem faz as suas leis".[1] Devido a algumas coisas que são cantadas em nossos dias, esse é um pensamento assustador. Mas a noção é bastante compreensível. Se pessoas estão andando por aí com *ipods*, apesar do que o Congresso decide, a formação mais fundamental da mente pública, incluindo a mente pública representada pelo Congresso, acontecerá por meio de *ipods* (ou algum outro sistema de entrega de comunicação).

No Antigo Testamento, o livro que incorpora a maior parte desse material em semelhança de cânticos – ou semelhança de hinos – é o Livro dos Salmos, quase no meio da Bíblia, contendo 150 deles. Foi escrito durante um período de aproximadamente 1.200 anos. A coleção de salmos não foi o resultado da obra de alguém que se assentou e determinou torná-los seu projeto de escrita em um ano específico. Por exemplo, um dos salmos é o de Moisés, que nos leva de volta à primeira parte da Bíblia. Muitos deles foram escritos por Davi que, sendo um músico, usou sua autoridade de rei para organizar os coros e a adoração pública conectados com o antigo tabernáculo. Esses padrões de adoração e de canto foram depois aprimorados por Salomão, seu filho, e foram usados no novo templo, cuja construção Salomão supervisionou. Há também os salmos que retratam as experiências do povo de Deus quando exilados, 400 anos depois. Há também salmos que refletem pensamentos do povo de Deus quando retornaram do exílio, o que nos leva a cerca de 400 a.C. Os salmos abrangem um longo período de tempo.

É óbvio que não podemos examinar todos os 150 salmos. O que eu gostaria de fazer é considerar alguns deles, para que você veja o que as pessoas cantavam. Os salmos são bastante diversificados.

Aqueles de nós que são cristãos há algum tempo ou que conhecem crentes mais velhos, sabem como o Livro de Salmos é amado pelos mais experientes. Não são muitas as pessoas que o conhecem bem aos 25 anos. Isso acontece porque este

---

1 Isto é frequentemente atribuído a Daniel O'Connell, no século XVIII, seguindo Platão.

livro ecoa em pessoas que tiveram muitas experiências. E precisamos ter muitas experiências diferentes antes de ecoarmos facilmente as coisas que são ditas no Livro de Salmos: lamento, perda, vergonha, morte, triunfo, a exaltação do louvor bem instruído, piedoso e centrado em Deus e profecia que antecipava o que ainda estava por vir. Se, em vez disso, temos uma experiência limitada, a maioria dessas coisas parece muito elevada, ou um tanto extravagante, ou mesmo estranha para nós. Já estive ao lado de muitas pessoas que estavam no leito de morte e descobri que, se lhes perguntasse: "O que gostaria que eu lesse para você?", muitas delas diriam: "O Salmo 23 – o Senhor é o meu pastor"; ou: "O Salmo 42"; ou: "O Salmo 40 – sobre como ele me tira de um tremedal de lama, coloca meus pés sobre uma rocha e me firma os passos". Mas, enquanto não passamos por experiências em que nos sentimos como se estivéssemos nos revolvendo num lamaçal, este salmo talvez não fale muito poderosamente conosco.

Então, consideraremos alguns salmos para perceber o tipo de coisas que os salmistas disseram sobre Deus e o seu povo. Começaremos no começo.

SALMO 1

[1] *Bem-aventurado o homem que não anda no conselho dos ímpios, não se detém no caminho dos pecadores, nem se assenta na roda dos escarnecedores.*

[2] *Antes, o seu prazer está na lei do* SENHOR, *e na sua lei medita de dia e de noite.*

[3] *Ele é como árvore plantada junto a corrente de águas, que, no devido tempo, dá o seu fruto, e cuja folhagem não murcha; e tudo quanto ele faz será bem sucedido.*

[4] *Os ímpios não são assim; são, porém, como a palha que o vento dispersa.*

[5] *Por isso, os perversos não prevalecerão no juízo, nem os pecadores, na congregação dos justos.*

[6] *Pois o* SENHOR *conhece o caminho dos justos, mas o caminho dos ímpios perecerá.*

Se examinarmos esse salmo com atenção, descobriremos que ele se divide em três partes desiguais: os versículos 1 a 3 descrevem o justo; os versículos 4 e 5 descrevem os ímpios; e o versículo 6 é o resumo e contraste final.

OS JUSTOS (SL 1.1-3)

O versículo 1 descreve os justos em termos negativos: o que eles *não* são e *não* fazem. "Bem-aventurado o homem que *não* anda no conselho dos ímpios", ou seja, ele evita andar com os ímpios, caminhar ao lado deles. Não quer viver em harmonia com eles, pois, se fizer isso por muito tempo, poderá começar a deter-se "no caminho dos pecadores". "Deter-se no caminho" de pessoas não é uma boa tradução. O problema é que no hebraico deter-se no caminho de alguém não significa o mesmo que pretendemos dizer quando usamos essas palavras. Deter-se no caminho de alguém significa impedi-la, bloquear o seu caminho. Como Hobin Hood e Little John na ponte, cada um permanecendo no caminho do outro, garantindo que um dos dois terminasse no riacho. No hebraico, deter-se no caminho de alguém significa calçar os sapatos da pessoa, fazer o que ela faz, ser indistinguível dela. Você não a está obstruindo; você está onde ela está, no caminho dela. Essa é a razão por que uma versão bíblica o traduz com esta paráfrase: "Fica no caminho que os pecadores tomam". Você está onde os pecadores estão.

Se você faz isso por muito tempo, talvez chegue a "assentar-se na roda dos escarnecedores". Agora, você está descansando no seu sofá reclinável, puxa a alavanca e pensa, com desprezo e justiça própria, naqueles cristãos ignorantes, estúpidos, intolerantes e conservadores, e todo comentário que você faz é um desdém escarnecedor. O primeiro versículo diz, na realidade: "Bem-aventurados são aqueles que não fazem estas coisas". Descreve o justo em termos negativos.

O versículo 2 descreve o justo em termos positivos. Ele tem "prazer... na lei do SENHOR, e na sua lei medita de dia e de noite" (1.2). É sobre isso que ele pensa. E isso o muda.

Quando comecei a ensinar no *Trinity Evangelical Divinty School*, tivemos um palestrante – um homem já velho – que gostava de proferir provérbios resultantes de mais de 50 anos de ministério. Alguns de seus dizeres eram realmente bons. Um dos seus melhores era este: "Você não é o que pensa que é, mas o que você pensa, você é". Não somos apenas o que dizemos ou fazemos, porque podemos dizer e fazer coisas para encobrir o que realmente está se passando em nosso íntimo. Mas o que pensamos, nós somos. Portanto, esse texto bíblico nos diz que o justo aprende a pensar os pensamentos de Deus como ele pensa. O justo tem prazer na lei do Senhor. Ele medita na Palavra de Deus dia e noite. Não é uma questão de mágica: "Um versículo por dia mantém o Diabo afastado". Isso é muito mais do que você ter um versículo da Bíblia à mão ou do que simplesmente ler mecanicamente para assegurar-se de que fez a sua "devoção". É uma paixão tão grande por tudo que Deus diz, que tal paixão alimenta a sua mente. Você sai para o horário de almoço e, enquanto para na luz vermelha do semáforo à sua frente, assentado no banco do seu carro, sua mente começa naturalmente a meditar no que Deus disse. Esse tipo de meditação acontece em todo o tempo. Você medita dia e noite na Palavra de Deus. E isso significa que agora você *não* está ouvindo o conselho dos ímpios, ou desenvolvendo caminhos que são semelhantes aos deles, ou caindo em zombaria dissimulada.

O versículo 3 descreve o justo em termos metafóricos: "Ele é como árvore plantada junto a corrente de águas, que, no devido tempo, dá o seu fruto, e cuja folhagem não murcha; e tudo quanto ele faz será bem sucedido". A terra da Palestina – a terra de Israel – é uma terra semiárida, um pouco semelhante ao sudoeste americano. Por isso, durante algumas épocas do ano não há nenhuma chuva. Os riachos secos no sudoeste parecem nos lembrar morte. Então, repentinamente as chuvas vêm, os leitos se enchem de água e abrigam torrentes perigosas. Esses riachos são chamados frequentemente de *wadis* em Israel. Quando as chuvas vêm, a terra que parece morta floresce repentinamente; surge vida com flores de deserto. Mas, somente onde há uma confluência de rios, e não água intermitente, você encontra árvores cujas folhas *nunca* murcham, árvores que produzem fruto na estação própria. Nesse sentido, essas árvores sempre florescem. Este versículo não está prometendo o que muitos chamam hoje de "evangelho da prosperidade": siga a Jesus e você ficará muito rico. A linguagem de Salmos 1.3 está abrigada na metáfora desta árvore que é "bem sucedida", mesmo quando há calor e sequidão, porque ela é bem regada; é sempre verde. No devido tempo, ela produz o seu fruto.

Essa metáfora não é incomum na Bíblia, exatamente porque as pessoas que a escreveram experimentavam esse tipo de coisa o tempo todo, observando os ciclos das estações. Por isso, Jeremias 17, escrito por volta de 600 a.C. ou pouco depois, diz:

> *Maldito o homem que confia no homem, faz da carne mortal o seu braço e aparta o seu coração do SENHOR!*
>
> *Porque será como o arbusto solitário no deserto e não verá quando vier o bem [ou seja, a prosperidade de vida e crescimento]; antes, morará nos lugares secos do deserto, na terra salgada e inabitável.*
>
> *Bendito o homem que confia no SENHOR e cuja esperança é o SENHOR.*
>
> *Porque ele é como a árvore plantada junto às águas, que estende as suas raízes para o ribeiro e não receia quando vem o calor, mas a sua folha fica verde; e, no ano de sequidão, não se perturba, nem deixa de dar fruto.*
>
> *Jeremias 17.5-8*

Portanto, aqui, em Salmos 1.1-3, o justo é descrito em termos negativos, positivos e metafóricos.

OS ÍMPIOS (SL 1.4-5)

Nos versículos 4 e 5, o foco muda para os ímpios. O contraste é bastante forte: "Os ímpios não são assim" (1.4). "Não são assim", como se nos dissesse que temos de negar em relação ao ímpio tudo que é importante e cuidamos

O Deus que É Inescrutavelmente Sábio

em afirmar sobre o justo. Os justos são pessoas que evitam o conselho e os padrões de vida das pessoas rebeldes e ímpias? Os ímpios não são assim. Os justos são pessoas que têm prazer na lei do Senhor e meditam nela dia e noite? Os ímpios não são assim. Os justos são pessoas que podem ser comparadas a uma árvore plantada junto a correntes de água, que produz fruto no devido tempo e cuja folha nunca murcha? Os ímpios não são assim.

Como *eles* são? "São... como a palha que o vento dispersa" (1.4). A imagem é a da antiga colheita de grãos em que alguém bate os cachos de grão com uma pá de joeiramento. A palha se desprende, e o vento a lança para longe, deixando o grão cair na eira para ser recolhido e transformado em farinha, pão e outros derivados. A palha voa para longe ou é queimada; não tem raiz, não tem vida, não contém fruto, é inútil. É assim que o salmista descreve os ímpios.

UM RESUMO E CONTRASTE FINAL (SL 1.6)

O contraste final, falando especificamente, não é entre o justo e o ímpio, e sim entre o *caminho* dos justos e o *caminho* dos ímpios: "Pois o Senhor conhece o caminho dos justos" (1.6), ou seja, o Senhor o possui como seu, ele o protege. "Mas o caminho dos ímpios perecerá" (1.6), como rastros feitos na praia quando a onda se afasta. A onda vem e volta, e você não os vê mais. Daqui a cinco bilhões de anos, se é que posso falar sobre a eternidade em categorias de tempo, ninguém estará falando sobre o significado de Stalin e Pol Pot, mas todo copo de água dado em nome de Jesus será lembrado e celebrado, porque o Senhor atenta ao caminho dos justos; porém o caminho dos ímpios perecerá.

Este é o primeiro salmo: duas maneiras de viver, e não há uma terceira. Há muitos salmos como este. Às vezes, eles são chamados de "salmos de sabedoria". Esses salmos e literatura de sabedoria estão algumas vezes unidos porque nesta, o caminho da sabedoria é contrastada com o caminho da insensatez, em uma polaridade simples e absoluta. A literatura de sabedoria nos oferece regularmente uma escolha entre dois caminhos. Isso é o que este salmo faz; é também a razão por que, às vezes, ele é chamado assim.

No Novo Testamento, o pregador de sabedoria mais notável é Jesus. De fato, Jesus foi um pregador admiravelmente flexível, que usou vários tipos de discurso: figuras apocalípticas, provérbios, parábolas e muito mais. Contudo, em vários de seus discursos, ele usou esta polaridade básica de sabedoria: dois caminhos. Por exemplo, no final do Sermão do Monte (Mateus 5 a 7), Jesus ofereceu várias ilustrações que seguem essa linha de pensamento. Em essência, ele disse: "Imaginem dois homens: um construiu uma casa sobre a rocha; o outro construiu uma casa sobre a areia. A casa sobre a areia não é estável. As tempestades vêm, a água sobe, os ventos açoitam o lugar, e a casa desaba. A casa que é construída firmemente sobre a rocha permanece" (ver Mt 7.24-27). Observe bem: há apenas duas casas. Você não compreende o ensino se diz: "Jesus, suponha que a pessoa construa sobre argila bem firme". Você não pode reagir dessa maneira à pregação de sabedoria. No mesmo contexto, Jesus disse: "Entrai pela porta estreita (larga é a porta, e espaçoso, o caminho que conduz para a perdição, e são muitos os que entram por ela), porque estreita é a porta, e apertado, o caminho que conduz para a vida, e são poucos os que acertam com ela" (Mt 7.13-14). Mais uma vez, ansiar por uma porta de tamanho médio significa não entender o ensino. Não podemos fazer isso. Aqui temos literatura de sabedoria, pregação de sabedoria. Há somente dois caminhos.

Agora, você percebe o que é amedrontador na linguagem de sabedoria em geral e, em específico, no Salmo 1. Se formos realmente honestos, teremos de encarar o fato de que nunca satisfaremos totalmente o bom caminho. Há ocasiões em que nos deleitamos na lei do Senhor e meditamos nela dia e noite. No entanto, há outras ocasiões em que, francamente, enfrentamos uma verdadeira batalha para deleitarmo-nos na lei do Senhor. Há ocasiões em que o conselho dos ímpios parece muito atraente. Se existem apenas dois caminhos, onde isso nos deixa?

O que a literatura de sabedoria faz é esclarecer nosso pensamento e nos mostrar que há algumas polaridades absolutas que não devem ser evitadas, embora a maioria de nós se ache no meio, agindo às vezes deste modo, às vezes daquele modo. Isso é verdadeiro a respeito de um homem como Davi, responsável por alguns dos salmos. O rei Davi pode ser descrito como um homem segundo o coração de Deus, mas ele também cometeu adultério e ordenou um assassinato. Alguém pode perguntar a si mesmo o que Davi teria feito se ele não fosse um homem segundo o coração de Deus. Se há apenas dois caminhos, onde isso coloca Davi?

A literatura de sabedoria esclarece a polaridade entre santidade e impiedade, entre justiça e injustiça. Mas, embora esclareça isso, ela não pode salvar-nos. Se tudo que tivéssemos fosse a literatura de sabedoria, ela tenderia a nos ensoberbecer, quando estivéssemos agindo bem, e nos levar ao desespero, quando estivéssemos agindo mal. Como a lei estudada no capítulo anterior, a literatura de sabedoria não pode salvar-nos, embora seja um mestre poderoso.

No entanto, o Salmo 1 não é o único salmo da Bíblia. Temos de examinar rapidamente alguns outros.

SALMO 8

Este salmo não somente louva a Deus por seu poder na criação ("Expuseste nos céus a tua majestade" – v. 1), mas também admira o fato de que Deus tem um relacionamento peculiar com os seres humanos, com meros mortais: "Que é o homem, que dele te lembres, e o filho do homem, que o visites?" (v. 4). Deus colocou os seres humanos acima do resto da ordem criada.

> *Fizeste-o, no entanto, por um pouco, menor do que Deus e de glória*
> *e de honra o coroaste.*
> *Deste-lhe domínio sobre as obras da tua mão e sob seus pés tudo lhe*
> *puseste:*
> *ovelhas e bois, todos, e também os animais do campo;*
> *as aves do céu, e os peixes do mar, e tudo o que percorre as sendas*
> *dos mares.*
> *Ó SENHOR, Senhor nosso, quão magnífico em toda a terra é o teu*
> *nome!*
>
> Salmo 8.5-9

130   O DEUS PRESENTE

Você percebe como estas palavras expressam adoração? Este salmo é um hino composto como uma meditação em Gênesis 1 e 2. Poucos salmos são meditações usadas na adoração coletiva do povo de Deus, baseadas nas Escrituras. O povo de Deus medita nas verdades de Deus e se une, em congregação, para cantar essas verdades – ou seja, eles não apenas recitam ou leem certas verdades, mas, em vez disso, eles as cantam.

SALMO 19

Este salmo é uma meditação sobre como a ordem criada reflete o caráter de Deus.

> *Os céus proclamam a glória de Deus, e o firmamento anuncia as obras das suas mãos.*
> *Um dia discursa a outro dia, e uma noite revela conhecimento a outra noite.*
> *Não há linguagem, nem há palavras, e deles não se ouve nenhum som; no entanto, por toda a terra se faz ouvir a sua voz, e as suas palavras, até aos confins do mundo. Aí, pôs uma tenda para o sol,*
> *o qual, como noivo que sai dos seus aposentos, se regozija como herói,*
> *a percorrer o seu caminho.*
> *Principia numa extremidade dos céus, e até à outra vai o seu percurso; e nada refoge ao seu calor.*
>
> *Salmo 19.1-6*

Depois da falar sobre como Deus se revela nessa ordem criada, o salmista fala sobre como o Senhor se revela na Escritura.

SALMO 14

Para mudar o ritmo totalmente, dê uma olhada na linha inicial do

Salmo 14: "Diz o insensato no seu coração: Não há Deus" (14.1). Tenho um amigo na Austrália que tem a reputação de falar sobre Cristo com uma ousadia que outras culturas poderiam achar bastante agressiva. Certa vez, ele deu uma palestra intitulada "Os Ateístas São Insensatos, e os Agnósticos São Covardes". Não importa o que você pense sobre esta maneira de agir, há um sentido em que meu amigo está em harmonia com este salmo, que começa afirmando: "Diz o insensato no seu coração: Não há Deus" (14.1). Isso não combina com as percepções modernas. Em alguns círculos moldados pelo "novo ateísmo" contemporâneo, o insensato é o idiota que *crê* na existência de Deus.

Mas veja isso sob a perspectiva de Deus. Admita por um momento que o Deus da Bíblia é o Deus presente: quem é o insensato? Isso não foi escrito com base na opinião de alguém que se estabelece na tradição de René Descartes, um tipo de independência cartesiana, e diz: "Eu penso que estou na posição em que posso avaliar se Deus existe e que tipo de Deus ele é". Esse é o Deus presente, que deu nome a si mesmo e se revelou. Em sua misericórdia, ele tem agido vez após vez para salvar seu povo e continua prometendo um grande livramento ainda maior, por vir. Deus insiste em que a razão por que as pessoas não veem é que, depois da Queda, nós, seres humanos, sofremos corrupção moral e espiritual tão profunda, que estamos cegos para o que é óbvio. É o *insensato* que diz em seu coração: "Não há Deus".

Isso não quer dizer que todos os cristãos são sábios. O que isso significa é que todos que se tornaram cristãos saíram da insensatez. E, se neste sentido não somos mais insensatos, isso também, conforme as Escrituras, é uma marca de graça singular. Os cristãos não têm o direito de dizer: "Sou mais esperto do que você", porque sabem, em seu íntimo, que não são mais do que insensatos, para os quais Deus mostrou perdão e graça. Não somos mais do que mendigos que dizem a outros mendigos onde há pão. Mas ouvir a perspectiva bíblica sobre quem é o verdadeiro insensato nos faz um bem extraordinário.

SALMO 40

Este é um salmo de tom bem diferente. É um salmo de experiência pessoal que se desenvolve em algo mais. Não tenho espaço para considerar todo ele, mas tentarei abordar seus ensinos principais. A inscrição superior nos informa que este salmo foi composto por Davi.

> *Esperei confiantemente pelo SENHOR; ele se inclinou para mim e me ouviu quando clamei por socorro.*
>
> *Tirou-me de um poço de perdição, de um tremedal de lama; colocou-me os pés sobre uma rocha e me firmou os passos.*
>
> *E me pôs nos lábios um novo cântico, um hino de louvor ao nosso Deus; muitos verão essas coisas, temerão e confiarão no SENHOR.*
>
> *Salmo 40.1-3*

Não sabemos o que era esse poço de perdição, esse tremedal de lama. É óbvio que era algo tão terrível na experiência de Davi, que ele se sentiu como nos sentiríamos em um poço de lama: desesperados, incapazes de sair, descendo à morte, acabados. E Deus o tirou dali.

A maior parte do restante do salmo fala sobre como o salmista responderá dedicando-se ao Deus vivo e como ele dará testemunho disso na comunidade do povo de Deus. Depois, na última parte do salmo, ele reconhece abertamente que, por haver passado por esse tipo de experiência, isso não significa que ele não passaria por outras experiências desanimadoras. Apenas porque você passou por um divórcio, não significa que você será poupado de câncer. Apenas porque você teve um câncer, não significa que não perderá seu cônjuge. Apenas porque você tem um filho rebelde, não significa que você não terá outros problemas. A vida nesse mundo caído e corrompido traz muitos sofrimentos, derrotas e desânimos. Davi deu graças a Deus por sua ajuda e livramento daquele lamaçal específico, mas ele foi bastante realista em olhar para o futuro e dizer, em essência: "Há muitas outras coisas, Senhor Deus, para as quais eu precisarei da tua ajuda".

O Deus que é Inescrutavelmente Sábio

*Não retenhas de mim, Senhor, as tuas misericórdias; guardem-me
sempre a tua graça e a tua verdade.*

*Não têm conta os males que me cercam; as minhas iniquidades me
alcançaram, tantas, que me impedem a vista; são mais numerosas
que os cabelos de minha cabeça, e o coração me desfalece.*

Praza-te, Senhor, em livrar-me; dá-te pressa, ó Senhor, em socorrer-me.

Salmo 40.11-13

Era como se Davi estivesse dizendo: "A pior coisa com a qual me deparo
não é a experiência do poço de lama pela qual passei, e sim meu próprio pecado, que me prostra, me abate e me desanima, porque olho para meu coração e
não posso me enquadrar no lado bom do Salmo 1". "As minhas iniquidades me
alcançaram, tantas, que me impedem a vista."

Mas ainda há outros problemas que Davi tinha de enfrentar, sem mencionar as pessoas que zombavam dele e lhe causavam dificuldades:

*Sofram perturbação por causa da sua ignomínia os que dizem: Bem
feito! Bem feito!*

*Folguem e em ti se rejubilem todos os que te buscam; os que amam a
tua salvação digam sempre: O Senhor seja magnificado!*

Salmo 40.15-16

Portanto, este é um salmo de grande intensidade, onde um crente medita
em como Deus o ajudou e antecipa a maneira como precisará da ajuda de Deus
no futuro.

SALMO 51

Antes de considerar esse salmo, é importante ler a inscrição superior:
"Salmo de Davi, quando o profeta Natã veio ter com ele, depois de haver ele
possuído Bate-Seba". Isto se refere a quando Davi seduziu uma mulher jovem,

sua vizinha, esposa de um dos soldados que lutavam na fronte, em uma de suas guerras. Quão insensível foi isso? Aconteceu que Bate-Seba ficou grávida de Davi e o contou ao rei. Por isso, ele arranjou as coisas para que Urias, o marido de Bate-Seba, retornasse da batalha. Enviou uma mensagem dizendo que Urias deveria retornar trazendo uma informação para o rei, aparentemente para prover comunicação entre os oficiais no campo de batalha e o comandante supremo. De fato, essa foi a maneira de Davi conseguir que Urias viesse para casa, pois, se viesse, ele certamente dormiria com sua esposa. Quanto ao tempo do nascimento, ninguém estranharia um adiantamento de um mês ou dois. Aconteceu, porém, que Urias se mostrou tão preocupado com seus colegas na fronte que não pôde nem mesmo ir para casa; por isso, dormiu no jardim do palácio e preparou-se para retornar à batalha no dia seguinte.

Davi sabia que estava enrascado. Por isso, enviou uma mensagem pelas mãos desse homem – uma mensagem selada – para os comandantes da unidade. Deveriam arranjar um conflito, e todos que integravam o pelotão receberiam um tipo de sinal ou código para saberem quando recuar – exceto Urias. Eles tiveram o conflito, o sinal foi dado, todos recuaram e Urias foi morto.

Davi pensou que tinha escapado das consequências de seu erro. Então, quando o profeta Natã o confrontou, Davi se viu nas profundezas da humilhação e vergonha pública. Suas ações foram todas expostas. Que tragédia! No entanto, Davi foi quebrantado, e, em meio ao seu profundo arrependimento, ele escreveu o Salmo 51. Foi isso que ele quis dizer com o sobrescrito: o salmo foi escrito "quando o profeta Natã veio ter com ele, depois de haver ele possuído Bate-Seba".

> *Compadece-te de mim, ó Deus, segundo a tua benignidade; e, segundo a multidão das tuas misericórdias, apaga as minhas transgressões.*
> *Lava-me completamente da minha iniquidade e purifica-me do meu pecado.*
> *Pois eu conheço as minhas transgressões, e o meu pecado está sempre diante de mim.*
>
> Salmo 51.1-3

O Deus que é Inescrutavelmente Sábio

Você já se sentiu assim, quando acordou no meio da noite, e lembrou um mal estúpido ou insano que praticou, e encheu-se de ansiedade e inquietação, querendo desfazer tudo, sem poder faze-lo?

"Meu pecado está sempre diante de mim. Pequei contra ti, contra ti somente, e fiz o que é mau perante os teus olhos, de maneira que serás tido por justo no teu falar e puro no teu julgar" (Sl 51.3-4). Essa é uma afirmação impressionante. Em um nível, você quer dizer que isso não é verdade. Davi pecou contra Base-Seba: ele a seduziu. Davi pecou contra o marido de Bate-Seba: ele o matou depois de dormir com ela. Davi pecou contra a sua própria família: ele os traiu. Davi pecou contra o alto comando militar: ele os corrompeu. Davi pecou contra o povo: não agiu como um rei justo. É difícil pensar contra quem Davi *não* pecou.

No entanto, ele teve a coragem de dizer: "Pequei contra ti, contra ti somente" (51.4). No nível mais profundo, as palavras de Davi falam a verdade exata. O que torna o pecado tão abominável, o que torna o pecado tão ímpio, é precisamente o fato de que ele afronta a Deus. Certamente é horrível quando ofendemos nossos amigos. É terrível quando magoamos outra pessoa. Por isso, quando acordamos no meio da noite com aqueles sentimentos de grande vergonha, não é surpreendente que fiquemos embaraçados por causa do que os nossos amigos pensarão de nós agora, por conta do que dissemos ou fizemos, que foi tão insensível ou cruel. Mas, além de toda essa vergonha horizontal, há uma culpa muito maior da qual raramente nos mostramos conscientes e pela qual raramente nos angustiamos: a culpa diante do Deus vivo. Mas Davi entendeu bem isso. Ele se angustiou por seu pecado porque o viu como ele é aos olhos de Deus: "Pequei contra ti, contra ti somente, e fiz o que é mau perante os teus olhos". O que dá ao pecado o seu tom mais horrível é precisamente o fato de que ele é uma afronta ao Deus que nos criou e nos julgará no último dia. Davi entendeu isso porque entendia os capítulos iniciais de Gênesis. O âmago dos problemas de Eva ou dos problemas de Adão, não foi que eles transgrediram uma pequena regra ou traíram a confiança um do outro; antes, eles detrataram a Deus.

Em qualquer pecado que cometemos, quer seja genocídio, quer seja trapaça em nosso imposto de renda, a parte mais ofendida é sempre Deus. "Pequei contra ti, contra ti somente, e fiz o que é mau perante os teus olhos." Essa é a razão por que, como temos visto desde o começo da narrativa bíblica, aquilo que realmente precisamos ter – embora tenhamos outras coisas – é o perdão *de Deus*, pois, se não o tivermos, não teremos nada.

OUTROS SALMOS

Há muitos outros salmos, é claro. O Salmo 110 fala de alguém que está por vir e que é, ao mesmo tempo, rei e sacerdote. É o capítulo mais frequentemente citado no Novo Testamento. O Salmo 119, o capítulo mais longo da Bíblia, está cheio de ações de graças a Deus; é, também, uma meditação sobre a natureza das palavras de Deus, da autorrevelação de Deus em palavras, da sua lei, seus decretos, seus juízos, seu ensino, sua verdade. É totalmente a respeito do que chamaríamos a Bíblia. Ele nos provê maneiras de pensar sobre o fato de que Deus se comunica; ele fala e nos dá as suas palavras. O Salmo 139 também diz algo a respeito disso. "Que preciosos para mim, ó Deus, são os teus pensamentos! E como é grande a soma deles!" (Sl 139.17).

Este é o Deus que faz seu povo cantar em agradecimento, contrição, petição, lamento e meditação. Considerados juntos, esses salmos indicam o tipo de relacionamento que Deus quer que seu povo tenha com ele. É profundamente autêntico, não o tipo de religião caracterizada por superstição; não é um relacionamento de meros deveres religiosos, importância pessoal e arrogância religiosa, em que tudo disfarça cuidadosamente uma hipocrisia desprezível.

A intensidade dos salmos ressalta que Deus não pode ser enganado por rituais religiosos. Ele quer que os portadores de sua imagem desfrutem de um relacionamento genuíno com ele, o Deus vivo e verdadeiro. Isso é sabedoria.

A LITERATURA DE SABEDORIA

Vários livros constituem a literatura de sabedoria da Bíblia. Veremos brevemente alguns deles.

PROVÉRBIOS

O livro de Provérbios contém um tipo de literatura: muitos provérbios. Muitos desses provérbios não são reflexões isoladas, mas estão ligados tematicamente. Por exemplo, muitos deles giram em torno de duas mulheres metafóricas: a Sabedoria e a Loucura. Estamos seguindo uma ou outra dessas mulheres. A literatura de sabedoria nos força a escolher "este caminho" ou "aquele caminho". Ela comparará as duas coisas e dirá: "Este é o caminho da sabedoria. Este é o caminho da loucura. Assegure-se de seguir o caminho da sabedoria".

No começo do livro, há um provérbio que se repete de várias maneiras: "O temor do SENHOR é o princípio do saber" (Pv 1.7). Um pouco depois: "O temor do SENHOR é o princípio da sabedoria, e o conhecimento do Santo é prudência" (Pv 9.10). O temor em vista nestes versículos não é aquele temor paralisante que um cachorro tem quando você pega o jornal e ele sabe que, sendo dono cruel e arbitrário, você extrairá diversão barata apavorando a pequena criatura. O temor referido nestes versículos é o temor de Deus que reconhece que ele é incomparavelmente santo, reto e justo – e nós não o somos. Deus é nosso juiz e a nossa única esperança. Esse temor é o princípio da sabedoria. Isto é o oposto do que achamos em Salmos 14.1: "Diz o insensato no seu coração: Não há Deus." Um senso correto de como viver debaixo do sol começa com Deus e sua autorrevelação. Isto é o princípio da sabedoria.

JÓ

Um dos livros mais notáveis na coleção de sabedoria da Bíblia é o livro de Jó. Não sabemos quando ele foi escrito, embora provavelmente seja muito antigo. O livro retrata um homem que não era perfeito, mas era admiravelmente bom: muito rico, generoso, atencioso e amável. Ele orava frequentemente por seus dez filhos, para que não cometessem pecado nem fizessem coisas más. Ele era generoso com os pobres. E podia dar este testemunho: "Fiz aliança com meus olhos; como, pois, os fixaria eu numa donzela?" (Jó 31.1). Ele era admiravelmente piedoso, e sua piedade era genuína.

O que Jó não sabia era que, por trás dos acontecimentos, o Diabo, que conhecemos como a serpente em Gênesis 3, fez uma aposta com Deus:

> *Porventura, Jó debalde teme a Deus?*
>
> *Acaso, não o cercaste com sebe, a ele, a sua casa e a tudo quanto tem?*
>
> *A obra de suas mãos abençoaste, e os seus bens se multiplicaram na terra.*
>
> *Estende, porém, a mão, e toca-lhe em tudo quanto tem, e verás se não blasfema contra ti na tua face.*
>
> *Disse o SENHOR a Satanás: Eis que tudo quanto ele tem está em teu poder; somente contra ele não estendas a mão.*
>
> *Jó 1.9-12*

Ondas sucessivas de saqueadores vieram contra as propriedades de Jó: seu gado foi roubado, seus rebanhos foram dizimados, um vendaval destruiu a casa em que os dez filhos de Jó realizavam uma festa e matou a todos. Jó reagiu dizendo: "Nu saí do ventre de minha mãe e nu voltarei; o SENHOR o deu e o SENHOR o tomou; bendito seja o nome do SENHOR!" (Jó 1.21).

Satanás disse a Deus: "Pele por pele, e tudo quanto o homem tem dará pela sua vida. Estende, porém, a mão, toca-lhe nos ossos e na carne e verás se não blasfema contra ti na tua face". Deus respondeu: "Eis que ele está em teu poder; mas poupa-lhe a vida". Logo encontramos Jó sentado em cinza e usando cacos para raspar-se com eles. Quando três amigos vêm para visitá-lo, ficam assentados por uma semana e nada fazem, exceto permanecerem silenciosos – a coisa mais sábia que podiam fazer.

O resto do livro é desenvolvido como um drama. Esses amigos de Jó achavam que dominavam teologia e podiam oferecer a Jó todas as respostas corretas de que ele necessitava.

Em essência, eles disseram: "Jó, você crê que Deus é soberano?"

"Sim."

"Você crê que Deus é justo?"

"Sim."

"Então, se Deus é soberano e justo, e você está sofrendo, a implicação é..."

Jó respondeu: "Sei que Deus é soberano e justo, mas, francamente, eu não mereço isto. Sou um sofredor inocente. Eu não deveria estar sofrendo isto".

"Jó, você sabe o que está dizendo? Está querendo dizer que Deus está cometendo um erro ou que ele está sendo injusto com você?"

"Oh! não! Não estou dizendo isso. Sei que Deus é soberano. Sei que ele é justo. Mas preciso dizer que o sofrimento por que estou passando não é justo."

A discussão se tornou mais intensa, até que os amigos começaram a dizer: "Jó, você não entende. Você cometeu mais pecados do que pode reconhecer – pecados que você cometeu e dos quais não tem conhecimento, mais do que você talvez possa imaginar. Do contrário, você está dizendo realmente que Deus é injusto. O que você tem de fazer é confessá-los, embora não possa mencionar pecados específicos. Confesse-os de modo geral a Deus. Ele o perdoará, e tudo melhorará".

Jó replicou: "Como eu faria isso? Como posso me arrepender de algo que não sei se era errado? Como posso me arrepender e dizer que estou pedindo misericórdia e perdão a Deus, quando penso que não mereço isto? Agir assim me tornaria um mentiroso; e eu pecaria contra Deus. Preciso de um advogado. Desejo ter alguém que fique entre mim e Deus. Isso é o que eu preciso."

A tensão no drama se intensificou. Não explicarei todos os níveis de argumentação. Por fim, Deus entrou em cena, falou com Jó e lhe fez uma série de perguntas retóricas: "Jó, você planejou a neve? Onde você estava quando eu criei o primeiro hipopótamo? Jó, você me deu algum conselho sobre como fixar a constelação de Órion no céu?" No final de dois capítulos destas perguntas retóricas, Jó disse: "Sinto muito. Falei tolices, reivindicando saber mais do que sei". Sabe o que Deus disse? "Cinge agora os lombos como homem; eu te perguntarei, e tu me responderás" (Jó 40.7). Depois, há mais dois capítulos de perguntas retóricas.

Os capítulos que descrevem o discurso de Deus são impressionantes porque, ao final, Deus não deu nenhuma resposta sistemática que solucionaria todo o problema do sofrimento inocente. Todas as perguntas retóricas de Deus se combinam para significar: nós, seres humanos, nem sempre teremos as explicações, mas Deus é maior do que nós, e, às vezes, temos apenas de crer nele. Por fim, Jó se arrependeu (ver 42.1-6), não de pecados imaginários que seus "amigos" achavam que ele precisava confessar, para obter de volta o favor de Deus, e sim de sua tendência presunçosa de insistir em respostas, em vez de crer no Senhor.

No entanto, Deus ressaltou que, no geral, Jó entendeu as coisas corretamente. Sem dúvida, Jó ficou impaciente perto do final da história, mas o desprazer de Deus foi reservado para os três "amigos" que achavam entender tudo sobre Deus.

No fim da história, Deus restaurou a situação de Jó. Isso não deve ser surpreendente. Afinal de contas, no final dos tempos, de acordo com a Bíblia, não somente toda a justiça será feita, mas também nós veremos isso. A restauração da condição de Jó é um tipo de miniatura da história maior, da história mundial sob o controle de Deus: a justiça prevalecerá no final. Isso também é sabedoria.

ECLESIASTES

Em Eclesiastes, Salomão se propõe a achar significado para a vida. Ele se engaja em grandes obras públicas e descobre, em última análise, que isso não tem significado, pois nenhuma delas é permanente. Ele se dedica à sabedoria, à literatura, à erudição e à meditação, mas, depois de algum tempo, descobre que essas coisas também não eram muito satisfatórias. Então, ele se dedica a generosidade, ou ascetismo, ou hedonismo, mais isto e mais aquilo. Por fim, nada satisfaz, nada permanece. Tudo feito aqui é ainda "debaixo do sol". E, no final do livro, quando Salomão olha para trás, considera a sua vida e todas as coisas que tentou fazer para achar prazer, significado e realização, ele conclui:

> *Lembra-te do teu Criador nos dias da tua mocidade, antes que venham os maus dias, e cheguem os anos dos quais dirás: Não tenho neles prazer...*
>
> *De tudo o que se tem ouvido, a suma é: Teme a Deus e guarda os seus mandamentos; porque isto é o dever de todo homem.*
>
> *Porque Deus há de trazer a juízo todas as obras, até as que estão escondidas, quer sejam boas, quer sejam más.*
>
> *Eclesiastes 12.1, 13-14*

Isto quer dizer: o que Salomão descobre no final é uma visão teológica, uma visão do que acontece no fim de tudo. Você tem de viver à luz do final. Isto é sabedoria porque prestaremos contas a este Deus.

CONCLUSÃO

Quando sentimos em nosso coração, à medida que envelhecemos, que tem de haver algo mais – tem de haver algo mais satisfatório, tem de haver algo maior –, estamos certos em dar ouvidos a essa voz que nos deixa meditativos, porque fomos criados para Deus, e nossa alma não tem descanso enquanto não o conhecemos. Essas são as coisas que os livros de sabedoria nos ensinam à medida que o Antigo Testamento avança em antecipação do dia em que a Sabedoria encarnada – ou seja, a Sabedoria em forma de carne – virá, quando haverá uma solução final entre as perfeições que Deus exige em Salmos 1 e o comprometimento da má conduta em nossa própria vida, entre Davi como um homem segundo o coração de Deus e o Davi como um homem ímpio em profunda necessidade da misericórdia de Deus. Uma solução ainda está por vir, e seu nome é Jesus.

7

O Deus

QUE SE TORNA UM SER HUMANO

Até agora, neste livro, me referi apenas infrequentemente àquele grupo de livros que ostentam o nome de seus autores proféticos. Mencionei Isaías uma ou duas vezes e alguns outros profetas, mas isso foi tudo.

Gostaria de ter espaço para explicá-los em pelo menos alguns outros capítulos. Embora estes livros contenham seções que são obscuras, muitas partes dessas profecias estão entre os escritos mais brilhantes e mais intensos da Bíblia. Sem comentá-las e explicar o seu contexto, as seguintes citações ilustram isso:

> *Eu sou o SENHOR, este é o meu nome; a minha glória, pois, não a darei a outrem, nem a minha honra, às imagens de escultura....*
> *Por muito tempo me calei, estive em silêncio e me contive; mas agora darei gritos como a parturiente, e ao mesmo tempo ofegarei, e estarei esbaforido.*
> *Os montes e outeiros devastarei e toda a sua erva farei secar; tornarei os rios em terra firme e secarei os lagos.*
> *Guiarei os cegos por um caminho que não conhecem, fá-los-ei andar*

por veredas desconhecidas; tornarei as trevas em luz perante eles e os caminhos escabrosos, planos. Estas coisas lhes farei e jamais os desampararei.

Tornarão atrás e confundir-se-ão de vergonha os que confiam em imagens de escultura e às imagens de fundição dizem: Vós sois nossos deuses.

Isaías 42.8, 14-17

Quando passares pelas águas, eu serei contigo; quando, pelos rios, eles não te submergirão; quando passares pelo fogo, não te queimarás, nem a chama arderá em ti.

Porque eu sou o SENHOR, *teu Deus, o Santo de Israel, o teu Salvador; dei o Egito por teu resgate e a Etiópia e Sebá, por ti.*

Visto que foste precioso aos meus olhos, digno de honra, e eu te amei, darei homens por ti e os povos, pela tua vida.

Não temas, pois, porque sou contigo; trarei a tua descendência desde o Oriente e a ajuntarei desde o Ocidente.

Isaías 43.2-5

Prouvera a Deus a minha cabeça se tornasse em águas, e os meus olhos, em fonte de lágrimas! Então, choraria de dia e de noite os mortos da filha do meu povo.

Jeremias 9.1

Pareceu-me bem fazer conhecidos os sinais e maravilhas que Deus, o Altíssimo, tem feito para comigo.

Quão grandes são os seus sinais, e quão poderosas, as suas maravilhas! O seu reino é reino sempiterno, e o seu domínio, de geração em geração.

Daniel 4.2-3

> *Vós que converteis o juízo em alosna e deitais por terra a justiça*
>
> *Amós 5.7*

> *Até quando, Senhor, clamarei eu, e tu não me escutarás? Gritar-te--ei: Violência! E não salvarás?*
>
> *Por que me mostras a iniquidade e me fazes ver a opressão? Pois a destruição e a violência estão diante de mim; há contendas, e o litígio se suscita.*
>
> *Por esta causa, a lei se afrouxa, e a justiça nunca se manifesta, porque o perverso cerca o justo, a justiça é torcida.*
>
> *Habacuque 1.2-4*

> *Tomara houvesse entre vós quem feche as portas, para que não acendêsseis, debalde, o fogo do meu altar. Eu não tenho prazer em vós, diz o Senhor dos Exércitos, nem aceitarei da vossa mão a oferta.*
>
> *Mas, desde o nascente do sol até ao poente, é grande entre as nações o meu nome; e em todo lugar lhe é queimado incenso e trazidas ofertas puras, porque o meu nome é grande entre as nações, diz o Senhor dos Exércitos.*
>
> *Malaquias 1.10-11*

Às vezes, estes livros proféticos preservam o conflito espiritual dos próprios profetas. Às vezes, eles predizem o futuro imediato: Assíria invadirá Moabe, mas não será bem sucedida em tomar Jerusalém; a aliança de Judá com o Egito é irresponsável e terá efeito contrário ao esperado. Às vezes, os profetas predizem uma renovação de tudo no final da História, um novo céu e uma nova terra. E, entre estes dois finais profetizados, há profecias que antecipam a vinda de Deus ou o alvorecer de uma nova aliança que ele inaugurará ou a vinda de um novo rei davídico ou a vinda do Servo de Deus não designado por nome.

Temos de pausar por um momento. O capítulo que você está lendo tem o impressionante título de "O Deus que se Torna um Ser Humano". Esse título pressupõe que Deus está sempre nos dizendo, no Antigo Testamento que ele está vindo. E agora ele chega realmente – por tornar-se um ser humano.

Em um sentido, a narrativa do Antigo Testamento estabelece que Deus veio a Abraão e o chamou em sua peregrinação. Deus veio a Moisés e lhe deu certas tarefas. Ele veio a Davi e estabeleceu uma dinastia. No Antigo Testamento, em grandes partes dos livros bíblicos, diz-se repetidamente que Deus está vindo.

Às vezes, a vinda de Deus implica julgamento. As pessoas falavam do "Dia do Senhor", o tempo em que o Senhor viria, como algo maravilhoso, um tempo de avivamento e bênção. Mas, às vezes, Deus falava: "Para que desejais vós o Dia do SENHOR? É dia de trevas e não de luz" (Am 5.18). A vinda do Senhor pode trazer consigo o mais severo juízo. Este juízo se estende além do próprio povo da aliança do Senhor, se estende a todas as nações, porque Deus é soberano sobre tudo. "A justiça exalta as nações, mas o pecado é o opróbrio dos povos" (Pv 14.34). Portanto, nos maiores profetas do Antigo Testamento, Deus promete vir e visitar os babilônios com juízo, ou as cidades pagãs de Tiro e Sidom, com juízo, e assim por diante.

Deus também promete que virá com perdão e esperança. Em algumas dessas passagens, há uma confusão – em retrospectiva, uma confusão intencional – sobre *quem* está vindo. É Deus mesmo ou é o último rei da linhagem de Davi? Vimos brevemente uma destas passagens na profecia de Isaías 9, em palavras que nos são familiares por causa do *Messias* de Handel. Este rei prometido reinará no trono de Davi – mas, como vimos, a profecia diz sobre ele:

> *Porque um menino nos nasceu, um filho se nos deu; o governo está sobre os seus ombros; e o seu nome será: Maravilhoso Conselheiro,*

Deus Forte, Pai da Eternidade, Príncipe da Paz;
para que se aumente o seu governo, e venha paz sem fim sobre o tro-
no de Davi e sobre o seu reino, para o estabelecer e o firmar mediante
o juízo e a justiça, desde agora e para sempre.

Isaías 9.6-7

Nessa passagem, é claro que começamos com o rei davídico, e, repentinamente, ele é chamado de "Deus Forte". Em outras passagens, a direção é invertida: começamos lendo sobre a vinda do próprio Deus, para depois aprendermos que o rei davídico está em foco. Uma das passagens mais notáveis neste sentido é do profeta Ezequiel:

Veio a mim a palavra do SENHOR, dizendo:
Filho do homem, profetiza contra os pastores de Israel; profetiza e
dize-lhes: Assim diz o SENHOR Deus: Ai dos pastores de Israel que se
apascentam a si mesmos! Não apascentarão os pastores as ovelhas?
Comeis a gordura, vestis-vos da lã e degolais o cevado; mas não apas-
centais as ovelhas.
A fraca não fortalecestes, a doente não curastes, a quebrada não
ligastes, a desgarrada não tornastes a trazer e a perdida não buscas-
tes; mas dominais sobre elas com rigor e dureza.
Assim, se espalharam, por não haver pastor, e se tornaram pasto
para todas as feras do campo.
As minhas ovelhas andam desgarradas por todos os montes e por
todo elevado outeiro; as minhas ovelhas andam espalhadas por toda
a terra, sem haver quem as procure ou quem as busque.

Ezequiel 34.1-6

Em seguida, o que Deus diz em essência, de maneiras diferentes, versículo após versículo, é isto: "Eu não somente julgarei os falsos pastores. Eu mesmo me tornarei o pastor de meu povo".

Assim diz o SENHOR *Deus: Eis que eu estou contra os pastores e deles demandarei as minhas ovelhas; porei termo no seu pastoreio, e não se apascentarão mais a si mesmos; livrarei as minhas ovelhas da sua boca, para que já não lhes sirvam de pasto.*

Ezequiel 34.10

Deus prossegue e diz:

Como o pastor busca o seu rebanho, no dia em que encontra ovelhas dispersas, assim buscarei as minhas ovelhas; livrá-las-ei de todos os lugares para onde foram espalhadas no dia de nuvens e de escuridão.

Tirá-las-ei dos povos, e as congregarei dos diversos países, e as introduzirei na sua terra; apascentá-las-ei nos montes de Israel, junto às correntes e em todos os lugares habitados da terra.

Apascentá-las-ei de bons pastos, e nos altos montes de Israel será a sua pastagem; deitar-se-ão ali em boa pastagem e terão pastos bons nos montes de Israel.

Eu mesmo apascentarei as minhas ovelhas e as farei repousar, diz o SENHOR *Deus. A perdida buscarei, a desgarrada tornarei a trazer, a quebrada ligarei e a enferma fortalecerei; mas a gorda e a forte destruirei; apascentá-las-ei com justiça.*

Ezequiel 34.12-16

Em outras palavras: "Todos esses falsos pastores estão apenas arruinando o rebanho. Eu mesmo serei o pastor das ovelhas". Depois de dizer, repetidas vezes – cerca de 25 vezes –, que Deus mesmo pastoreará seu povo, que Deus mesmo fará o trabalho de pastor, ele acrescenta:

Suscitarei para elas um só pastor, e ele as apascentará; o meu servo Davi é que as apascentará; ele lhes servirá de pastor.

Eu, o SENHOR, lhes serei por Deus, e o meu servo Davi será príncipe no meio delas; eu, o SENHOR, o disse.

Ezequiel 34.23-24

De algum modo, a promessa de que Deus mesmo virá e de que um rei davídico virá se funde em uma só.

Outras promessas marcam a literatura do Antigo Testamento. Por exemplo, seis séculos antes de Jesus, o profeta Jeremias relatou que Deus faria uma nova aliança com seu povo (ver Jr 31.31-34). Isso significa que a aliança em vigor, a aliança estabelecida no Sinai, se tornaria a velha aliança. Se a aliança do Sinai é declarada *velha*, em um sentido ou outro, ela fica obsoleta, visto que será substituída pela *nova* aliança.[1] As pessoas que conheciam bem essas Escrituras não podiam deixar de perguntar quando essa nova aliança surgiria, de que maneiras ela preservaria as ênfases da velha aliança e de que maneira as sobrepujaria. Podemos imaginar a excitação, a confusão, a incerteza e a esperança que houve quando, na mesma noite em que foi traído e levado à cruz, Jesus tomou um cálice de vinho, durante a refeição que teve com seus seguidores mais íntimos, e disse: "Este é o cálice da nova aliança no meu sangue derramado em favor de vós" (Lc 22.20). Posteriormente, teremos ocasião de considerar as palavras de Jesus. No momento, basta reconhecermos alguns dos padrões das profecias do Antigo Testamento que apontam para Jesus.

Em várias passagens da profecia de Isaías, Deus faz o anúncio sobre Alguém que ele chama apenas de "meu servo". Por exemplo:

Eis aqui o meu servo, a quem sustenho; o meu escolhido, em quem a minha alma se compraz; pus sobre ele o meu Espírito, e ele promulgará o direito para os gentios.

Não clamará, nem gritará, nem fará ouvir a sua voz na praça.

---

1 Um documento do Novo Testamento subentende isso: Hebreus 8.13.

Não esmagará a cana quebrada, nem apagará a torcida que fumega; em verdade, promulgará o direito.

Não desanimará, nem se quebrará até que ponha na terra o direito; e as terras do mar aguardarão a sua doutrina.

Isaías 42.1-4

Certamente, ele tomou sobre si as nossas enfermidades e as nossas dores levou sobre si; e nós o reputávamos por aflito, ferido de Deus e oprimido.

Mas ele foi traspassado pelas nossas transgressões e moído pelas nossas iniquidades; o castigo que nos traz a paz estava sobre ele, e pelas suas pisaduras fomos sarados.

Todos nós andávamos desgarrados como ovelhas; cada um se desviava pelo caminho, mas o SENHOR fez cair sobre ele a iniquidade de nós todos.

Ele foi oprimido e humilhado, mas não abriu a boca; como cordeiro foi levado ao matadouro; e, como ovelha muda perante os seus tosquiadores, ele não abriu a boca.

Por juízo opressor foi arrebatado, e de sua linhagem, quem dela cogitou? Porquanto foi cortado da terra dos viventes; por causa da transgressão do meu povo, foi ele ferido.

Designaram-lhe a sepultura com os perversos, mas com o rico esteve na sua morte, posto que nunca fez injustiça, nem dolo algum se achou em sua boca.

Todavia, ao SENHOR agradou moê-lo, fazendo-o enfermar; quando der ele a sua alma como oferta pelo pecado, verá a sua posteridade e prolongará os seus dias; e a vontade do SENHOR prosperará nas suas mãos.

Ele verá o fruto do penoso trabalho de sua alma e ficará satisfeito; o meu Servo, o Justo, com o seu conhecimento, justificará a muitos, porque as iniquidades deles levará sobre si.

Isaías 53.4-11

O Deus que se Torna um Ser Humano

É muito impressionante que, antes da vinda de Jesus, mais de 700 anos depois da profecia de Isaías, ninguém entendia claramente que o servo prometido do Senhor seria também o rei davídico, cuja vinda seria, ao mesmo tempo, a visitação de Deus. Em retrospectiva, é fácil percebermos que as peças estão ali. Alguém pode suspeitar que uma das razões por que as pessoas não harmonizavam as peças, era por acharem difícil imaginar como um rei vitorioso e conquistador, da linhagem de Davi, poderia também ser um servo sofredor que, de algum modo, sofreria os tormentos dos condenados, para que estes fossem justificados.

Os componentes do Antigo Testamento seguem juntos.

O NOVO TESTAMENTO

Assim chegamos ao Novo Testamento. Os primeiros quatro livros do Novo Testamento são chamados frequentemente de "evangelhos": Mateus, Marcos, Lucas e João. Embora todos eles comecem de maneira diferente, todos começam com a vinda de Jesus.

O evangelho de Lucas, por exemplo, descreve uma visita angelical a uma jovem chamada Maria, prometendo-lhe uma concepção virginal, de modo que a criança nascida seria chamada Filho de Deus. Em seguida, a história familiar do Natal acontece em Lucas 2.

No evangelho de Mateus, a situação é vista menos da perspectiva de Maria e mais da perspectiva de José. Maria está comprometida a casar-se com José, e ele descobre que ela está grávida. Não esqueça que naquela sociedade, eles não podiam ir para um lugar reservado e ter uma conversinha em que Maria tentaria convencer José de que sua gravidez era um milagre operado pelo poder de Deus e de que ela ainda era virgem. Naqueles dias, você não podia ter esse tipo de conversa fácil sobre questões sexuais, antes de ser casado. Damas de companhia e vigias estavam ao redor em todo o tempo. Mas Deus visitou também a José e insistiu em que aquilo era obra de Deus. Maria ainda era virgem.

Enquanto ponderava nestas coisas, eis que lhe apareceu, em sonho,
um anjo do Senhor, dizendo: José, filho de Davi, não temas receber
Maria, tua mulher, porque o que nela foi gerado é do Espírito Santo.
Ela dará à luz um filho e lhe porás o nome de Jesus, porque ele salva-
rá o seu povo dos pecados deles.

Mateus 1.20-21

Por isso, quando o bebê nascesse, José deveria dar-lhe o nome de Jesus. Jesus é a forma grega da palavra Josué, que significa "Jeová salva". Jeová, você recorda, é o nome de Deus, no Antigo Testamento, associado com "Eu Sou o que Sou". Este Deus salva, Jeová salva. Do quê? José deveria dar ao seu bebê o nome de Jesus, que significa "Jeová salva", porque Jesus salvará seu povo dos pecados deles. Ocorrendo, como o faz, no primeiro capítulo do evangelho de Mateus, esse nome crucial anuncia que o resto do evangelho deve ser lido como o livro em que Jeová salva o seu povo dos pecados deles. Todo capítulo desse evangelho pode ser encaixado nesse tema. Os pecados acumulados desde o tempo da Queda (Gênesis 3) serão tratados.

O que faremos deste Jesus?

JOÃO 1.1-18

O evangelho de João começa de maneira diferente. Não começa com os desenvolvimentos históricos (José, Maria, Belém, a visita dos pastores, etc.). Este evangelho começa pensando no que *significa* a vinda do Filho eterno, a vinda de Deus. Vale a pena separar tempo para ler com atenção os dezoito versículos inicias deste evangelho, chamados, às vezes, o prólogo de João:

No princípio era o Verbo, e o Verbo estava com Deus, e o Verbo era Deus.
Ele estava no princípio com Deus.
Todas as coisas foram feitas por intermédio dele, e, sem ele, nada do
que foi feito se fez.

O Deus que se Torna um Ser Humano

A vida estava nele e a vida era a luz dos homens.

A luz resplandece nas trevas, e as trevas não prevaleceram contra ela.

Houve um homem enviado por Deus cujo nome era João.

Este veio como testemunha para que testificasse a respeito da luz, a fim de todos virem a crer por intermédio dele.

Ele não era a luz, mas veio para que testificasse da luz,

a saber, a verdadeira luz, que, vinda ao mundo, ilumina a todo homem.

O Verbo estava no mundo, o mundo foi feito por intermédio dele, mas o mundo não o conheceu.

Veio para o que era seu, e os seus não o receberam.

Mas, a todos quantos o receberam, deu-lhes o poder de serem feitos filhos de Deus, a saber, aos que creem no seu nome;

os quais não nasceram do sangue, nem da vontade da carne, nem da vontade do homem, mas de Deus.

E o Verbo se fez carne e habitou entre nós, cheio de graça e de verdade, e vimos a sua glória, glória como do unigênito do Pai.

João testemunha a respeito dele e exclama: Este é o de quem eu disse: o que vem depois de mim tem, contudo, a primazia, porquanto já existia antes de mim. Porque todos nós temos recebido da sua plenitude e graça sobre graça.

Porque a lei foi dada por intermédio de Moisés; a graça e a verdade vieram por meio de Jesus Cristo.

Ninguém jamais viu a Deus; o Deus unigênito, que está no seio do Pai, é quem o revelou.

João 1.1-18

Precisamos considerar o pensamento desse prólogo – muito rapidamente, sem dúvida, mas em detalhes suficientes para começarmos a sentir a maravilha e o poder de quem Jesus é e por que ele veio.

O Verbo: a autoexpressão de Deus (Jo 1.1)

Aquele que veio é chamado apenas de "o Verbo": "No princípio era o Verbo , e o Verbo estava com Deus, e o Verbo era Deus" (1.1). Podemos dizer: "No princípio era a autoexpressão de Deus [pois isso é o que "Verbo" sugere neste texto], e esta autoexpressão estava com Deus [ou seja, o companheiro idêntico do próprio Deus], e esta autoexpressão era Deus [ou seja, o "eu" do próprio Deus]". O seu coração começa a palpitar, e sua mente pergunta: "O que é isso? Como você pode pensar nesses termos?" Mas isso é o que o texto diz. Esse "Verbo", que, como você verá num momento, se torna um ser humano, é descrito como o companheiro idêntico de Deus (ele já estava no princípio com Deus) e como o próprio "eu" de Deus (ele *é* Deus!).

Até o termo "Verbo" é uma escolha interessante. Que título ou expressão metafórica deveria ser aplicada a Jesus nos versículos iniciais do evangelho de João? Posso imaginar várias possibilidades correndo pelos pensamentos de João. Mas, em algum ponto, João lembra, por exemplo, que no Antigo Testamento lemos frequentemente expressões como esta: "A *palavra do Senhor* veio ao profeta, dizendo..." Portanto, Deus se revelou por meio de sua *palavra*, na revelação. O apóstolo se lembra talvez de Gênesis 1: Deus *falou*, e o mundo veio à existência ou, de outra maneira: pela *palavra do Senhor*, os céus e a terra foram criados (ver Sl 33.6). Aqui, temos *a palavra* de Deus na criação. Em outros textos, os escritores bíblicos falam sobre Deus enviando a sua *palavra* para curar, ajudar e transformar seu povo (ver, por exemplo, Sl 107.20). O *verbo* de Deus faz todas estas coisas: por sua palavra, Deus revela, cria, transforma. E João pensa consigo mesmo: "Sim, este é o termo apropriado que resume tudo que Jesus é". Ele é a autoexpressão de Deus, a revelação de Deus. Ele é o agente de Deus na criação e veio para salvar e transformar o seu povo.

Agora, chegamos a algo muito importante, algo extraordinariamente importante sobre o Deus presente, o Deus que se revela na Bíblia. Em todo o seu relato, a Bíblia insiste no fato de que há apenas um único Deus, o Deus que é Criador, Sustentador e Juiz de todos os homens. Mas, neste primeiro versículo do evangelho de João, a Bíblia nos diz que a Palavra estava no princípio com Deus; portanto, ele é tão eterno e autoexistente quanto Deus; ele é o companheiro idêntico de Deus, estava "com Deus" desde o princípio, uma equivalência admirável em face do que a Bíblia diz sobre a unicidade de Deus. E ele é o próprio Deus, pois "o Verbo era Deus". De algum modo, esse Verbo é distinguível de Deus (ele estava "com Deus"), mas ele é identificado *como* Deus ("o Verbo era Deus"). Pouco depois, somos informados a respeito de como esse Verbo se torna um ser humano, o ser humano que conhecemos como Jesus. Essa é a razão por que os cristãos afirmam que Jesus é, ao mesmo tempo, distinguível de Deus (companheiro idêntico do próprio Deus), mas totalmente identificado com Deus. Nossa mente fica perplexa com o paradoxo.

De fato, adiantando um pouco o assunto, os cristãos inventaram uma palavra para se referirem a Deus. Este Deus único, afirmamos, é a *Trindade*, o Deus três em um. Não somente o Pai é Deus, e Jesus, o Filho, é Deus, mas também o Espírito Santo é Deus (como veremos). Nenhum cristão, por mais erudito ou sábio que seja, assevera que entende completamente tudo isso. Historicamente, os cristãos têm achado maneiras de falar sobre estas coisas sem cair em contradições tolas. Dizemos, por exemplo, que o Verbo compartilha da mesma "substância" com o Pai, mas é uma "Pessoa" distinta. Também aprendemos a não afirmar que entendemos mais do que realmente entendemos.

A evidência para pensarmos em Deus como Trindade não é construída apenas a partir do primeiro versículo do prólogo de João. Por exemplo, no mesmo evangelho de João achamos diversas passagens que apoiam esse entendimento a respeito de Deus. Em João 5.19, Jesus insistiu em que fazia "somente aquilo que" o Pai fazia – algo que nenhum *mero* humano jamais poderia dizer. No mesmo capítulo, Deus mostra que ele resolveu que todos devem honrar o Filho "do modo por que honram o Pai" (5.23) – algo que não faz sentido se Jesus não é Deus. Em João 8.58, num contexto em que Jesus estava envolvido numa disputa difícil a respeito de quem ele é, Jesus insistiu: "Antes que Abraão existisse, *EU SOU*" (ênfase acrescentada). Visto que Abraão já estava morto havia 2.000 anos, a afirmação de Jesus era que ele existia por quase 2.000 anos além dos trinta anos ou mais de sua existência física. E, o que é mais importante, Jesus tomou para si o nome pelo qual Deus mesmo é conhecido: *Eu sou* ou *Eu sou o que sou.*

Na noite em que Jesus foi traído, ele disse a um de seus seguidores: "Filipe, há tanto tempo estou convosco, e não me tens conhecido? Quem me vê a mim vê o Pai" (Jo 14.9). Isso era ou blasfêmia arrogante da mais alta categoria ou brincadeira de doido ou a pura verdade: o mais perto que os seres humanos chegam de "ver" a Deus, neste mundo caído, é contemplar o Verbo que se fez carne, o próprio Senhor Jesus. Também na noite em que foi traído, Jesus insistiu em que, depois de ressuscitar e voltar para o Pai, ele enviaria o Espírito Santo para ficar no lugar dele mesmo, outro Advogado (ver Jo 14.15-17; 14.25-27; 15.26; 16.7-15). Esse Espírito, esse Advogado enviado da parte do Pai, cumpre diversas funções pessoais: ele ensina, lembra Jesus às pessoas, dá testemunho, convence pessoas, sendo ele mesmo a própria presença do Pai e do Filho. Depois que Jesus ressuscitou dos mortos, um de seus seguidores, um homem chamado Tomé, foi tão impressionado que disse sobre Jesus: "Senhor meu e Deus meu" (Jo 20.28). O fato de que Tomé, um judeu do século I, falou com Jesus dessa maneira nos diz algo bastante notável sobre a compreensão crescente de Tomé a respeito de como o Deus único é um Deus complexo, o que os cristãos chamariam posteriormente de Deus Trino. Não menos notável é o fato de que Jesus aceitou a honra como algo que lhe pertencia por direito – algo que nenhum judeu piedoso do século I faria *se ele não fosse Deus.*

Na verdade, isso nos conduz a duas outras observações. Primeira, desde o tempo da ressurreição de Jesus, os cristãos têm adorado a ele como adoram a Deus. De fato, ao mesmo tempo em que os cristãos se dirigem ao Pai e a Jesus como pessoas distintas, eles adoram o Pai como Deus, Jesus como Deus e o Espírito como Deus. Segunda, essa visão complexa de Deus como a Trindade nos ajuda a compreender o que vimos antes nesse livro: isto é a razão por que, mesmo na eternidade passada, antes que houvesse universo, o Deus da Bíblia, o Deus presente, pode ser visto como um Deus *que ama.* Pois a natureza do amor é que tem de haver um "outro" que possa ser amado! De algum modo, no

O Deus que se Torna um Ser Humano

próprio ser desse Deus único, há a complexidade que preserva amor: o Pai ama o Filho (ver Jo 3.35; 5.20), e o Filho ama o Pai (ver Jo 14.31). Na verdade, o amor entre as pessoas da Divindade (como Deus, a Trindade, é frequentemente chamada) se torna o modelo controlador que determina como os cristãos devem amar uns aos outros (ver Jo 17.24-26).

No entanto, estamos indo além do que podemos. Precisamos considerar em detalhes o resto do prólogo de João.

O QUE JOÃO DIZ SOBRE O VERBO (JO 1.2-13)

Os versículos iniciais de João estão repletos de reflexões intercaladas sobre o Verbo, mas podemos facilmente isolar algumas das mais importantes.

Primeira, a Palavra nos cria. Ele é o agente de Deus na criação. "Todas as coisas foram feitas por intermédio dele, e, sem ele, nada do que foi feito se fez" (Jo 1.3). Isso significa que, se nós, seres humanos, somos criaturas dependentes de Deus, não somos menos dependentes do Verbo.

Segunda, o Verbo nos dá luz e vida. "A vida estava nele e a vida era a luz dos homens. A luz resplandece nas trevas, e as trevas não prevaleceram contra ela" (Jo 1.4-5).

Alguns livros você lê apenas uma vez. Você tem um voo, digamos, para Los Angeles. Então você obtém uma história de detetive em uma livraria do aeroporto. E até chegar em Los Angeles você descobriu quem cometeu o crime. Você decide que aquele não é um livro que deve ser mantido em sua biblioteca, por isso o deixa no bolso do assento à sua frente. Os faxineiros o jogam fora, e você nunca mais o lerá.

Outros livros, é claro, você quer ler mais do que uma vez. São livros nos quais você pode até meditar, talvez pela qualidade da prosa ou do brilhantismo das descrições e caracterizações. Você pode ler esse tipo de livro uma vez por causa do enredo e lê-lo outra vez pelo prazer de todos os outros detalhes. Todo bom autor de narrativa escreve de um modo que aspectos adicionais são descobertos quando o livro é relido.

A pergunta é esta: João escreveu seu evangelho como uma obra descartável para ser lida apenas uma vez? Ou esse evangelho é um tipo de livro que ele desejava fosse lido repetidas vezes, com discernimentos adicionais vindos em cada vez? Penso que podemos mostrar que João escreveu o evangelho esperando que seus leitores achassem novas coisas à medida que continuassem relendo sua obra. A primeira peça de evidência está nos versículos 4 e 5 do primeiro capítulo. Se você lê estes versículos sem ter lido o resto do evangelho (ou seja, tudo que você leu até esta altura foi os versículos 1 a 3), como você entenderá os versículos 4 e 5? O versículo 3 diz: "Todas as coisas foram feitas por intermédio dele, e, sem ele, nada do que foi feito se fez". Isso fala certamente sobre a criação. O versículo 4 diz: "A vida estava nele e a vida era a luz dos homens"; ou seja, ele tinha vida em si mesmo e deu vida a todos os seres humanos. Essa era a luz deles. Antes de Jesus, havia trevas, e ele introduziu a luz. Havia as trevas do nada antes de ele criar tudo; e, depois da criação, havia a luz e a vida. Em outras palavras, você pode entender os versículos 4 e 5 totalmente com relação ao versículo 3; e penso que, se você os estivesse lendo pela primeira vez, essa seria a maneira como você os entenderia.

Mas, depois, você lê os versículos seguintes:

> *Houve um homem enviado por Deus cujo nome era João.*
> *Este veio como testemunha para que testificasse a respeito da luz, a*
> *fim de todos virem a crer por intermédio dele.*
> *Ele não era a luz, mas veio para que testificasse da luz.*
>
> *João 1.6-8*

Você começa a perceber como a "luz" tem agora nuança não de luz física em contraste com o nada que existia antes da criação. Agora, a luz tem uma nuança de revelação ou verdade – luz que é revelada. À medida que você prossegue na leitura do evangelho, o mesmo tipo de associação moral ou reveladora com a luz se tona cada vez mais clara. Assim, lemos: "Os homens amaram mais as trevas do que a luz; porque as suas obras eram más" (3.19).

Os homens escolhem as trevas porque têm medo de se achegar à luz: "Pois todo aquele que pratica o mal aborrece a luz e não se chega para a luz, a fim de não serem arguidas as suas obras. Quem pratica a verdade aproxima-se da luz, a fim de que as suas obras sejam manifestas, porque feitas em Deus" (3.20-21). Nesse contexto, a luz não é a luz da criação; é a luz da revelação, da verdade. Quando você chega a João 8, Jesus diz: "Eu sou a luz do mundo" (8.12).

Agora, volte e releia João 1.4-5: "A vida estava nele e a vida era a luz dos homens. A luz resplandece nas trevas [ou seja, de corrupção e rebelião], e as trevas não prevaleceram contra ela". Agora você tem outro conjunto de nuanças. Aqui, a luz é revelação e verdade da parte de Deus, a verdade que está vencendo as trevas da corrupção e da ignorância moral.

Então, os versículos 4 e 5 deveriam ser lidos à luz do versículo 3 ou à luz dos versículos 6 a 8? Qual é verdadeiro: o Verbo como agente da vida e da luz física no tempo da criação ou o Verbo como aquele que traz revelação e transformação e vence as trevas morais?

Evidentemente, a resposta é que ambas são verdadeiras. *Devemos* ler o texto de ambas as maneiras. Essa foi a maneira como o evangelho de João foi escrito: quanto mais o lemos, tanto mais vemos conexões que estão no texto. A mesma luz que trouxe vida à criação traz vida eterna a este mundo de corrupção e morte.

Terceira, a Palavra nos confronta e nos divide:

A verdadeira luz, que, vinda ao mundo, ilumina a todo homem.
O Verbo estava no mundo, o mundo foi feito por intermédio dele, mas
o mundo não o conheceu.
Veio para o que era seu, e os seus não o receberam.

João 1.9-11

A maioria das pessoas não olhou para Jesus e disse: "Oh! Você está finalmente aqui: a luz do mundo". Muitos ficaram confusos. Alguns ficaram cheios de repulsa, porque, ainda que vissem a luz, ficaram envergonhados em sua presença e preferiram as trevas à luz. Portanto, a vinda de Jesus não garantiu um avivamento universal em que todos se converteram a ele.

Alguns o receberam, creram em seu nome:

> Mas, a todos quantos o receberam, deu-lhes o poder de serem feitos filhos de Deus, a saber, aos que creem no seu nome;
> os quais não nasceram do sangue, nem da vontade da carne, nem da vontade do homem, mas de Deus.
>
> *João 1.12-13*

Essas pessoas não são nascidas apenas do homem. São também nascidas de Deus. (Esse é um tema ao qual retornaremos no próximo capítulo.) Elas são diferentes porque Deus operou nelas algo novo. Há uma nova criação. Há um novo nascimento. Ele está começando algo novo nelas, fazendo que verdadeiramente creiam em quem Jesus é realmente.

O VERBO SE TORNA CARNE (JO 1.14-18)

"E o Verbo se fez carne" (Jo 1.14). Isso significa que o Verbo se tornou ser humano. Isso é o que os cristãos querem dizer quando falam sobre a *encarnação*, literalmente, "o fazer-se carne".

O Verbo se tornou algo que ele não era antes. Ele já existia; foi o agente de Deus na criação, mas agora se torna um ser humano. Este ser humano, como mostram os demais capítulos do evangelho, é Jesus. O evangelho de João não nos diz meramente que o Verbo se vestiu de humanidade ou fingiu ser um homem ou coexistiu com um homem chamado Jesus. Também não pressupõe que tudo de Deus se exauriu em Jesus (pois, assim, Jesus não teria um Pai celestial a quem orar!). A linguagem é estranhamente precisa: o Verbo se tornou carne; o Verbo, sem deixar de ser o Verbo (e, portanto, o companheiro idêntico de Deus e o próprio "eu" de Deus, como vimos), se tornou um ser humano. Não é surpreendente que os cristãos, através dos séculos, se refiram a Jesus como o Deus-homem.

No entanto, o interesse de João na encarnação não é apenas abstrato ou teórico. Imediatamente, ele acrescenta algumas linhas para nos recordar uma passagem do Antigo Testamento que já lemos. Recordar essa passagem do Antigo Testamento nos capacita a entender melhor a *importância* da verdade de que o Verbo se tornou carne. A passagem do Antigo Testamento é Êxodo 32 a 34, que consideramos no capítulo 4. Esses capítulos de Êxodo descrevem o que aconteceu quando Moisés desceu do monte e as pessoas estavam em orgia e idolatria. Moisés orou a Deus e quis ver mais da glória de Deus:

> *Então, ele disse: Rogo-te que me mostres a tua glória.*
>
> *Respondeu-lhe: Farei passar toda a minha bondade diante de ti e te proclamarei o nome do SENHOR; terei misericórdia de quem eu tiver misericórdia e me compadecerei de quem eu me compadecer.*
>
> *E acrescentou: Não me poderás ver a face, porquanto homem nenhum verá a minha face e viverá.*
>
> *Êxodo 33.18-20*

Os versículos que temos diante de nós, em João 1.14-18, reúnem cinco grandes temas desses capítulos de Êxodo. Você sabe o que acontece quando citamos uma parte de um livro ou filme que todos conhecem: toda a cena retorna à nossa mente. Por alguma razão, meu filho tem uma memória admirável no que concerne a filmes; se você apenas lhe mencionar uma pequena parte, ele lhe descreverá alegremente toda a cena. Para pessoas familiarizadas com as Escrituras, como o eram os primeiros leitores do evangelho de João, algo semelhante acontece quando você cita uma linha das Escrituras. Portanto, se você conhece a Bíblia dessa maneira, quando você lê João 1.14-18, sua mente deve retornar a Êxodo 32-34, por causa das cinco alusões especificas que a passagem de João faz à passagem de Êxodo. *E isso é o que esclarece a importância da verdade de que o Verbo se tornou carne.* Permita-me mostrar-lhe.

E o Verbo se fez carne e habitou entre nós, cheio de graça e de verda-
de, e vimos a sua glória, glória como do unigênito do Pai.

João testemunha a respeito dele e exclama: Este é o de quem eu disse: o que
vem depois de mim tem, contudo, a primazia, porquanto já existia antes de
mim. Porque todos nós temos recebido da sua plenitude e graça sobre graça.

Porque a lei foi dada por intermédio de Moisés; a graça e a verdade
vieram por meio de Jesus Cristo.

Ninguém jamais viu a Deus; o Deus unigênito, que está no seio do
Pai, é quem o revelou.

1. Tabernáculo e templo

"E o Verbo se fez carne e *habitou* entre nós" (1.14). A palavra destaca-
da em itálico significa literalmente "tabernaculou entre nós". Não podemos
deixar de lembrar que o tabernáculo foi o que Deus estabeleceu no tempo do
Sinai, um tabernáculo que tinha aquele lugar especial chamado Santo dos Santos, onde somente o sumo sacerdote podia entrar, em favor de si mesmo e de
todo o povo, uma vez por ano, levando o sangue dos sacrifícios. Era o lugar em
que os pecadores se encontravam com Deus, o grande lugar de encontro que
unia um Deus santo e seres humanos rebeldes. O tabernáculo era isso até que
o templo o substituiu. Agora, João nos diz que, quando o Verbo se tornou carne, "ele *tabernaculou* entre nós". Outra vez, no capítulo seguinte de João, Jesus
insistiu em que ele mesmo era o templo final de Deus (ver Jo 2.19-21), o lugar
final de encontro entre os seres humanos e Deus. Era como se ele estivesse
dizendo: "Se rebeldes têm de ser reconciliados com Deus, eles têm de chegar a
Deus por meio do templo que Deus ordenou – eu sou o templo".

2. Glória

"Vimos a sua glória", escreve João, "glória como do unigênito do Pai"
(1.14). Temos visto a *glória* de Cristo? O que foi que Moisés pediu ao Senhor?

O Deus que se Torna um Ser Humano

Então, ele disse: Rogo-te que me mostres a tua glória. Respondeu-
-lhe: Farei passar toda a minha bondade diante de ti.

Êxodo 33.18-19

João aborda este tema de glória em todo o seu livro. Em João 2, por exemplo, quando Jesus realizou o seu primeiro milagre – transformou água em vinho, em um casamento em Caná da Galileia – o evangelho nos diz, no final deste relato, que os discípulos viram a glória de Jesus: "Com este, deu Jesus princípio a seus sinais em Caná da Galileia; manifestou a sua glória, e os seus discípulos creram nele" (2.11). As outras pessoas viram o milagre que Jesus realizou; os discípulos viram a glória de Jesus. Em outras palavras, eles viram que o milagre era um *sinal* que significava algo sobre quem Jesus era; eles viram a glória de Jesus. Este tipo de uso da palavra "glória" é repetido no evangelho de João. Então, chegamos em João 12, onde lemos que Jesus deve manifestar a glória do Pai por ir à cruz (ver 12.23-33). Onde a glória de Deus é mais manifestada? Na bondade de Deus – quando Jesus é "glorificado", levantado entre os homens e pregado na cruz, mostrando a glória de Deus na vergonha, degradação, brutalidade e sacrifício da sua crucificação e, por este meio, retornando à glória que ele compartilhava com o Pai antes que houvesse mundo (ver 17.5).

A manifestação mais espetacular da glória de Deus está num instrumento de tortura sangrento, porque é nele que a bondade de Deus é mais revelada.

É bom cantarmos o coro "Aleluia", do Messias de Handel, mas também devemos cantar "Rude cruz se erigiu como emblema de vergonha e de dor", porque ali Deus manifestou a sua glória em Cristo Jesus, que se tornou nosso tabernáculo, nosso templo, o lugar de encontro entre Deus e os seres humanos.

3. Graça e verdade (amor e fidelidade)

Ainda estamos lendo João 1.14: "O Verbo se fez carne e habitou entre nós, *cheio de graça e de verdade*, e vimos a sua glória, glória como do unigênito do Pai" (ênfase acrescentada).

Quando Deus proclama quem ele é, diante de Moisés, abrigado na caverna, conforme Êxodo 34, ele se descreve de maneiras diferentes. Incluídas entre estas, estão as palavras "grande [ou cheio] em misericórdia [amor] e fidelidade" (34.6). No hebraico, os dois substantivos traduzidos por "misericórdia e fidelidade" são apropriadamente traduzidos por "graça e verdade", que é a maneira como João os traduz. Deus se manifesta não somente como o Deus que pune pecadores, mas também como aquele que é "cheio de graça e de verdade" e perdoa. João, pensando sobre quem é Jesus, este Jesus que manifesta a bondade de Deus, sua glória na cruz, diz que Jesus é "cheio de graça e verdade", a graça e a verdade que o levaram à cruz e pagaram por nossos pecados.

4. Graça e lei

João acrescenta: "Todos nós temos recebido da sua plenitude e graça sobre graça" (1.16). Isso é exatamente o que o texto diz. Mas o que isso significa? Significa "graça em cima de graça" ou "uma graça após outra", como presentes empilhados embaixo de uma árvore de Natal, uma bênção após outra. Significa que todos nós recebemos uma graça em lugar de outra graça já outorgada. O que isso significa? O versículo seguinte nos diz: "Porque a lei foi dada por intermédio de Moisés [o que nos leva de volta a Êxodo 32-34]; a graça e a verdade vieram por meio de Jesus Cristo" (1.17). Em outras palavras, o dom da lei foi uma coisa graciosa, um dom maravilhoso e bom da parte de Deus. Mas a graça e a verdade, por excelência, vieram por meio de Jesus Cristo, não na manifestação de glória dada a Moisés, numa caverna, e sim na manifestação de Jesus e no sacrifício sangrento na cruz. A aliança da lei foi um dom gracioso de Deus, mas agora Jesus introduz uma nova aliança, a graça e verdade final. Isto é uma graça que substitui aquela antiga graça. Está unida a uma nova aliança.

5. Vendo a Deus

"Ninguém jamais viu a Deus", João nos lembra (1.18). Não foi isso que

Deus falou em Êxodo 33? "Não me poderás ver a face, porquanto homem nenhum verá a minha face e viverá" (Êx 33.20). João acrescenta uma exceção: "O Deus unigênito, que está no seio do Pai, é quem o revelou" (Jo 1.18). Você percebe o que esse texto está dizendo? Você quer saber como é Deus? Olhe para Jesus. "Ninguém jamais viu a Deus", e não poderemos ver a Deus em todo o seu esplendor transcendente até o último dia. Mas o Verbo se tornou carne; Deus se tornou um ser humano com o nome de Jesus. E podemos vê-lo. Essa é a razão por que Jesus disse a um de seus discípulos (como vimos antes neste capítulo): "Filipe, há tanto tempo estou convosco, e não me tens conhecido? Quem me vê a mim vê o Pai" (Jo 14.9).

Você quer saber como é o caráter de Deus? Estude a Jesus. Você quer saber como é a santidade de Deus? Estude a Jesus. Você quer saber como é a ira de Deus? Estude a Jesus. Você quer saber como é o perdão de Deus? Estude a Jesus. Você quer saber como é a glória de Deus? Estude a Jesus em todo o seu caminho para aquela cruz ignominiosa. Estude a Jesus.

HISTÓRIA CONCLUSIVA

Concluir com uma história que tenho contado inúmeras vezes pode ajudar-nos a reunir estas coisas. Minha primeira graduação foi em química e matemática na Universidade McGill, em Montreal. Enquanto estudava ali, tornei-me amigo de um paquistanês agradável e cordial. Ele era duas vezes mais velho do que eu. Viera à McGill para obter um Ph.D. em estudos islâmicos. (McGill tinha, e ainda tem, um excelente instituto de estudos islâmicos.) Ele deixara sua esposa e dois filhos no Paquistão e, por isso, estava sozinho. Com o passar do tempo, nos tornamos amigos. Depois de algum tempo, comecei a perceber que ele estava tentando converter-me ao islamismo. Pensei que deveria retornar o favor, mas logo me vi sem profundeza no debate. Ele era um teólogo muçulmano bem treinado, e eu estudava química.

Lembro que, certa noite, caminhava com ele, ao pé do Monte Royal, pela *University Avenue* até a *Pine Avenue*, para tomarmos um ônibus. Ele concordara em ir comigo à igreja. Queria ver como era a igreja. Enquanto caminhávamos, ele me perguntou: "Don, você estuda matemática, não é?"

"Sim."

"Se você tem um copo e acrescenta outro copo, quantos copos você tem?"

Bem, eu estava fazendo alguns cursos de matemática e disse: "Dois".

"Se você tem dois copos e acrescenta outro copo, quantos copos você tem?"

Eu disse: "Três".

"Se você tem três copos e tira um copo, quantos copos você tem?"

Eu disse: "Dois". Até esta altura, eu estava indo bem.

Então, ele disse: "Você crê que o Pai é Deus?"

"Sim." Oh! pude ver onde ele queria chegar.

"Você crê que Jesus é Deus?"

"Sim."

"Você crê que o Espírito Santo é Deus?"

"Sim."

"Então, se você tem um Deus, mais um Deus, mais um Deus, quantos deuses você tem?"

Eu estava estudando química, não teologia. Como eu deveria responder isso? O melhor que pude dizer foi: "Ouça, se você está usando um modelo matemático, então, permita-me responder com um ramo da matemática. Falemos sobre infinitos. Infinito mais infinito mais infinito é igual ao quê? A infinito. Eu sirvo um Deus infinito".

Ele sorriu cordialmente. Esse era o nível de nossa discussão e amizade. Por volta de novembro, ocorreu-me repentinamente que ele nunca lera a Bíblia cristã. Não possuía uma Bíblia e nunca tivera uma em suas mãos. Por isso, comprei uma Bíblia e lhe dei. Ele perguntou: "Onde começo?"

Ele não sabia como a Bíblia se harmonizava. Não sabia sobre o Antigo e o Novo Testamento. Não conhecia o evangelho. E eu não sabia o que lhe sugerir. Então, eu disse: "Por que você não começa pelo evangelho de João?" Mostrei-lhe onde estava, depois de Mateus, Marcos e Lucas.

Ele viera da Ásia e não lia livros da maneira como eu leria. (Quantas páginas posso ler hoje à noite? Quanto mais, melhor!) Não, ele tinha um estilo de leitura que ia devagar, com muitas pausas para reflexão, releitura e questionamento. E a passagem em que ele começaria a pensar era o prólogo de João.

Naquele Natal, eu o trouxe à casa de meus pais, que, naquela época, viviam na parte francesa de nossa capital, Ottawa, em um lugar chamado Hull. Aconteceu que meu pai teve problemas no coração; mamãe e eu gastamos a maior parte de nosso tempo no hospital. Meu querido amigo Muhammad foi deixado sozinho. Perto do final do recesso de Natal, papai se recuperou muito bem. Por isso, eu lhe pedi que me emprestasse o carro e levei Muhammad para ver alguns lugares na capital. Passamos em vários lugares e terminamos nos edifícios do Parlamento. Naqueles dias, havia menos segurança do que há agora. Juntamo-nos a um grupo de excursionistas – trinta pessoas sendo conduzidas pelos edifícios – e seguimos para a rotunda, nos fundos, onde se localiza a biblioteca, para o Senado, a Câmara dos Deputados e para a galeria de retratos dos primeiros ministros do Canadá, desde Sir John A. McDonald em diante.

Por fim, retornamos ao salão central, que é rodeado por alguns pilares largos. No topo de cada pilar, existe um pequeno afresco no qual há uma figura. E o guia explicou, enquanto apontava de uma figura para outra: "Ali está Aristóteles, pois o governo tem de ser baseado em conhecimento. Ali está Sócrates, pois o governo tem de ser baseado em sabedoria. Ali está Moisés, pois o governo tem de ser baseado em lei". Andou por todo o salão. Depois, ele falou: "Alguma pergunta?"

Meu amigo falou prontamente: "Onde está Jesus Cristo?"

O guia fez o que os guias fazem nessas circunstâncias. Apenas dizem: "Não entendi, senhor".

Portanto, Muhammad fez o que estrangeiros fazem nessas circunstâncias. Admitem que foram mal entendidos por causa de seu sotaque carregado e fez sua pergunta mais clara e audivelmente: "Onde está Jesus Cristo?"

Ora, havia três grupos no salão central do Parlamento canadense ouvindo um paquistanês mulçumano perguntar onde estava Jesus. Procurei uma fenda no chão para cair nela. Eu não tinha a menor ideia de onde vinha isso.

Por fim, o guia exclamou: "Por que Jesus deveria estar aqui?"

Muhammad parecia chocado. Tomando uma parte de versículos bíblicos que estivera lendo, ele disse: "Li na Bíblia cristã que a lei foi dada por Moisés e que a graça e a verdade vieram por Jesus Cristo. Onde está Jesus Cristo?"

O guia respondeu: "Não sei nada sobre isso".

Sussurrei comigo mesmo: "Pregue, irmão".

Você percebe como Muhammad viu essa situação? Ele era um mulçumano. Entendeu os fatos sobre um Deus que tinha leis e padrões, opera terrores, julga as pessoas, um Deus que é soberano, santo e poderoso. Muhammad entendeu tudo isso. Mas ele já havia sido cativado por Jesus, cheio de graça e de verdade, que manifesta sua glória profundamente na cruz e se torna o lugar de encontro entre Deus e pecadores, porque ele morreu a morte dos pecadores.

8

O Deus
QUE DÁ O NOVO NASCIMENTO

A narrativa bíblica, como já vimos, estabelece desde os seus capítulos iniciais, em Gênesis, uma grande tensão – que é cósmica em seu escopo, mas desce ao nível do indivíduo. A tensão se alicerça no fato de que Deus criou tudo muito bom. Deus mesmo, o Criador, é diferente da criação, mas tudo que ele fez era inicialmente centrado nele e bom. A natureza do mal é revolução contra este Deus. Em Gênesis 3, vimos que isso é retratado como um desejo obsessivo de desafiar a Deus – de nos tornarmos Deus, usurpar para nós mesmos as prerrogativas que pertencem somente ao Criador. Dessa idolatria procedem todos os males sociais e todos os males horizontais que conhecemos.

Onde todos querem ser o centro do universo, só pode haver conflitos. Sei muito bem que ninguém sai por aí cantando: "Eu sou o centro do universo". Contudo, se eu segurasse sua foto de formatura do ensino médio ou de graduação na faculdade e dissesse: "Aqui está a foto de sua formatura", qual rosto você procuraria primeiro? Ou suponha que você tenha um debate árduo e prolongado (daqueles que raramente nos ocorrem). Você vai embora fervendo. Lembra todas as coisas que poderia e deveria ter dito se apenas tivesse pensado nelas suficientemente rápido. Então, você organiza todas essas coisas enquanto repassa todo o debate em sua mente. Quem vence?

Já fui derrotado em muitos debates, mas nunca perdi uma reprise.

Esses tipos de reflexão são pequenos indicadores de como queremos prevalecer, controlar, ser o centro. Mesmo Deus – se ele existe –, deve servir-me ou, do contrário, acharei outro deus. Em outras palavras, isso é o começo da idolatria.

Se a nossa vida vem de Deus e o vemos agora como nosso inimigo, o que temos, senão morte? Entretanto, ao invés de destruir instantaneamente os rebeldes, o Deus da Bíblia, em sua misericórdia soberana, agiu de maneiras variadas para restaurar grande número de rebeldes. Ele chamou um homem, Abraão, e sua família. Embora eles fossem completamente falhos, Deus começou o processo de criar uma nova humanidade por meio deles, estabelecendo uma aliança ou acordo com eles, uma aliança que antecipava o que Deus faria para salvar homens e mulheres de toda língua, tribo e nação ao redor do mundo. No devido tempo, ele mostrou o que é uma boa lei e como precisa haver sacrifício pelos pecados. Se o resultado inevitável de nossa revolta contra Deus é morte, a justiça de Deus não exigiria algum tipo de morte, mesmo quando Deus perdoasse o pecador? Por isso, testemunhamos o início do sistema de sacrifícios, estabelecido sob a antiga aliança. Deus prometeu, no momento apropriado, um Redentor, um Messias, alguém da linhagem real de Davi. À medida que as promessas se desenvolvem no Antigo Testamento, esse rei davídico é apresentado como uma pessoa que possui mais do que simplesmente os genes de Davi. A Bíblia nos dá vislumbres que recitamos com prazer por ocasião do Natal:

> *Porque um menino nos nasceu, um filho se nos deu; o governo está sobre os seus ombros; e o seu nome será: Maravilhoso Conselheiro, Deus Forte, Pai da Eternidade, Príncipe da Paz;*
> *para que se aumente o seu governo, e venha paz sem fim sobre o trono de Davi e sobre o seu reino, para o estabelecer e o firmar mediante o juízo e a justiça, desde agora e para sempre.*
>
> Isaías 9.6-7

> *Este será grande e será chamado Filho do Altíssimo; Deus, o Senhor, lhe dará o trono de Davi, seu pai.*
>
> *Lucas 1.32*

Um conjunto de textos bíblicos promete um rei que, apesar de ser da linhagem de Davi, é identificado com o próprio Deus. Por isso, vimos algumas das promessas do Antigo Testamento que contemplavam o tempo em que o Verbo, a autoexpressão de Deus, se tornaria um ser humano e viveria por algum tempo entre nós. Ele se tornou carne. Ao se encarnar, ele se tornou aquele que é o perfeito lócus da graça e da verdade. Ninguém jamais viu a Deus, em tempo algum, mas vimos a Jesus. Ele é Deus, que se manifestou a nós. Esta Palavra que se tornou carne tem um nome – e seu nome é Jesus, Jeová salva, pois ele veio para salvar seu povo dos pecados deles.

E qual a implicação disso? Como isso nos ajuda? Ele veio. O Deus presente revelou-se a si mesmo. Então, como exatamente a vinda dele nos ajuda? Admitida a abrangência da narrativa bíblica até aqui, isto é o que precisamos:

1. Precisamos ser reconciliados com Deus.

2. Precisamos ser transformados moralmente, pois, do contrário, continuaremos nos rebelando.

3. Precisamos que todos os efeitos do pecados sejam, de algum modo, revertidos e vencidos. Isso inclui não somente nossos relacionamentos mútuos, mas também a própria morte. Doutro modo, a morte continua vencendo. Esse ainda é um universo decadente. Ainda existe traição, desapontamento, tristeza, sofrimento e morte.

Jesus confronta diretamente todas essas coisas. Em outras palavras, a Bíblia sustenta a prospectiva de uma transformação total. O cristianismo bíblico é muito mais do que simplesmente fazer uma decisão por Cristo, para que tenhamos vidas felizes. Temos de ser verdadeiramente reconciliados com o Deus santo e presente. Nós temos de ser transformados, em certa medida agora mesmo, mas também para o resto de nossa vida, e, por fim, com o tipo de transformação completa que não deixará qualquer sinal de egocentrismo e morte e nos introduzirá em puro deleite na glória e na centralidade de Deus.

Isso é o que consideraremos no resto deste livro. Chegamos ao que os cristãos chamam de "encarnação", o Verbo vestindo-se de carne, Deus se tornando um ser humano, um ser humano judeu do século I, chamado Jesus. Então, de acordo com a Bíblia, como ele satisfaz as necessidades que alistamos?

Pelo menos em parte, ele faz isso por dar-nos o novo nascimento.

APRESENTANDO O NOVO NASCIMENTO

Há várias passagens no Novo Testamento que falam sobre o novo nascimento, mas focalizarei João 3. O evangelho de João é o quarto livro do Novo Testamento. Devemos começar lendo os primeiros quinze versículos de seu terceiro capítulo.

> *Havia, entre os fariseus, um homem chamado Nicodemos, um dos principais dos judeus.*
>
> *Este, de noite, foi ter com Jesus e lhe disse: Rabi, sabemos que és Mestre vindo da parte de Deus; porque ninguém pode fazer estes sinais que tu fazes, se Deus não estiver com ele.*
>
> *A isto, respondeu Jesus: Em verdade, em verdade te digo que, se alguém não nascer de novo, não pode ver o reino de Deus.*
>
> *Perguntou-lhe Nicodemos: Como pode um homem nascer, sendo velho? Pode, porventura, voltar ao ventre materno e nascer segunda vez?*
>
> *Respondeu Jesus: Em verdade, em verdade te digo: quem não nascer da água e do Espírito não pode entrar no reino de Deus.*
>
> *O que é nascido da carne é carne; e o que é nascido do Espírito é espírito.*
>
> *Não te admires de eu te dizer: importa-vos nascer de novo.*

O Deus que Dá o Novo Nascimento

O vento sopra onde quer, ouves a sua voz, mas não sabes donde vem, nem para onde vai; assim é todo o que é nascido do Espírito.

Então, lhe perguntou Nicodemos: Como pode suceder isto? Acudiu Jesus:

Tu és mestre em Israel e não compreendes estas coisas?

Em verdade, em verdade te digo que nós dizemos o que sabemos e testificamos o que temos visto; contudo, não aceitais o nosso testemunho.

Se, tratando de coisas terrenas, não me credes, como crereis, se vos falar das celestiais?

Ora, ninguém subiu ao céu, senão aquele que de lá desceu, a saber, o Filho do Homem [que está no céu].

E do modo por que Moisés levantou a serpente no deserto, assim importa que o Filho do Homem seja levantado,

para que todo o que nele crê tenha a vida eterna.

João 3.1-15

Essa linguagem do novo nascimento: o que ela significa? Tenho idade suficiente para lembrar quando as pessoas dirigiam automóveis Datsun. Eram produzidos pela *Nissan Motor Company*, mas o modelo-base era o Datsun. Então, ao passar dos anos, eles decidiram mudar o nome para *Nissan*, e por toda a América havia *slogans* sobre o "Datsun nascido de novo". Então, o que significa nascer de novo? Uma mudança de nome?

Ou, às vezes, um democrata se torna republicano, ou o contrário; um liberal se torna um conservador, ou vice-versa. Alguém nos meios de comunicação começará a criticar este republicano ou o que quer que seja "nascido de novo".

Não faz muito tempo que um pesquisador de opinião pública chamado Barna fez uma pesquisa sobre pessoas que se autodeclaravam nascidas de novo. Evidentemente, para realizar tal pesquisa, você precisa definir o que significa nascer de novo. Ele definiu uma pessoa nascida de novo como alguém que tinha um compromisso pessoal com Jesus Cristo, um compromisso que é importante para tal pessoa. Para ser incluída no grupo pesquisado, a pessoa tinha de afirmar coisas assim: "Tenho um compromisso pessoal com Jesus. Esse compromisso é importante para mim e creio que irei ao céu quando eu morrer. Confessei meus pecados e aceitei Jesus Cristo como meu Salvador". Depois de realizar sua pesquisa, Barna descobriu, infelizmente, que a moralidade e maneira de viver daqueles que se autoidentificaram como nascidos de novo não difere substancialmente do público geral. Ele descobriu que 26% deles não pensam que o sexo antes do casamento é errado. Eles se divorciam tanto quanto os não cristãos. Esse tipo de pesquisa resultou na publicação de livros como *The Scandal of the Evangelical Conscience: Why Are Christians Living Just Like the Rest of The Word?* (O Escândalo da Consciência Evangélica: Por que os Cristãos Vivem como o Resto do Mundo?),[1] escrito por Ron Sider.

Então, o que é o "novo nascimento" ou a "regeneração"? Significa que você mudou seu nome? Sua filiação partidária? Passou por algum tipo de experiência religiosa?

Nem por um momento estou sugerindo que a pesquisa desses peritos em opinião pública está errada. No nível puramente fenomenológico, ela é, sem dúvida, exata e preocupante. Contudo, para chegar às suas conclusões, a pesquisa abusou horrivelmente da linguagem de "novo nascimento" ou "regeneração" usada pelos escritores do Novo Testamento. Os pesquisadores pensaram mais ou menos assim: acharemos aqueles que fizeram certa profissão de fé evangélica e os reconheceremos como nascidos de novo. Mapearemos a moralidade e a falta de moral deles e, se descobrirmos que a moralidade deles não difere da moralidade das pessoas da cultura geral, seremos forçados a concluir que o novo nascimento não muda radicalmente as pessoas.

Em contraste, o pensamento dos escritores do Novo Testamento é algo assim: o novo nascimento é uma regeneração poderosa, realizada por Deus mesmo, na vida humana; é tão poderosa que os nascidos de novo são *necessa-*

---

1 Ronald J. Sider, *The Scandal of the Evangelical Conscience: Why Are Christians Living Just Like the Rest of The Word?* (Grand Rapids: Baker, 2005).

riamente transformados. A consequência é que os cristãos professos cuja vida é indistinguível da vida dos incrédulos, não têm fundamento bíblico para pensar que nasceram de novo. Os pesquisadores guiam a sua lógica na direção errada.

Na verdade, falar sobre o novo nascimento como se ele fosse primariamente uma metáfora de um compromisso religioso específico é, de certo modo, bizarro. A criança que está preste a nascer não faz um compromisso de sair do ventre de sua mãe. Pelo que sei, é a mãe que faz todo o trabalho e dá à luz o bebezinho. Os pais são a fonte de um novo nascimento. A linguagem de novo nascimento é uma escolha estranha se, de fato, é uma maneira de referir--se ao compromisso daquele que nasceu de novo.

Pelo que sabemos, a palavra "nascer de novo" não era usada (como mostram as fontes) no mundo judaico dos dias de Jesus até que ele criou a expressão. Por isso, é importante tentarmos descobrir o que *ele* queria dizer ao usá-la, se queremos adotar uma teologia do novo nascimento. Procederemos em três pontos desiguais.

O QUE JESUS REALMENTE DISSE SOBRE SER NASCIDO DE NOVO (JOÃO 3.1-10)

O texto bíblico nos apresenta um homem chamado Nicodemos, que é identificado como um fariseu. Isso significa que ele fazia parte de uma ala conservadora do judaísmo do século I. Essa ala do judaísmo era grandemente respeitada na comunidade, no que diz respeito à disciplina, às boas obras e a certo tipo de ortodoxia, embora, às vezes, fosse dado a regras excessivas. No topo de sua filiação religiosa, ele era membro do conselho de governo dos judeus; quase certamente isso se refere ao Sinédrio, o conselho supremo formado de 70 ou 72 homens que governavam o país em sujeição ao domínio romano. Isso significa que Nicodemos pertencia tanto a um partido religioso ou político específico como à elite política. Essa combinação de elite política e elite religiosa o colocava na classe mais elevada em seu país. Jesus o chamou de "mestre em Israel" (Jo 3.10). Esta expressão sugere que Nicodemos era reputado como "*o* mestre de Israel", o distinto professor de teologia. Portanto, ele tinha conexões políticas e religiosas; era também um erudito e mestre. Depois, nesse mesmo evangelho, parece que Nicodemos está conectado com notável riqueza.

Ele foi ao encontro de Jesus à "noite" (Jo 3.2). Por quê? Tem havido muitas sugestões. Talvez ele não quisesse se expor durante o dia. Nicodemos pode ter sentido certo embaraço. Afinal de contas, Jesus era um tipo de mestre itinerante da Galileia, uma região relativamente menosprezada, e tinha um sotaque engraçado. Como Jesus poderia se equiparar com Nicodemos, o distinto mestre de teologia? Por que Nicodemos procuraria um pregador itinerante para obter algum conselho teológico? Eu confesso que não creio nessa teoria. Nicodemos aparece várias vezes nesse evangelho, e, cada vez que é mencionado, ele não se preocupou com o que as pessoas pensavam. Ele possuía um espírito independente. Então, por que Nicodemos foi até Jesus à noite?

Para entendermos o que João queria dizer ao registrar que o encontro se deu à noite, temos de obervar como o próprio João usou o contraste de luz e trevas, noite e dia. Sem dúvida, o encontro aconteceu à noite. João registrou o tempo apenas para acrescentar um detalhe do fato? Certamente, ele fez isso porque gostava de fazer jogo com as polaridades luz/trevas e dia/noite. Vemos um exemplo disso quando, na ocasião da traição de Jesus, ele se despediu de Judas, o homem que o traiu. Ao descrever a saída de Judas, o evangelista João comentou: "E era noite" (Jo 13.30). Era como se João estivesse dizendo: "Ele saiu para as trevas horríveis e para a perdição sem luz e sem qualquer esperança".

Se essa era a conotação de João nessa passagem, o texto está dizendo que, quando Nicodemos veio a Jesus, durante a noite, ele veio com certo tipo de confusão. Ele nem mesmo sabia como se dirigir apropriadamente a Jesus. Nicodemos foi desconcertado por ele. Isso se torna evidente quando lemos o texto. Por um lado, ele se aproximou de Jesus com certo tipo de respeito. É notável que este "mestre" de Israel se dirigiu àquele pregador itinerante com o respeitável "Rabi" (3.2). No entanto, essa maneira de falar não pode ocultar

O Deus que Dá o Novo Nascimento

um vestígio de arrogância. Ele disse: "Rabi, sabemos que és Mestre vindo da parte de Deus; porque ninguém pode fazer estes sinais que tu fazes, se Deus não estiver com ele" (3.2).

Podemos começar perguntando por que Nicodemos usou "nós" ("sabemos"). Não há qualquer indicação de que ele trouxera consigo os seus alunos: "Minha classe e eu, juntos, chegamos a essa conclusão". Não há qualquer indicação de que alguém mais estivesse lá. Dificilmente isso pode ser um "nós" de realeza. Um "nós" editorial, talvez? Depois observaremos que Jesus mesmo atraiu a atenção para esse "nós", levemente pretensioso. É quase impossível evitar a conclusão de que, em todo o respeito formal que Nicodemos mostrou para com Jesus, há um pequeno elemento de autoimportância: "Rabi, nós o temos examinado e observamos que você não é um mestre religioso ordinário. Há inúmeros charlatães por aí, os quais declaram que fazem milagres, mas são fraudulentos, passageiros ou irracionais. Mas observamos o tipo de coisa que você faz e não podemos negar que isso é miraculoso. A única explicação é que isso é de Deus. Por isso, chegamos à conclusão de que você é um mestre vindo da parte de Deus". Este parece ser o significado das palavras de Nicodemos.

Em um sentido, o comentário é louvável. Pelo menos Nicodemos via com honestidade o fenômeno. Não descartou Jesus como um demente ou mais um enganador religioso. O antigo mundo religioso tinha os seus charlatães, e nós temos os nossos. As coisas que Jesus fazia eram superiores, e Nicodemos não descartaria o que era evidente. No entanto, esse "nós" editorial, esse "nós, teólogos", talvez, esse "nós, fariseus", esse "nós, líderes do Sinédrio", parece um tanto pomposo.

Jesus respondeu: "Em verdade, em verdade te digo que, se alguém não nascer de novo, não pode ver o reino de Deus" (Jo 3.3). De que modo isso é uma resposta ao que Nicodemos havia dito? Siga a sequência novamente. Nicodemos dissera: "Sabemos que és Mestre vindo da parte de Deus; porque ninguém pode fazer estes sinais que tu fazes, se Deus não estiver com ele" (3.2); e Jesus respondeu: "Em verdade, em verdade te digo que, se alguém não nascer de novo, não pode ver o reino de Deus" (3.2-3). Qual é a conexão?

Alguns têm sugerido que devemos admitir que algo foi deixado fora do texto, como se a conversa realmente seguisse deste modo: Nicodemos dissera: "Sabemos que você é um mestre vindo da parte de Deus; porque ninguém pode fazer o que você faz, se Deus não estiver com ele. Então, diga-nos: você é aquele que estabelecerá o reino vindouro? Você é aquele que inaugurará, finalmente, o reino de Davi?" Jesus lhe respondeu: "A questão crucial não é se eu iniciarei ou não o reino, *mas* se você está qualificado para entrar nele". No entanto, isso era uma quantidade impressionante de material para que João deixasse fora de seu texto e tivéssemos de reinseri-lo para dar sentido ao fluxo de pensamento da passagem.

Proponho que a conexão da passagem é muito mais simples. Você pode lembrar que em um dos capítulos anteriores, no capítulo 5, mencionei que a noção de "reino" pode ser bem variada, dependendo do contexto. Em termos amplos, o reino de Deus estava relacionado com seu reino dinâmico, com sua autoridade e poder. Às vezes, o reino de Deus era uma referência específica à abrangente soberania de Deus e, às vezes, se referia ao exercício do reino de Deus sobre os israelitas da antiga aliança. Havia uma expectativa geral de que, por fim, um grande descendente de Davi viria e introduziria o reino restaurado e aguardado por muito tempo. E, agora, o que Nicodemos vê? Ele vê Jesus realizando sinais miraculosos que não podiam ser explicados como os truques de alguns charlatões. Ele vê isso como o reino de Deus, o poder de Deus. "Chegamos à conclusão", Nicodemos disse, "de que Deus está com você". Em algum sentido, isso tem de ser o reino de Deus em operação. Nicodemos estava afirmando que vira algo, que discernira, talvez, a chegada do reino prometido. E Jesus lhe disse: "Meu querido Nicodemos, deixe-me falar a verdade. Você não viu esse reino bendito. Você não pode ver o reino de Deus se não nascer de novo. Você pode ver os sinais miraculosos, mas você não entende, realmente, o significado deles. Você não está vendo o reino de Deus, de modo algum". Em outras palavras, o que Jesus estava fazendo, embora cordialmente, era destruir firmemente as pretensões de Nicodemos. Para ver o reino, o reino

O Deus que Dá o Novo Nascimento 179

que Jesus está introduzindo, você tem de nascer de novo, diz Jesus. Essa é a conexão lógica entre os versículos 2 e 3.

Nicodemos respondeu com um pouco de zombaria: "Como pode um homem nascer, sendo velho? Pode, porventura, voltar ao ventre materno e nascer segunda vez?" (3.4). Alguns têm procurado argumentar que com isso, Nicodemos se mostrou um arguto professor de teologia. Ele imaginava, de fato, que Jesus estava sugerindo seriamente que uma pessoa tinha de retornar ao ventre materno e começar tudo de novo? Esse entendimento implica que Nicodemos não pôde perceber uma metáfora que foi proferida para impactá-lo. Ele era tardio e literalista. Mas isso não faz sentido. Nicodemos não era estúpido. Você não podia ser mestre em Israel se não fosse capaz de discernir uma estranha metáfora que lhe fosse dirigida. Penso que Nicodemos estava apenas respondendo a Jesus nos próprios termos de Jesus. Era como se Nicodemos estivesse dizendo: "É fácil prometer uma porção de coisas. Você pode prometer que alguns terão um novo começo; pode prometer satisfação no casamento. Pode dizer: 'Se você quer ficar rico, siga-me'. Você pode prometer todo tipo de coisa, mas o que você está prometendo está além do possível. Você está prometendo demais. Um novo começo? Um novo nascimento? Como alguém pode começar tudo de novo? O tempo não volta para trás, exceto em algumas histórias fictícias. Você não pode retornar ao ventre de sua mãe e ter um novo começo de vida. Você está prometendo demais. Como um homem pode nascer de novo?"

Na realidade, este sentimento não tem sido expresso por inúmeros escritores e poetas no decorrer dos anos? Alfred Lord Tennyson, poeta inglês do século XIX, escreveu: "Oh! que surja em mim um homem/Para que o homem que sou não mais exista". O poeta John Clare escreveu: "Se a vida tivesse uma segunda edição, como eu corrigiria as provas". Mas a vida não tem uma segunda edição. Como você pode começar tudo outra vez por ser nascido de novo? Em essência, Jesus parecia estar dizendo: "O que precisamos é um novo homem e uma nova mulher, e não novas instituições. O que precisamos são novas vidas, e não novas leis. O que precisamos são novas criaturas, e não novos credos. O que precisamos são novas pessoas, e não meras demonstrações de poder. E de sua condição vantajosa, Nicodemos, você não pode realmente ver muito. Você vê a demonstração de poder, mas não vê o reino em nenhum sentido transformador e salvador. Você não entende, de maneira alguma, o que está acontecendo".

"Jesus, você está estimulando o impossível. Não há novo começo. Não há novo nascimento. Você pode ser o Messias, mas agora está prometendo demais."

Mas Jesus não desistirá: "Em verdade, em verdade te digo: quem não nascer da água e do Espírito não pode entrar no reino de Deus" (3.5).

O que Jesus quis dizer com essa expressão mais ampliada: "Nascer da água e do Espírito"? Através das gerações, pessoas têm entendido essa expressão "nascer da água e do Espírito" de muitas maneiras diferentes.

Algumas pessoas acham que a expressão se refere a dois nascimentos: o nascimento natural e algum tipo de nascimento espiritual. "Nascer da água" talvez se refira ao rompimento da água pouco antes do parto. Os dois nascimentos seriam, portanto, o nascimento natural seguido pelo nascimento espiritual. A pessoa teria de nascer da água e do Espírito.

Duvido que esse seja o significado da expressão, em parte porque não tenho sido capaz de achar, em qualquer parte do mundo antigo, lugar em que as pessoas falassem do nascimento natural como o ser nascido da água. Além disso, se comparamos atentamente os versículos 3 e 5, descobriremos um paralelismo crucial que ajudará a explicar a passagem:

> *Em verdade, em verdade te digo que, se alguém não nascer de novo, não pode ver o reino de Deus.*
>
> *João 3.3, ênfase acrescentada*

> *Em verdade, em verdade te digo: quem não nascer da água e do Espírito não pode entrar no reino de Deus.*
>
> *João 3.5, ênfase acrescentada*

O DEUS QUE DÁ O NOVO NASCIMENTO   181

As duas sentenças são correspondentes. O versículo 5 muda "ver" por "entrar", mas a ideia em ambos os casos é semelhante. E o mais importante é que o versículo 5 se move de "nascer de novo" para "nascer da água e do Espírito". Em outras palavras, "nascer de novo" é correspondente a "nascer da água e do Espírito". Portanto, "nascer da água e do Espírito" não sinaliza dois nascimentos, e sim um único nascimento – ou seja, toda a expressão "nascer da água e do Espírito" é correspondente a "nascer de novo" e significa a mesma coisa. Então, o que Jesus estava acrescentando ou explicando sobre "nascer de novo", quando ele o ampliou para "nascer da água e do Espírito"?

Há outro pequeno detalhe que temos de levar em conta antes de concluirmos o que isso significa. No versículo 9, depois de Jesus haver dado sua resposta, Nicodemos ainda não entendeu bem: "Como pode suceder isto?" Jesus respondeu: "Tu és mestre em Israel e não compreendes estas coisas?" (3.10). Já sugeri que "mestre em Israel" era provavelmente um título. Que coisas Nicodemos *devia* ter entendido por ser "mestre em Israel"? O foco de sua especialidade era o que chamamos de Antigo Testamento, os primeiros dois terços da Bíblia, mais um grande conjunto de leis judaicas e outras tradições. A pergunta agora é: onde o Antigo Testamento fala sobre o novo nascimento? Por que Jesus considerou Nicodemos responsável por entender o que ele estava falando?

A realidade é que o Antigo Testamento não fala *explicitamente*, em nenhuma de suas passagens, sobre "novo nascimento".

No entanto, um fato muito interessante é que, em algumas poucas passagens, o Antigo Testamento fala realmente sobre água e Espírito. Em outras palavras, quando Jesus disse: "O nascimento sobre o qual eu falo é da água e do Espírito", ele esperava que Nicodemos compreendesse a linguagem, porque, afinal de contas, ele era mestre em Israel e intimamente familiarizado com o texto do Antigo Testamento.

Há várias passagens do Antigo Testamento nas quais água e Espírito estão ligados, mas talvez a mais impressionante se ache nos escritos de Ezequiel, um profeta do século VI a.C. Em Ezequiel 36, Deus prometeu um tempo em que ele transformaria seu povo. "Aspergirei água pura sobre vós, e ficareis purificados" , indicando uma purificação moral (36.25). "Porei dentro de vós o meu Espírito", indicando a vida e o poder de Deus mesmo (36.27). Portanto, o que quer que seja este novo nascimento, ele está em harmonia com a promessa anunciada por um profeta seis séculos antes, está ligado como o início de uma nova aliança que seria caracterizada por transformação moral (a água aspergida no coração) e pelo poder e vida de Deus para transformar e renovar. Isso era o que Jesus queria dizer quando falou sobre um novo nascimento da água e do Espírito.

Imediatamente, Jesus explicou um pouco mais: "O que é nascido da carne é carne; e o que é nascido do Espírito é espírito. Não te admires de eu te dizer: importa-vos nascer de novo" (Jo 3.6-7). O que Jesus pretendia dizer com esta afirmação era que as coisas produzem aquilo que lhes é idêntico: "Porcos geram porcos; baratas geram baratas; morcegos geram morcegos; espécie produz espécie; carne produz carne. Então, neste mundo, como seres humanos perdidos e egoístas são conectados com a vida de Deus? Essa transformação não é produzida pela seleção natural. Não produzimos uma revolução moral apenas por tentarmos com muito empenho ou por criação seletiva. O que precisamos ter realmente é o que Ezequiel disse: um ato de Deus que nos purifica realmente e nos enche de poder do próprio Deus, do seu Espírito, para que sejamos mudados, transformados. Temos de ter isso, pois, do contrário, não poderemos ser conectados com a vida de Deus. 'O que é nascido da carne é carne; e o que é nascido do Espírito é espírito. Não te admires de eu te dizer: importa-vos nascer de novo'".

Em seguida, Jesus expressou outra analogia que depende, em parte, do fato de que a palavra traduzida por "espírito" pode também significar "vento" em certos contextos. No original, há um trocadilho: "O vento [espírito] sopra onde quer, ouves a sua voz, mas não sabes donde vem, nem para onde vai;

O DEUS QUE DÁ O NOVO NASCIMENTO 183

assim é todo o que é nascido do Espírito [vento]" (3.8). Talvez Jesus e Nicodemos estivessem em pé numa esquina em Jerusalém, e um galho de sicômoro balançasse à brisa da noite ou uma folha seca dançasse pela rua. Jesus, apontando para esses fenômenos tenha dito: "Você vê os efeitos do vento/espírito? Você sabe realmente de onde ele vem?" Mesmo naquela época eles sabiam algo sobre meteorologia, mas não muito – bem menos do que sabemos hoje. Ninguém ficava sentado e pensando: "Deve haver elevada pressão atmosférica no deserto da Arábia. Isso é ciclônico ou anticiclônico? Onde é o limite entre a depressão e a massa de ar de pressão elevada?" Ninguém pensava nesses termos. Mas isso não significa que as pessoas negassem a existência e o poder do vento! Eles viam os efeitos. Talvez não fossem capazes de explicar toda a dinâmica e todas as forças físicas que produziam o vento, mas não podiam negar os efeitos.

E Jesus concluiu, dizendo: "Assim é todo o que é nascido do Espírito" (3.8). Entenda isto: você e eu não podemos explicar toda a mecânica do novo nascimento. Na Bíblia, podemos estudar muitas passagens como essa e outras que falam sobre novo nascimento. Sem dúvida, podemos inferir algumas coisas sobre como o novo nascimento opera. Mas, ao final, não possuiremos uma análise completa de como Deus opera em nós para transformar-nos. *Apesar disso, onde há novo nascimento genuíno, sempre vemos os resultados.* Não os podemos negar. "Assim é todo o que é nascido do Espírito" (3.8). Essa é a razão por que a interpretação de Barna quanto a "nascer de novo" é totalmente sem base. O novo nascimento não aconteceu necessariamente porque "alguém fez um compromisso com Jesus". Onde há o novo nascimento – vindo genuinamente de Deus – vemos transformação. Vemos mudança na vida. Isso não significa que as pessoas atingiram repentinamente a perfeição; no decorrer do tempo, teremos mais crescimento espiritual e falhas cristãs. Mas, onde acontece o novo nascimento, há uma mudança de direção, de origem. Há uma purificação na vida. Há uma transformação. Há o começo da vida com Deus que molda nossa existência em uma nova direção.

"Assim é todo aquele que é nascido do Espírito. E, meu querido Nicodemos, você não pode ver o reino, o poder real de Deus, e não pode entrar nesse reino se não nascer de novo. Isso é o que você precisa ter. Você tem de nascer de novo."

Esta passagem se opõe totalmente àqueles que pensam que o cristianismo é uma questão de rituais, práticas religiosas, misticismo ou moralidade convencional. A Bíblia continua dizendo isso energicamente. O mesmo escritor, João, que relata esse encontro entre Jesus e Nicodemos, também escreveu várias cartas que foram incluídas no Novo Testamento. Em um delas, que chamamos de 1.João, o escritor diz algo assim: "Se você não obedece a Jesus, você não é dele. Você não é um cristão. Se você não ama os irmãos em Cristo, você não nasceu de novo. Se você não vence o mundanismo ao seu redor, sua vida mostra que você nunca experimentou o novo nascimento" (ver 1Jo 2.29; 4.7; 5.4, 18). O novo nascimento indica mais do que uma profissão de fé; indica poder transformador.

No século XVIII, houve um pregador famoso (talvez o mais famoso pregador do mundo ocidental naquele tempo) chamado George Whitefield. Ele era inglês, mas navegou através do Atlântico 13 vezes (cada viagem tomava de seis semanas a três meses). Por isso, ele se tornou um pregador tão famosos nas 13 colônias norte-americanas como o era na Inglaterra. Ele pregou para grandes multidões sem um sistema de som. Ele devia ter pulmões e cordas vocais espetaculares. Pregava muitas vezes sobre este texto: "Importa-vos nascer de novo", até que, finalmente, alguém ficava irritado com ele, encurralava-o e lhe perguntava: "Sr. Whitefield, por que você continua pregando repetidas vezes: 'Você tem de nascer de novo'. Você tem de nascer de novo'?"

"Porque", Whitefield respondia, "você tem de nascer de novo".

Se você não nascer de novo, não entrará nesse reino salvador e transformador de Deus, nesse reino incipiente do Filho de Davi. Aqui está a culminação da história do Antigo Testamento chegando ao seu foco, em Jesus. E, se você ainda não nasceu de novo, não participará desse reino.

Isto foi o que Jesus disse sobre o novo nascimento.

POR QUE JESUS PODIA FALAR SOBRE NASCER DE NOVO (JOÃO 3.11-13)

O que deu a Jesus autoridade para falar dessa maneira?

Em verdade, em verdade te digo que nós dizemos o que sabemos e testificamos o que temos visto; contudo, não aceitais o nosso testemunho.

Se, tratando de coisas terrenas, não me credes, como crereis, se vos falar das celestiais?

Ora, ninguém subiu ao céu, senão aquele que de lá desceu, a saber, o Filho do Homem [que está no céu].

João 3.11-13

Ora, a princípio, essa passagem pode nos parecer um pouco estranha. Você observou que Jesus começou com a primeira pessoa do plural: "*Nós* dizemos o que sabemos e testificamos o que temos visto; contudo, não aceitais o *nosso* testemunho" (3.11, ênfase acrescentada). Depois, no versículo seguinte, ele muda para a primeira pessoa: "Se, tratando de coisas terrenas, não *me* credes, como crereis, se [*eu*] vos falar das celestiais?" (3.12, ênfase acrescentada). Por que Jesus começou com a primeira pessoa do plural?

Suspeito que Jesus fez isso porque estava respondendo Nicodemos em seus próprios termos. Nicodemos havia dito: "Rabi, *sabemos* que és Mestre vindo da parte de Deus". Jesus sorriu ao final da troca de ideias e comentou: "Nicodemos, *nós* também sabemos uma ou duas coisas, porque, francamente, ninguém jamais esteve no céu para descrever o que acontece na sala do trono de Deus. Ninguém jamais retornou para contar-nos. Mas foi de lá que eu vim".

Não se engane: a razão por que Jesus podia falar tão francamente sobre o novo nascimento está fundamentada em uma reivindicação de revelação, ou seja, uma reivindicação de que o seu ensino é revelação procedente de Deus mesmo. Isso não equivale a um teólogo protegendo o seu domínio entre os teólogos que gostam de disputar e escrever livros. Essa é a palavra de alguém que afirmava ter vindo da presença de Deus, o companheiro idêntico a Deus, o próprio ser de Deus – o que é, de fato, exatamente o que vimos no capítulo anterior. Ele é o Verbo de Deus, a autoexpressão de Deus, um com Deus, verdadeiro Deus, na complexidade de um único Deus que se tornou um ser humano. Jesus viera de lá, por isso ele falava com a autoridade de revelação.

Em essência, ele disse: "Nicodemos, se eu tentasse descrever a sala do trono de Deus para você em toda a sua glória espetacular e transcendente, você não teria o menor ideia do que eu lhe estaria falando. Você já tem bastante dificuldade para crer em qualquer coisa quando digo que descrevo as coisas que acontecem na terra – coisas como o novo nascimento". Afinal de contas, este é o lugar onde o novo nascimento acontece. Ele acontece na terra. Isso é o que Jesus queria dizer ao usar a expressão "coisas terrenas". "Se você não crê quando falo de coisas terrenas – coisas que acontecem aqui na terra, como o novo nascimento –, como você creria se eu começasse a descrever as glórias do Deus transcendente?"

Em última análise, para entender o cristianismo, temos de, mais cedo ou mais tarde, aceitar as reivindicações de revelação do cristianismo. O que você faz com Jesus, que reivindica vir de Deus, ser um com Deus, que lhe fala sobre coisas que de outro modo você não poderia saber? Ninguém fez uma viagem até ao céu, anotou as coisas, retornou e fez uma reportagem. Ou isso é verdade, ou isso é a mais completa insensatez, tolice blasfema. Mas você não pode escapar deste pensamento: "Bem, Jesus é um excelente mestre moralizador". A razão por que Jesus podia falar sobre nascer de novo com a autoridade e a confiança que ele mostrou está vinculada à sua identidade. Rejeitar o que ele disse significa negar quem ele é.

COMO JESUS PRODUZ O NOVO NASCIMENTO (JOÃO 3.14-15)

É evidente nesse contexto que a vida eterna, sobre a qual Jesus falou, tem de ser o produto do novo nascimento. Se temos o novo nascimento,

O Deus que Dá o Novo Nascimento

temos a vida, e essa vida é vida *eterna*. Como podemos tê-la? O que Jesus disse nos versículos 14 e 15 pode ter sido mais compreensível para Nicodemos do que a princípio nos parece, porque Nicodemos, com todas as suas fraquezas e virtudes, conhecia realmente o Antigo Testamento. Jesus se referiu a uma passagem do Antigo Testamento sobre a qual algum de nós talvez não saiba nada: "E do modo por que Moisés levantou a serpente no deserto, assim importa que o Filho do Homem seja levantado, para que todo o que nele crê tenha a vida eterna" (Jo 3.14-15).

A passagem referida por Jesus se acha em Números, o quarto livro da Bíblia. E, é claro, Nicodemos deve ter percebido isso de imediato, porque conhecia o Antigo Testamento. É um relato bem curto:

> *Então, partiram [ou seja, os israelitas que haviam saído do Egito, mas ainda não haviam chegado à sua própria terra] do monte Hor, pelo caminho do mar Vermelho, a rodear a terra de Edom, porém o povo se tornou impaciente no caminho.*
>
> *E o povo falou contra Deus e contra Moisés: Por que nos fizestes subir do Egito, para que morramos neste deserto, onde não há pão nem água? E a nossa alma tem fastio deste pão vil.*
>
> *Então, o Senhor mandou entre o povo serpentes abrasadoras, que mordiam o povo; e morreram muitos do povo de Israel.*
>
> *Veio o povo a Moisés e disse: Havemos pecado, porque temos falado contra o Senhor e contra ti; ora ao Senhor que tire de nós as serpentes. Então, Moisés orou pelo povo.*
>
> *Disse o Senhor a Moisés: Faze uma serpente abrasadora, põe-na sobre uma haste, e será que todo mordido que a mirar viverá.*
>
> *Fez Moisés uma serpente de bronze e a pôs sobre uma haste; sendo alguém mordido por alguma serpente, se olhava para a de bronze, sarava.*
>
> *Números 21.4-9*

Isso é tudo que é dito, todo o relato. A natureza da murmuração e do protesto, da reclamação e da lamúria estava ligada a uma profunda insatisfação com Deus. Novamente, se recordamos Gênesis 3, achamos aqui o padrão estabelecido: você faz suas próprias regras, se torna seu próprio Deus, decide o seu destino, não confia em Deus, não se deleita em Deus ou em seu cuidado soberano, nem depende dele para nada, dá orientações a Deus e, se não puder ter as coisas do seu jeito, você lamenta e reclama. Isso significa morte novamente. E eles morreram. Se quisessem escapar da morte provocada pelas serpentes, somente Deus poderia prover a solução. A solução de Deus foi um milagre imediato e evidente. Deus ordenou a Moisés que fizesse uma serpente de bronze e a pendurasse em uma haste. Aqueles que tivessem o veneno deveriam olhar para a serpente de bronze e viveriam. Que estranho! Nada de: "Assegure-se de ter rezado muitas 'Ave Maria'. Assegure-se de que você fez muitas penitências. Aflija-se com muitas chicotadas para mostrar que você está realmente triste. Jejue. Faça uma porção de boas obras". Nada disso.

Era como se Deus estivesse dizendo: "Vocês não aprenderam? Você cometem pecado. Eu lhes dou vida. Você trazem morte e destruição. Eu dou perdão. A única maneira de sair desta sentença de morte não é olharem para si mesmos, e sim usarem a provisão que eu mesmo faço. Olhem para a minha provisão e viverão". Esse é todo o relato.

Um milênio e meio depois, Jesus disse: "E do modo por que Moisés levantou a serpente no deserto, assim importa que o Filho do Homem [uma das maneiras de Jesus se referir a si mesmo] seja levantado". Jesus estava aludindo à sua crucificando em outra haste, outro poste, um poste em forma de cruz, para que aqueles que olhassem para ele, aqueles que cressem nele, vivessem. Como poderia ser de outra maneira? Já vimos que não podemos barganhar com Deus. Não podemos oferecer alguma coisa a Deus e fazer uma troca com ele. Se pessoas são curadas, se pessoas ganham a vida eterna, isso é o resultado da soberana graça de Deus: não há outra maneira. Este ensino é ressaltado frequentemente na Bíblia e foi exemplificado para eles novamente no episódio da serpente de bronze. Ora, esse modelo chega ao seu cumprimento em Jesus.

Em sua cruz, Jesus proveu o meio pelo qual temos o novo nascimento. Por sua morte, temos vida. Por sua crucificação, em uma haste, começamos a vida eterna. O novo nascimento está fundamentado na morte de Jesus. Isso era o que Jesus estava dizendo. Você e eu recebemos o benefício disso não por nos esforçarmos ao máximo ou por sermos ultrarreligiosos, e sim por crermos em Jesus.

CONCLUSÃO

Há muito mais a dizer sobre o que levou Deus a enviar seu Filho, para morrer nossa morte e realizar o nosso novo nascimento. Os versículos seguintes no texto do evangelho de João fundamentam os motivos de Deus em seu insondável amor. Isso é o que exploraremos no capítulo seguinte.

9
O Deus
QUE AMA

Retornaremos brevemente a João 3 e ao relato sobre Nicodemos, mas quero começar este capítulo por refletir, de maneira geral, sobre o amor de Deus.

POR QUE AS PESSOAS ACHAM FÁCIL CRER NO AMOR DE DEUS

Se há algo que o nosso mundo imagina saber a respeito de Deus – se, de algum modo, o nosso mundo crê em Deus – é que ele é um Deus de amor. Isso não foi sempre assim na história da humanidade. Muitas pessoas pensavam nos deuses como seres arbitrários, incompassíveis, caprichosos e até maliciosos. Era por isso que as pessoas tinham de apaziguá-los. Algumas vezes na história da igreja, os cristãos colocaram mais ênfase na ira, na soberania ou na santidade de Deus – temas estes que, em um grau ou outro, são todos bíblicos. O amor de Deus não recebeu tanta atenção. Mas hoje, se de alguma maneira as pessoas creem em Deus, elas acham, em geral, ser mais fácil crer no amor de Deus.

No entanto, sentir-se satisfeito com a noção do amor de Deus tem sido acompanhado por algumas noções superficiais quanto ao significado desse amor. Ocasionalmente, ouvimos pessoas dizerem algo assim: "Não gosto dos cristãos. Isso significa: Deus é amor, e, se todos fossem como Jesus, seria maravilhoso. Jesus disse: 'Não julgueis, para que não sejais julgados'. Se todos fôssemos pessoas que não julgam e fôssemos amáveis como Jesus o foi, o mundo seria um lugar melhor". Nessas palavras, há uma suposição sobre a natureza do amor, não há? O amor não julga. Não condena ninguém. Deixa todos fazerem o que quiserem. Isso é o que o amor *significa*.

É tragicamente verdadeiro que, às vezes, alguns cristãos são incompassíveis – Deus nos ajude nisso. É verdade que Jesus disse: "Não julgueis, para que não sejais julgados" (Mt 7.1). Mas, quando falou isso, ele queria realmente dizer: "Não façam qualquer julgamento moral discriminatório"? Então, por que ele nos deu tantos mandamentos sobre falar a verdade? Esses mandamentos não implicam numa condenação de mentiras e mentirosos? Jesus nos ordenou amar o nosso próximo como a nós mesmos. Isso não constitui, em si mesmo, um julgamento implícito daqueles que não o fazem? De fato, no mesmo texto em que Jesus disse: "Não julgueis, para que não sejais julgados", disse também: "Não deis aos cães o que é santo, nem lanceis ante os porcos as vossas pérolas" (Mt 7.6); e isso significa que alguém deve determinar quem são os porcos.

Em outras palavras, quando Jesus disse algo tão importante como "Não julgueis, para que não sejais julgados", há um contexto que precisa ser entendido. Afinal de contas, Jesus estabeleceu um padrão moral extraordinariamente elevado em sua época. Portanto, se as pessoas acham que "Não julgueis, para que não sejais julgados" significa que Jesus estava abolindo toda moralidade e deixando essas questões com o indivíduo, elas nem começaram a entender quem é Jesus. Ele *condena* realmente o tipo de julgamento arbitrário, cheio de justiça própria e hipócrita. Repetidas vezes, ele condenou vigorosamente esse tipo de julgamento. Mas Jesus em hipótese alguma condena o discernimento moral ou a prioridade da verdade. Em qualquer caso, no amor de Deus e no amor de Jesus há mais do que evitar o julgamento.

Isso significa que, ao pensarmos no amor de Deus, precisamos pensar também nos seus outros atributos – sua santidade, verdade, glória (a manifestação de seu ser e amabilidade espetaculares) e todo os outros – e pensar em como todos eles operam juntos em todo o tempo. Infelizmente, pelo fato de nossa cultura achar fácil crer que Deus é um Deus de amor, desenvolvemos noções do amor de Deus que são preocupantemente superficiais e sentimentais e, quase sempre, alienadas de todo o âmbito dos atributos que fazem de Deus o que ele realmente é – Deus.

CINCO MANEIRAS PELAS QUAIS A BÍBLIA
FALA DO AMOR DE DEUS

Meu livreto *The Difficult Doctrine of the Love of God* (A Difícil Doutrina do Amor de Deus) tenta descrever (entre outras coisas) cinco maneiras diferentes pelas quais a Bíblia fala do amor de Deus. Deixe-me considerá-las rapidamente com você. Insisto em que essas são maneiras pelas quais a Bíblia fala do amor de Deus, e não cinco *tipos* diferentes de amor.

1. Existe o amor de Deus - não sei outra maneira de expressar isso – na Divindade, no Deus trino. A Bíblia fala explicitamente sobre o amor do Pai por seu Filho e o amor do Filho pelo Pai. No capítulo 7, notamos que o evangelho de João, o quarto livro do Novo Testamento, diz que o Pai ama o Filho e confiou todas as coisas às suas mãos (ver Jo 3.35) e determinou que todos honrem o Filho do modo como honram o Pai (ver Jo 5.23). A Bíblia diz, com clareza, que o Pai ama o Filho. Também nos diz, com a mesma clareza, que o Filho ama o Pai e sempre faz o que lhe agrada (Jo 14.31). A razão por que Jesus foi à cruz é, antes de tudo, que ele ama seu Pai e faz a vontade dele. Esse amor na Divindade (o que as pessoas chamam de amor intratrinitário – se Deus pode ser referido como a Trindade, então estamos pensando no amor que flui entre os membros da Divindade, da Trindade) é um amor perfeito. Cada pessoa da Trindade acha a outra gloriosa e perfeitamente amável. Não é como se o Pai dissesse ao Filho: "Sinceramente, você é um caso sem esperança, mas eu amo você". O Filho é perfeitamente

amável, assim como o Pai; e eles amam um ao outro perfeitamente. Esta é uma maneira pela qual a Bíblia fala do amor de Deus.

2. O amor de Deus pode se referir ao seu cuidado geral sobre sua criação. Deus faz nascer seu sol e traz chuvas sobre justos e injustos. Isso quer dizer que o amor de Deus é providencial e não discriminatório. É um amor amoral (e não um amor imoral). Deus sustém tanto os justos como os ímpios. De fato, no Sermão do Monte, Jesus pôde usar o amor providencial de Deus para extrair uma lição moral. Em essência, ele disse: "Se Deus envia o seu sol e sua chuva tanto sobre justos como sobre injustos, por que vocês fazem todas essas distinções terríveis entre os que são amigos e os que são inimigos de vocês, escolhendo amar somente os amigos, enquanto odeiam os inimigos?" (ver Mt 5.44-47). Portanto, há um sentido em que o amor de Deus se estende generosamente a amigos e a inimigos. Esta é uma segunda maneira pela qual a Bíblia fala do amor de Deus.

3. Às vezes, a Bíblia fala sobre o amor de Deus em um sentido moral, convidativo, categórico e anelante. Por isso, no Antigo Testamento, achamos Deus se dirigindo a Israel quando a nação era perversa, e dizendo: "Acaso, tenho eu prazer na morte do perverso? – diz o SENHOR Deus; não desejo eu, antes, que ele se converta dos seus caminhos e viva?" (ver Ez 18.23, 32; 33.11). Ele é esse tipo de Deus.

4. Às vezes, o amor de Deus é seletivo. Escolhe um e rejeita outro. "Amei a Jacó, porém aborreci a Esaú" (Ml 1.2-3). Essa é uma linguagem muito forte. Em passagens notáveis, em Deuteronômio 7 e 10, Deus fez a pergunta retórica sobre a razão *por que* escolhera a nação de Israel. Ele apresentou as possibilidades. Por que eles eram numerosos? Não. Por que eram mais poderosos? Não. Por que eram mais justos? Não. Deus lançou suas afeições sobre eles porque os amou – ou seja, ele os amou porque os amou. Ele não amou as demais nações dessa maneira. No contexto, Deus lançou suas afeições sobre Israel, contrário do que fez às outras nações, porque ele amou Israel. Foi a escolha soberana de Deus.

5. Uma vez que Deus está em conexão com seu povo (em geral, isso

significa que Deus entrou em um relacionamento de aliança com eles), o amor dele é frequentemente apresentado como condicional. Consideremos, por exemplo, o penúltimo livro da Bíblia, chamado Judas, um pequeno livro de uma página. Judas, um meio irmão de Jesus, escreveu: "Guardai-vos no amor de Deus" (Jd 21); e isso mostra que podemos não nos guardar no amor de Deus. Em passagens como essa, há uma condicionalidade moral vinculada a sermos amados por Deus. De fato, há muitas passagens, tanto no Antigo como no Novo Testamento, que nos mostram que o amor de Deus ou o amor de Jesus é, em algum sentido, condicional à nossa obediência. Até os Dez Mandamentos são parcialmente moldados pela condicionalidade. Deus mostra o seu amor, conforme ele mesmo diz, "até mil gerações daqueles que me amam e guardam os meus mandamentos" (Êx 20.6). Portanto, na Bíblia, há contextos em que o amor de Deus é retratado em termos condicionais.

Você percebe quão sutil isso se torna? Inevitavelmente, alguém começa a perguntar como essas maneiras diferentes de falar do amor de Deus se harmonizam. Pensar em analogias humanas pode ajudar-nos nisso. Posso dizer com muita franqueza: "Amo guiar minha motocicleta, amo trabalhar em madeira e amo minha esposa". Mas, se colocar muito frequentemente essas três coisas juntas, na mesma frase, minha esposa, como podemos compreender, não ficará contente. E elas realmente têm peso diferente. Ou eu posso dizer: "Amo incondicionalmente os meus filhos". Tenho uma filha na Califórnia que trabalha com crianças necessitadas. Se em vez disso, ela tivesse se tornado uma prostituta nas ruas de Los Angeles, creio que eu a amaria da mesma maneira. Ela é minha filha. Eu a amo incondicionalmente. Tenho um filho que é um fuzileiro naval. Se, em vez disso, ele começasse a vender heroína nas ruas de Nova Iorque, creio que eu o amaria da mesma maneira. Ele é meu filho. Eu o amo incondicionalmente. Contudo, em outro contexto, quando eram apenas adolescentes aprendendo a dirigir, se eu dissesse a um deles: "Assegure-se de chegar em casa por volta da meia-noite", e eles não chegassem nessa hora, enfrentariam a ira de seu pai. Nesse sentido, meu amor era bem condicional em relação a me obedecerem e trazerem o carro para casa na hora determinada.

Em outras palavras, apesar do fato de que consideramos os mesmos filhos e o mesmo pai, os contextos diferentes mudam o uso da linguagem do amor. Não aconteceu que, em um sentido, o meu amor por eles foi menos incondicional, porque há uma estrutura em que o amor permanece constante. Mas pode haver outra estrutura em que prevalecem acordos e responsabilidades familiares – ou, em termos bíblicos, obrigações da aliança – e nisto as dinâmicas mudam de alguma maneira.

Os cristãos têm sido conhecidos por promoverem chavões como "Deus ama todos da mesma maneira". Falso ou verdadeiro? Depende! Há contextos em que a Bíblia retrata o amor de Deus como moralmente neutro. Ele envia seu sol e sua chuva para justos e injustos; nesse contexto, ele ama a todos igualmente. Mas há outros contextos em que o amor de Deus é afirmado como condicional à nossa obediência; e há outros contextos em que esse amor está fundamentado na escolha soberana de Deus. Nesses contextos, Deus *não* ama todos da mesma maneira.

"Você não pode fazer nada que leve Deus a amá-lo ainda mais." Verdadeiro ou falso? Depende! Em alguns contextos, isso é gloriosa e completamente verdadeiro, porque, em última análise, você não pode fazer por merecer o amor de Deus. Todavia, há contextos diferentes em que o amor de Deus é descrito como condicional. A principal lição a aprendermos nesta conjuntura é que temos de ser cuidadosos para não cometer erros tolos quando lemos o texto bíblico, por tirarmos um versículo do seu contexto, universalizando-o e ignorando a maravilhosa diversidade de maneiras pelas quais a Bíblia fala sobre o amor de Deus.

Aqui temos de retornar ao relato do encontro de Jesus com Nicodemos.

JOÃO 3.16-21

No capítulo anterior, consideramos o dialogo entre Jesus e Nicodemos sobre o assunto do novo nascimento. Vimos que, no final da conversa, Jesus afirmou ter revelação especial. Ele podia falar com autoridade sobre a nossa necessidade de novo nascimento e o seu efeito poderoso e transformador, reconciliando-nos com Deus e redirecionando nossa vida, exatamente porque ele viera do céu. Além disso, para oferecer uma explicação da *base* sobre a qual as pessoas são reconciliadas com Deus, Jesus apresentou uma analogia extraída do Antigo Testamento – Moisés levantou a serpente de bronze em uma haste –, mostrando que todo aquele que crê pode ter a vida eterna nele, Jesus. Isso nos leva a João 3.16-21, que nos fala sobre os motivos de Deus em buscar homens e mulheres com esse poder regenerador:

> *Porque Deus amou ao mundo de tal maneira que deu o seu Filho unigênito, para que todo o que nele crê não pereça, mas tenha a vida eterna.*
>
> *Porquanto Deus enviou o seu Filho ao mundo, não para que julgasse o mundo, mas para que o mundo fosse salvo por ele.*
>
> *Quem nele crê não é julgado; o que não crê já está julgado, porquanto não crê no nome do unigênito Filho de Deus.*
>
> *O julgamento é este: que a luz veio ao mundo, e os homens amaram mais as trevas do que a luz; porque as suas obras eram más.*
>
> *Pois todo aquele que pratica o mal aborrece a luz e não se chega para a luz, a fim de não serem arguidas as suas obras.*
>
> *Quem pratica a verdade aproxima-se da luz, a fim de que as suas obras sejam manifestas, porque feitas em Deus.*
>
> *João 3.16-21*

Deixe-me tirar algumas inferências dessa passagem e de outras relacionadas.

1. Na Bíblia, o fato de que Deus nos ama é simplesmente admirável

]Em geral, não pensamos dessa maneira, mas a Bíblia se deleita em maravilhar-se do amor de Deus. A razão por que não pensamos dessa maneira é dupla: não somente pensamos que Deus *tem de amar* (isso é amplamente aceito em nossa cultura), mas também que "ele tem de amar especialmente a mim, porque sou bom, prestativo e, talvez, atraente. Não bato nas pessoas. Sou uma pessoa decente. É claro que Deus me ama. Quero dizer: não há nada em mim que ele não possa amar, há?" Mas esse pensamento está tão distante do ensino bíblico, que temos de reconsiderá-lo. Permita-me usar uma ilustração que tenho usado às vezes com estudantes universitários.

Bob e Sue caminham pela praia. É o final do ano acadêmico. O sol aqueceu a areia. Eles tiram as sandálias e sentem a areia úmida penetrar entre seus dedos. Ele pega a mão de Sue e lhe diz: "Sue, eu a amo. Eu a amo realmente". O que ele pretende dizer? Talvez queira dizer várias coisas. Pode estar apenas dizendo que seus hormônios estão fervendo e que ele deseja ir para a cama com ela. O mínimo que ele quer dizer é que se sente atraído por ela. Certamente, ele não quer dizer que a acha desagradável, mas que a ama de qualquer maneira. Quando ele diz: "Eu a amo", está dizendo, em parte, que a acha amável. E, se tem algum tipo de propensão romântica, ele talvez dirá: "Sue, a cor de seus olhos – eu poderia mergulhar neles. O cheiro de seu cabelo, as covinhas na sua face, quando sorri – não há nada em você que eu não ame. Sua personalidade – é tão maravilhosa. Você é tão encorajadora. Você deu esse sorriso que pode encher toda uma sala; ele é tão contagiante. Sue, eu a amo". O que isso não significa é: "Sue, com muita franqueza, você é a criatura mais estranha que eu conheço. Seu mau hálito poderia deter uma manada de elefantes desgovernados. Seus joelhos me lembram um camelo aleijado. Você tem a personalidade de Gengis Khan. Você não tem qualquer senso de humor. Você é uma mulher horrível, narcisista, cheia de justiça própria e detestável, mas eu a amo". Quando ele declara seu amor por ela, naquele momento ele está declarando que a acha amável. Isso não é correto?

Ora, é Deus quem aparece em João 3.16: "Deus amou ao mundo". O que ele está dizendo ao mundo? "Mundo, eu o amo"? Está dizendo: "Mundo, a sua personalidade cintilante, sua conversa inteligente, sua hilaridade, seu talento – você é lindo! Eu o amo. Não posso imaginar o céu sem você". É isso que Deus

O DEUS QUE AMA

está dizendo? Em outras palavras, quando Deus diz: "Eu o amo", ele está declarando a natureza amável do mundo? Há muitos psicólogos que usam o amor de Deus exatamente dessa maneira. Se Deus declara: "Eu o amo", isso tem de significar: "Tudo está bem comigo, tudo está bem com você. Deus diz que tudo está bem conosco. Ele nos ama; isso tem de ser porque somos dignos de amor".

Conforme a Bíblia, isso não faz sentido. A palavra "mundo", no evangelho de João, se refere não a um grande lugar onde há muitas pessoas, e sim a uma lugar mau onde há muitas pessoas más. A palavra "mundo", no evangelho de João, se refere à ordem de coisas que Deus criou centrada no homem, mas que se rebelou contra ele em ódio e idolatria, resultando na quebra de relacionamentos, infidelidade e impiedade. Essa é a razão por que já nos primeiros versículos deste evangelho, em uma passagem que examinamos no capítulo 7, o chamado prólogo do evangelho de João (Jo 1.1-18), lemos: "O Verbo estava no mundo, o mundo foi feito por intermédio dele, mas o mundo não o conheceu" (Jo 1.10). É também a razão por que lemos nesta passagem: "O julgamento é este: que a luz veio ao mundo, e os homens amaram mais as trevas do que a luz; porque as suas obras eram más" (Jo 3.19). Ou seja, com a vinda de Jesus, veio a autorrevelação graciosa de Deus, sua revelação, a luz que é boa, limpa e pura – mas as pessoas amam as trevas, e não a luz. Tudo que ela faz é mostrar a sujeira.

No entanto, o texto diz: "Deus amou ao mundo de tal maneira" – este mundo caído e corrompido. É como se Deus estivesse dizendo para o mundo: "No aspecto moral, vocês são pessoas de joelhos aleijados. Vocês são pessoas de mau hálito moral. Vocês são pessoas de personalidade violenta, semelhante à de Gengis Khan. Vocês são odiosos, detestáveis e assassinos. Mas, sabem uma coisa? Eu os amo apesar disso – não porque vocês são dignos de amor, e sim porque eu sou esse tipo de Deus". Essa é a razão por que na Bíblia, depois de Gênesis 3, o amor de Deus é sempre motivo de admiração. O amor de Deus é maravilhoso, surpreendente e, de algumas maneiras, não é como deveria ser. Por que Deus não nos condena, em vez de amar-nos?

2. A MEDIDA DO AMOR DE DEUS POR NÓS É JESUS

"Porque Deus amou ao mundo de tal maneira que deu o seu Filho unigênito" (Jo 3.16). Precisamos entender que o evangelho de João é rico em expressões que falam do amor do Pai pelo Filho e do amor do Filho pelo Pai. Há um maravilhoso capítulo, João 17, que é às vezes chamado de "oração sumo sacerdotal de Jesus". Nesse capítulo, há um tipo de meditação ampliada sobre o fato de que na eternidade passada o Pai amava o Filho com um amor perfeito. E, por sua vez, o Filho amava o Pai com um amor perfeito, além de nossas mais extraordinárias e generosas imaginações.

Já vimos que o Deus presente não precisa de nós. Ele manifestava e gozava de um amor perfeito na eternidade passada. Quando nos criou, nós o desprezamos e quisemos nos tornar igual a ele. Ele resolveu amar, de maneira anelante e convidativa, esse "mundo" (uma expressão favorita de João) perdido e autodestruidor. Em outras passagens, João nos fala sobre o relacionamento peculiar de Deus com seu povo, descrevendo-os como aqueles que o Pai deu ao Filho (ver, por exemplo, Jo 6.37-40). Já vimos que a Bíblia fala de maneiras diferentes sobre o amor de Deus. Nesse contexto imediato, o objeto do amor de Deus é o "mundo" – homens e mulheres, cada etnia, judeus e gentios, todos perdidos em uma determinação ímpia que nos separa do Deus presente – e Deus nos ama apesar disso. É admirável! E a medida deste amor é Jesus, este Jesus que, antes de se tornar Jesus, como o Filho eterno, a Palavra eterna, era um com o Pai num perfeito círculo de amor, na eternidade passada. Agora, o Pai dá o seu Filho por nós. Essa é a maneira como ele escolhe nos amar. Deus dá, em essência, a si mesmo.

De fato, quando dizemos que a medida do amor de Deus por nós é Jesus, queremos, na realidade, dizer duas coisas:

Primeira, quanto custou ao Pai entregar a Jesus? Nós, que somos pais, daríamos *alegremente* nossos filhos para que outras pessoas fossem poupadas da morte? E mesmo esse tipo de amor seria uma troca de uma criança por

O Deus que Ama

outra da mesma categoria, outro ser humano. Mas Deus, o Pai, deu seu Filho em benefício de meras criaturas, ingratas e egocêntricas.

Segundo, que amor Jesus mostra? A medida do amor de Deus por nós é Jesus. Se quisermos ver a plena medida do amor de Deus, observemos a Jesus.

Lembremos diversas ocasiões na vida de Jesus, conforme relatada nos outros textos do Novo Testamento, que falam sobre o amor de Deus ou o amor de Jesus.

Nós vemos a Jesus com um coração tão grande quanto a eternidade, quando ele olhou para uma multidão que parecia sem liderança, espiritualmente vazia e perdida. Ele os chamou de ovelhas sem pastor, e o relato do evangelho nos diz que Jesus se compadeceu deles (ver Mt 9.36).

Nós o vemos com as criancinhas, tomando-as como um tipo de modelo do que os seus discípulos deveriam ser: semelhante a crianças em achegarem-se a Jesus. Criancinhas não se achegam a alguém que está irado. Nos evangelhos, nós as vemos brincando com Jesus e subindo ao colo dele, e ele disse: "Deixai os pequeninos, não os embaraceis de vir a mim" (Mt 19.14).

Ou podemos ler esta maravilhosa passagem de Mateus 12. Jesus citou palavras referentes a ele mesmo extraídas do profeta Isaías (mais de 700 anos antes):

> Eis aqui o meu servo, que escolhi, o meu amado, em quem a minha alma se compraz. Farei repousar sobre ele o meu Espírito, e ele anunciará juízo aos gentios. Não contenderá, nem gritará, nem alguém ouvirá nas praças a sua voz.
> Não esmagará a cana quebrada, nem apagará a torcida que fumega, até que faça vencedor o juízo.
> E, no seu nome, esperarão os gentios.
>
> Mateus 12.18-21

Você pode visualizar essas imagens? Um vela: a chama desaparece, e, em vez de esmagar a vela fumegante, ele a assopra para que volte a chamejar.

Ou imagine uma cana à beira de um lago, um lugar em que melros de asa vermelha se reúnem, e a cana está quebrada – não é muito forte. No entanto, Jesus não a destrói, ele a fortalece. Essas são maneiras poderosas de dizer que o amor é gentil, edificante, compassivo.

Mesmo quando Jesus repreendeu pessoas por causa de seus pecados, usando às vezes linguagem bastante forte (ele disse realmente a algumas pessoas: "Hipócritas... guias cegos... Serpentes, raça de víboras!", em Mateus 23.15-16, 33), no final de sua repreensão nós o vemos chorando pela cidade. Há alguns pregadores na literatura, como Elmer Grant, que são prontos para repreender, mas são hipócritas. Há um tipo de pregação moralizante que denuncia e critica, mas é frustrada pela decadência moral; ela é sempre irada. Nunca é caracterizada por lágrimas de compaixão. Essa insensibilidade de coração nunca caracterizou a Jesus.

Uma das coisas realmente maravilhosas sobre a demonstração do amor de Jesus é a maneira como ele lidava com as pessoas como elas eram, sem uma fórmula única para todos. Ele disse a um jovem rico cujo dinheiro era um deus, que ele tinha de vender todos os seus bens e dar o lucro aos pobres. Mas não foi isso que Jesus disse à mulher samaritana que encontrou à beira de um poço. Ele lhe disse que trouxesse seu marido, mas, é claro, ela não podia fazer isso, pois já tivera cinco maridos, e o homem com que ela vivia não era seu marido. Ela tinha de lidar com a barreira de seus relacionamentos quebrados. O chefe gentio que tinha um filho cuja vida estava ameaçada, a mulher contrita que lavou os pés de Jesus, o apóstolo que duvidou publicamente de Jesus – em todos os casos, o amor do Senhor era não somente profundo, mas também objetivo e abordava com exatidão as necessidades das pessoas.

Igualmente maravilhosa é a maneira como Jesus se dirigiu aos sobrecarregados com os cuidados da vida e disse:

Vinde a mim, todos os que estais cansados e sobrecarregados, e eu vos aliviarei. Tomai sobre vós o meu jugo e aprendei de mim, porque sou

O DEUS QUE AMA

manso e humilde de coração; e achareis descanso para a vossa alma.
Porque o meu jugo é suave, e o meu fardo é leve

Mateus 11.28-30 – ênfase acrescentada

O tema de descaso tem a sua trajetória em toda a Bíblia. Assim como Deus "descansou" no fim da criação, e ordenou, nos Dez Mandamentos, que seu povo descansasse no sábado, o descanso final é garantido em Jesus – um tema expandido posteriormente no Novo Testamento (ver Hebreus 3 e 4). Esse descanso que Deus provê é uma função do amor de Deus por seu povo.

Depois, nós o encontramos na cruz. Você viu o filme *A Paixão de Cristo*, dirigido por Mel Gibson? O filme retratou acuradamente uma porção dos sofrimentos físicos. Açoitado, espancado e fraco, Jesus clamou: "Pai, perdoa-lhes, porque não sabem o que fazem" (Lc 23.34). E aquele tormento físico não foi todo o sofrimento de Jesus. Quando ele tomou a culpa e a punição de outros, experimentou o mais profundo sentimento de abandono do seu Pai celestial (ver Mt 27.45-46).

Para alguns escritores do Novo Testamento, tão comovente foi esse amor de Deus, mostrado em Cristo Jesus, que, frequentemente, eles irromperam em deleite em face desse tema. Podiam estar descrevendo algo, em expressões teológicas precisas, que os levava a pensar na cruz e, subitamente, irrompiam com outra reiteração prazerosa de sua apreensão desse amor. Por exemplo, em uma das cartas de Paulo, uma carta dirigida aos cristãos da Galácia, ele desenvolveu um ensino profundo sobre o que a cruz realizou, o que é a "justificação" (algo que consideraremos no capítulo 11); em seguida, quando mencionou a morte de Jesus, Paulo irrompeu em clamor: "Vivo pela fé no Filho de Deus, que me amou e a si mesmo se entregou por mim" (Gl 2.20). Em outra passagem, quando ele orava por outro grupo de crentes (da cidade de Éfeso), o apóstolo Paulo lhes disse pelo que orava, o que ele pedia a Deus em favor deles. Paulo mencionou uma ou duas coisas e, depois, acrescentou que orava para que eles pudessem "compreender, com todos os santos, qual é a largura, e o comprimento, e a altura, e a profundidade e conhecer o amor de Cristo" (Ef 3.18-19), usando metáforas de espaço para retratar as dimensões ilimitadas do amor de Cristo. Em seguida, ele usou um paradoxo: "Conhecer o amor de Cristo, que excede todo entendimento" (Ef 3.19), ou seja, conhecer este amor que é desconhecível, que é insondável, que excede o conhecimento – conhecê-lo, experimentá-lo. A razão por que Paulo orou por isso, ele disse aos efésios, era que eles fossem "tomados de toda a plenitude de Deus" (Ef 3.19). Esta expressão significa: "Para que sejam tão plenos quanto Deus os tornar, perfeitamente maduros. Vocês não podem ser genuinamente maduros enquanto não estiverem ricamente conscientes de que estão inundados do amor de Deus, expresso em Cristo Jesus. E isso é o que peço em oração por vocês".

A medida do amor de Deus por nós é Jesus.

3. O PROPÓSITO DO AMOR DE DEUS POR NÓS É QUE TENHAMOS VIDA

Considere a linguagem de João 3.16-18:

Porque Deus amou ao mundo de tal maneira que deu o seu Filho unigênito, para que todo o que nele crê não pereça, mas tenha a vida eterna.

Porquanto Deus enviou o seu Filho ao mundo, não para que julgasse o mundo, mas para que o mundo fosse salvo por ele.

Quem nele crê não é julgado; o que não crê já está julgado, porquanto não crê no nome do unigênito Filho de Deus.

João 3.16-18, ênfase acrescentada

Observe os pares: (1) não pereça, mas tenha a vida eterna; 2) não para julgar o mundo, mas para salvar o mundo. Eles são opostos. O propósito do amor de Deus por nós é claro e direcionado. Ocasionalmente, algumas pessoas têm retratado o amor de Deus em Cristo Jesus como se fosse, de algum modo, autossacrificante e sem propósito: Jesus morreu na cruz para provar-nos o quanto nos ama. Há mais de cem anos, certo homem inglês confrontou isso,

O DEUS QUE AMA

dizendo: "Haveria algum sentido em uma pessoa correr para o píer Brighton e gritar: 'Mundo, mundo, mundo, eu o amo! Mostrarei o meu amor por você!'; e, em seguida, pular do final do píer e morrer afogado?" Isso provaria amor ou provaria que tal pessoa perdera seu amor? Isso pode ser triste, mas dificilmente é um exemplo de amor.

Jesus não foi à cruz porque foi uma vítima do destino. Ele não foi à cruz como uma lição abstrata; não foi à cruz como um mero exemplo (embora seja um exemplo). Ele tinha um propósito em ir à cruz. O propósito era *salvar um povo da condenação que permanecia sobre eles*. "Quem crê no Filho tem a vida eterna; o que, todavia, se mantém rebelde contra o Filho não verá a vida, mas *sobre ele permanece* a ira de Deus" (Jo 3.36 – ênfase acrescentada); "O que não crê *já está* julgado" (Jo 3.18 – ênfase acrescentada). Estamos de volta à narrativa bíblica. Jesus não veio para pessoas neutras, condenando arbitrariamente a alguns e salvando a outros. Pelo contrário, ele veio para um povo que já estava condenado. Estamos depois da Queda. Já estamos sob a condenação de Deus. Já somos uma geração perdida e ingrata. O propósito da vinda de Cristo e de sua morte na cruz não é condenar, e sim salvar o mundo (ver 3.17).

Esta passagem não descreve em profundidade como Jesus realiza isso. Outras passagens no evangelho de João deixam isso mais claro. Um poderoso exemplo é João 6. Nela, Jesus disse que ele é o Pão da Vida, e, se não comermos dele, morreremos. Em um nível superficial, a noção de comer Jesus pode soar bem próximo de canibalismo. Outros de nós que são mais inclinados às coisas religiosas podem pensar: "Talvez isso seja uma referência ao sacramento da santa comunhão ou algo semelhante". Originalmente, não era isso que Jesus estava querendo dizer. Não devemos esquecer que, no mundo antigo, quase todos trabalhavam com as mãos ou na agricultura, por isso estavam mais próximos da natureza do que estamos hoje. Se você perguntar hoje a crianças de cinco ou sete anos: "De onde vêm os alimentos?", elas responderão: "Do supermercado" ou de uma rede de supermercados de sua região. Mas, se você perguntasse a crianças do século I de onde vinham os alimentos, elas responderiam: "Das plantas, dos animais, dos peixes". Elas cresciam e apanhavam, elas mesmas, o seu alimento. Por isso, todos sabiam, no século I, que você vive porque a galinha morre. Você vive porque as cenouras foram arrancadas e morreram. Todo o material orgânico que nos alimentam – que temos de ter para não morrermos – deu sua vida por nós, em substituição. Ou ele morre, ou nós morremos.

Talvez em breve pararemos em um restaurante *fast food* e pegaremos um hambúrguer. O que comeremos? Vaca morta, alface morta, tomate morto, cevada morta, trigo morto. Tudo que você comer nessa refeição antes estava vivo, mas agora está morto – exceto alguns minerais como o sal, talvez haja bastante dele na comida. Isso é o que você comerá. Tudo deu a sua vida por você. Ou eles morrem, ou você morre. Ora, é claro que a vaca não se voluntariou. Nem a alface. A ênfase não é natureza voluntária dessa substituição, e sim a sua realidade. Ou nós morremos, ou algo vivo morre para que vivamos. Jesus lançou mão dessa linguagem e disse: "Se vocês não comerem a minha carne, vocês morrerão. Eu morro para que vocês vivam".

O tema principal do Novo Testamento é que Jesus morre uma morte vicária. Ele não merecia morrer. Mas, quando Deus o enviou para fazer a vontade do Pai, ir à cruz e morrer, ele tinha um propósito: morrer *nossa* morte, para que não tenhamos de morrer, para que tenhamos vida eterna. Isso é o que o texto nos diz: "Deus amou ao mundo de tal maneira que deu o seu Filho unigênito... Porquanto Deus enviou o seu Filho ao mundo, não para que julgasse o mundo, mas para que o mundo fosse salvo por ele" (Jo 3.16-17), para que todo aquele que crê em Jesus tenha a vida eterna. Não ingerimos fisicamente este Cristo. Cremos nele, confiamos nele e descobrimos que sua vida se torna nossa, como a nossa morte se torna dele. A vida de Cristo se torna nossa! E grande parte do Novo Testamento se dedica a esclarecer este assunto.

4. A FÉ É O MEIO PELO QUAL CHEGAMOS A GOZAR DESSE AMOR E DESSA VIDA

Considere mais uma vez estes versículos:

Porque Deus amou ao mundo de tal maneira que deu o seu Filho unigênito, para que todo o que nele crê não pereça, mas tenha a vida eterna...

Quem nele crê não é julgado; o que não crê já está julgado [ou seja, o veredito já foi anunciado], porquanto não crê no nome do unigênito Filho de Deus.

João 3.16, 18 – ênfase acrescentada

No capítulo 11, falarei mais extensamente sobre a fé. No momento, basta recordar o que já vimos sobre este assunto: o que vimos no último capítulo. Assim como o povo de Israel foi salvo apenas por olhar, por confiar, por crer na serpente de bronze que Deus provera, assim também nós cremos em Cristo e obtemos vida (ver 3.14-15). O que Jesus deseja que façamos não é impressioná-lo, tentar ganhar a sua atenção ou tentar pagar por nossos pecados. O que ele deseja que façamos é que creiamos nele.

CONCLUSÃO

Terminarei dessa maneira. Se tudo isso é verdade (e, com todo o meu ser, creio que é), então a minha primeira resposta a tudo isso deve ser gratidão, contrição diante de Deus, gratidão pelo que ele fez e fé sincera. Mas, em nosso mundo, há vozes altissonantes argumentando que gratidão diante de Jesus mostra que nosso cristianismo é inferior, superficial, emocional e fraco. Por exemplo, o bispo Sprong, um bispo episcopal que se aposentou recentemente, escreveu:

O que a cruz significa? Como ela deve ser entendida? É claro que o velho padrão de ver a cruz como o lugar em que o preço da queda foi pago é totalmente inapropriado. Além de estimular a culpa, justificando a necessidade de punição divina e causando um sadomasoquismo incipiente que tem persistido com tenacidade incansável através dos séculos, o entendimento tradicional da cruz de Cristo se tornou inoperante em todo nível. Como observei anteriormente, uma deidade que resgata resulta em gratidão, e nunca em humanidade expandida. Gratidão constante, que a história da cruz parece estimular, cria somente fraqueza, infantilidade e dependência.[1]

Essa é uma posição muito comum em nossos dias. Uma das melhores respostas que já vi para essa posição foi dada por John Piper, que disse:

"Sim", bispo Sprong, "uma deidade que resgata resulta em gratidão". Isso é verdadeiro. Não podemos impedir que a misericórdia de Deus faça o que ela faz. Ele nos resgatou de nosso egoísmo e de seu destino horrível, o inferno. Nosso coração não pode deixar de sentir o que sente – gratidão.

Você diz que isso estimula "fraqueza". Não exatamente. Isso estimula sermos fortes de uma maneira que faz Deus parecer bom e nos torna felizes. Por exemplo, Jesus disse ao apóstolo Paulo: "A minha graça te basta, porque o poder se aperfeiçoa na fraqueza". Paulo respondeu: "De boa vontade, pois, mais me gloriarei nas fraquezas, para que sobre mim repouse o poder de Cristo... Porque, quando sou fraco, então, é que sou forte" (2Co 12.9-10). Portanto, a dependência de Paulo o tornou mais forte do que ele seria de outra maneira. Ele era forte com o poder de Cristo.

Você diz que esta "gratidão constante" produz "infantilidade". Não realmente. As crianças não dizem naturalmente "muito obrigado!" Elas vêm ao mundo crendo que o mundo lhes deve tudo que querem. Você tem de extrair "muito obrigado" do coração egoísta de uma criança. Sentir gratidão e expressar isso é frequentemente uma marca de maturidade notável. Temos um nome para pessoas que não se

---

1 John Shelby Sprong, *Jesus for the Non-Religious: Recovering the Divine at the Heart of the Human* (San Francisco: HarperSanFrancisco, 2007), 277.

sentem agradecidas pelo que recebem. Nós as chamamos de ingratas. E todos sabem que elas estão agindo como crianças egoístas. Elas são crianças. Não, bispo Sprong, Deus quer que cresçamos e nos tornemos pessoas maduras, prudentes, sábias e agradecidas. O oposto é infantilidade.

De fato, o oposto é totalmente esquisito. C. S. Lewis, antes de ser um cristão, não gostava da mensagem bíblica de que devemos agradecer e louvar a Deus em todo o tempo. Mas tudo mudou. O que C. S. Lewis descobriu não foi que louvar e agradecer torna as pessoas infantis, e sim que isso as torna saudáveis e amáveis. Ele disse: "As mentes mais humildes e, ao mesmo tempo, as mais equilibradas e capazes louvam mais, enquanto as mentes esquisitas, desajustadas e descontentes louvam menos". Essa é a minha experiência. Quando sou ingrato, sou egoísta e imaturo. Quando transbordo de gratidão, sou saudável, direcionado para os outros, tenho mentalidade de servo, exalto a Cristo e fico cheio de alegria.[2]

Você percebe, terminamos em Cristo. Deus é o tipo de Deus que *nos* busca, e, por isso, terminamos em Cristo. Inúmeros cristãos, através dos séculos, têm testemunhado sobre a maneira como Deus *os* buscou. Há um poema maravilhoso, escrito por Francis Thompson, que fala de Deus como se ele fosse o cão do céu que desceu para caçá-lo. Eis alguns de seus versos:

Fugi dele, de noite e de dia;
Fugi dele, no passar dos anos;
Fugi dele por caminhos de labirintos
De minha própria mente; em meio a lágrimas
Escondi-me dele, sob divertimento incessante.
Corri em busca de esperanças ilusórias

---

2 John Piper, "Ganging Up on Gratitude", Desiring God, November 21, 2007, http://www.desiringgod. org/ResourceLibrary/TasteAndSee/ByDate/2007/2504_Ganging-Up_on_Gratitude/.

E atirei-me, precipitado,
Em trevas titânicas de temores abismais,
Daqueles Pés que me seguiam, seguiam.
Mas, com busca incansável
E ritmo inalterado,
Velocidade deliberada, urgência majestosa,
Eles batem repetidamente – e uma Voz ecoa
Mais insistente do que os Pés –
"Todas as coisas traem a ti, que me trais".[3]

Este é o Deus que ama. Ele é como o cão de caça do céu. E ele é o único que nos dá significado, quando somos restaurados ao Deus vivo. Nosso significado não vem de sermos independentes. Isso pode destruir-nos. Nosso significado não vem de sermos ricos. Isso pode destruir-nos. Em certo sentido, isso é impiedade e, por fim, nos condenará. Nosso significado vem de nutrirmos um correto e bem direcionado relacionamento com o Deus vivo, de sermos peculiar e abundantemente amados por ele. A alternativa é morte – nem sempre tão dramática como outro poeta, Edwin Arlington Robinson, descreve, mas certamente do mesmo tipo:

Quando Richard Cory vinha à cidade,
Nós, na calçada, olhávamos para ele;
Ele era um cavalheiro de alto a baixo,
Bem vestido e imperialmente esbelto.

Estava sempre finamente arrumado,
Era sempre cordial quando falava;
Corações palpitavam sempre que dizia:
"Bom dia", e cintilava quando andava.

---

3 Francis Thompson, "The Hound of Heaven", disponível online em: http://bartelby.net/236/239.html.

Ele era rico – sim, mais rico que um rei,
Admiravelmente versado em toda graça.
Enfim, achávamos que ele era tudo
E nos fazia querer estar no lugar dele.

Saíamos a trabalhar e esperávamos a luz,
Seguíamos sem comida e xingávamos o pão.
E Richard Cory, numa noite calma de verão,
Foi para casa e pôs uma bala em sua cabeça.[4]

Como disse Thompson: "Todas as coisas traem a ti, que me trais".

Ou, mais uma vez, o testemunho de Malcolm Muggeridge, um jornalista excêntrico e brilhante, cujos interesses e comentários incluíam tudo no mundo. Ele era criativo, blasfemo, vitorioso, frustrado e teve uma carreira espetacular. Ele se converteu em idade avançada e escreveu:

Suponho que posso me considerar, ou passar por, um homem relativamente bem sucedido. Frequentemente, as pessoas me olham com admiração nas ruas – isso é fama. Posso facilmente ganhar, com justiça, o suficiente para me qualificar a ser incluído nas camadas mais elevadas do Imposto de Renda Britânico – isso é sucesso. Possuindo dinheiro e um pouco de fama, mesmo os idosos, se eles se importam, podem ter parte nas diversões do momento – isso é prazer. Talvez, em algumas ocasiões, eu disse ou escrevi algo que as pessoas aceitaram a ponto de convencer-me de que aquilo representava um grande impacto em nosso tempo – isso é realização. No entanto, eu lhe digo e rogo que creia em mim: multiplique esses triunfos insignificantes milhares de vezes, ajunte-os todos, e eles são nada – menos do que nada, um impedimento positivo – quando medidos em contraste com

---

4 Edwin Arlington Robinson, "Richard Cory", in *Colleted Poems* (New York: MacMillan, 1921). Disponível online em: www.bartelby.com/233.

um gole da água da vida que Cristo oferece aos espiritualmente se-
dentos, não importando quem ou o que eles sejam. Pergunto a mim
mesmo: o que a vida possui, o que há nas obras do tempo, no passado,
no presente e no por vir, que possa ser equiparado com o refrigério de
beber dessa água?[5]

"Deus amou ao mundo de tal maneira que deu o seu Filho unigênito" (Jo 3.16).

---

5 Malcolm Muggeridge, *Seeing Through the Eye: Malcolm Muggeridge on Faith*, ed. Cecil Kuhne (San Francisco: Ignatius Press, 2005), 97.

10

O Deus

QUE MORRE –
E VIVE NOVAMENTE

Quando você pensa em biografias de pessoas importantes, quer artistas, atletas, cientistas ou políticos, nunca há qualquer sugestão de que eles nasceram para morrer. Se a pessoa não está viva, há sem dúvida alguma menção de sua morte, que pode ser heroica ou comum, demorada ou rápida, acidental ou resultante de envelhecimento – pode ser todos os tipos de coisas. Mas nunca falamos de alguém nascer para morrer. Isso é verdade no que diz respeito a Maomé. É verdade no que diz respeito a Gautama, o Buda. Há histórias sobre a morte deles, mas nenhuma sugere que o propósito do seu nascimento tenha sido morrer.

Essa é razão por que os quatro evangelhos (os primeiros quatro livros do Novo Testamento: Mateus, Marcos, Lucas e João) são tão difíceis de serem classificados. Pessoas escreveram volumes eruditos sobre o gênero de literatura em que eles se enquadram. É uma tragédia? Bem, Jesus ressuscitou dos mortos, e isso não parece trágico. No aspecto literário, os evangelhos são comédia? Eles são de espécie diferente. São muito sérios para serem comédia: a centralidade da cruz, o que foi realizado e a atrocidade bárbara da cruz em meio ao seu esplendor – os evangelhos não podem ser reduzidos a categorias de uma única palavra. Eles são biografias? Isso é talvez o mais próximo que você pode chegar de uma qualificação apropriada. Um evangelho do Novo Testamento é, de algum modo, similar às biografias helenistas do século I, eu suponho. Mas não há outras biografias helenistas do século I em que o enredo diz que morrer é a razão pela qual o personagem central veio. Os evangelhos do Novo Testamento parecem muito diferentes de seus análogos helenísticos do século I.

Você já observou algum dos livros promovidos todo ano na época da Páscoa? Quando a Páscoa se aproxima, os publicadores gostam de destacar o mais recente erudito que escreveu algo sobre o evangelho de Judas, ou evangelho de Tomé, ou algum outro evangelho não incluído na Bíblia. Várias pessoas se unem para dizer: "Estes possuem tanta autoridade como os evangelhos do Novo Testamento. Devemos incorporá-los também à Bíblia. Originalmente, o cristianismo era muito mais aberto; agora, ele se tornou restrito, ortodoxo e fechado. Mas originalmente ele era muito, muito mais aberto. Há muitos evangelhos".

Essa história revisionista não pode realmente resistir a um escrutínio minucioso. Os mais antigos desses supostos evangelhos são da metade do século II, e sua data de redação se estende até 150 ou 200 anos depois. Nenhum deles está conectado com a primeira geração de testemunhas oculares, como os evangelhos canônicos estão (ou seja, os evangelhos de nossa Bíblia) – nenhum deles. Podemos falar mais um pouco sobre isso.

Considere, por exemplo, o evangelho de Tomé. É um pequeno livro de 114 afirmações atribuídas a Jesus e inclui dois minúsculos fragmentos históricos. Isso é tudo. Em outras palavras, é completamente diferente dos evangelhos do Novo Testamento, os quais se direcionam, todos, à cruz e à ressurreição de Cristo. O evangelho de Tomé deixa fora esses acontecimentos cruciais. De fato, no século I as pessoas não falavam em quatro evangelhos: Mateus, Marcos, Lucas e João. Elas falavam sobre uma única mensagem do evangelho: o evangelho de Jesus Cristo, o evangelho de Jesus Cristo *segundo* Mateus, segundo Marcos, segundo Lucas e segundo

João. Há um único evangelho com vários testemunhos que descrevem o que são as boas novas sobre Jesus Cristo e contam a notícia espetacular sobre o Salvador que entrou na História para salvar o seu povo dos pecados deles. Somente mais tarde as pessoas começaram a se referir aos evangelhos mais livremente como "o evangelho *de* Mateus" ou "o evangelho *de* Marcos". No entanto, é importante observar que todos estes quatro livros (Mateus, Marcos, Lucas e João) dizem algo sobre o precursor de Jesus (João Batista, aquele que anunciou Jesus), as origens e o ministério de Jesus (os evangelhos falam extensivamente sobre o que ele fez, o que ele disse, como ele pregava, alguns de seus milagres, suas parábolas, suas afirmações, alguns de seus sermões), e depois, no final, ele foi crucificado e ressuscitou. Toda a história se move em direção à morte de Jesus. Isso é essencial ao enredo de cada livro.

Uma parte importante desse enredo é a maneira como Jesus começou a falar a respeito de como morreria. Em Mateus 16, quando Pedro confessou que Jesus era realmente o Messias prometido, aquele que viera da linhagem de Davi, aquele que eles aguardavam, Jesus disse algo assim: "Sim, vocês sabem, tenho de ir a Jerusalém e sofrer muitas coisas, ser crucificado e ressuscitar ao terceiro dia". Um dos discípulos respondeu em palavras que tinham este sentido: "De modo algum. Isso não pode ser. O personagem davídico prometido, o Messias prometido, é tão poderoso e alguém como você é capaz de fazer milagres. Como eles pararão *você*?" No entanto, Jesus continuou insistindo: ele seria traído e morto. E isto é o âmago do plano de seu Pai celestial. Jesus veio para morrer. Essa é a razão por que cada um dos evangelhos retrata Jesus insistindo em que viera com este propósito.

Entretanto, Jesus acrescentou alguns esclarecimentos estranhos: "Não morrerei como um mártir. Ninguém pode tirar a minha vida de mim. Eu mesmo a entrego. Tenho autoridade para entregá-la e tenho poder de reavê-la" (ver Jo 10.17-18). Ele não se classificou como um mártir, e sim como um sacrifício. Ele não era apenas a vítima de uma conspiração perniciosa ou de um sórdido erro histórico. Ele era um sacrifício voluntário.

É por isso que os evangelhos parecem tão estranhos para aqueles que leem biografias. Não há ninguém semelhante a Jesus. Mesmo quando estava sendo preso e levado para julgamento, seus discípulos questionaram se deviam lançar mão da espada e ferir os agressores. A resposta de Jesus foi: "Acaso, pensas que não posso rogar a meu Pai, e ele me mandaria neste momento mais de doze legiões de anjos? Como, pois, se cumpririam as Escrituras, segundo as quais assim deve suceder?" (ver Mt 26.50-54). Ele não veio para ser resgatado. Jesus veio para ser morto. Ele veio para morrer.

Além disso, nas biografias comuns, uma vez que as pessoas foram colocadas tranquilamente no sepulcro, elas permanecem lá. Jesus, porém, veio para morrer e *ressuscitar*. Esses dois acontecimentos, a morte e a ressurreição de Jesus, são tão centrais para tudo que a Bíblia diz sobre ele e para todo o propósito de sua vinda, que o apóstolo Paulo, escrevendo algumas décadas depois da ressurreição de Jesus, anunciou aos seus leitores, em 1Coríntios 15, que lhes falaria sobre as coisas mais importantes (15.3) – e, primeiramente, ele disse: "Antes de tudo, vos entreguei o que também recebi: que Cristo morreu pelos nossos pecados, segundo as Escrituras" (15.3). Em seguida, Paulo gastou o restante do capítulo falando sobre a ressurreição de Cristo. Estes são assuntos de primeira importância. São a base de tudo na fé, na conduta e no entendimento cristão. Temos de compreender bem isso, pois, do contrário, não temos cristianismo verdadeiro.

Há muitas maneiras de estudarmos a morte e a ressurreição de Jesus. Poderíamos, por exemplo, considerar todos os relatos e alusões à sua morte. O que eu farei é dirigir a atenção para um dos relatos da morte de Jesus, que está em Mateus 27. Depois, mudarei para uma passagem em João que fala sobre a ressurreição de Jesus. Muitas outras coisas mais poderiam ser ditas a respeito destas passagens[1] (e, evidentemente, há várias outras passagens), mas centralizarei esse capítulo nestas duas passagens, a fim de que tenhamos um foco para o que estamos dizendo.

---

1 Incluí uma exposição mais ampla destas duas passagens em meu livro *Escândalo: a Cruz e a Ressurreição de Jesus* (São José dos Campos, SP: Fiel, 2011).

AS IRONIAS DA CRUZ (MT 27.27-51)

O relato da morte de Jesus foi elaborado cuidadosamente por Mateus. Ele foi um escritor hábil, inspirado por Deus. Dos escritores do Novo Testamento, os mais dados à ironia foram Mateus e João. Em um aspecto, Mateus estava apenas descrevendo o que aconteceu, mas ele o relatou de tal modo que nos mostra as ironias da cruz, o verdadeiro significado que estava por trás dos acontecimentos. Por "ironia" quero dizer que as palavras comunicam, em seu contexto, o oposto exato do que elas formalmente dizem. Isso é ironia. O que você descobrirá é que, em cada um dos vários parágrafos, Mateus delineou o que aconteceu quando Jesus morreu, descrevendo tudo com uma tão agradável inclinação para a ironia, que começamos a perceber o que Deus estava realmente fazendo.

Em vez de transcrever todo o relato, apresentaremos o texto em seções à medida que prosseguimos.

1. O HOMEM QUE É ZOMBADO COMO REI É O REI (MT 27.27-31)

Logo a seguir, os soldados do governador, levando Jesus para o pretório, reuniram em torno dele toda a coorte.

Despojando-o das vestes, cobriram-no com um manto escarlate;

tecendo uma coroa de espinhos, puseram-lha na cabeça e, na mão direita, um caniço; e, ajoelhando-se diante dele, o escarneciam, dizendo: Salve, rei dos judeus! E, cuspindo nele, tomaram o caniço e davam-lhe com ele na cabeça.

Depois de o terem escarnecido, despiram-lhe o manto e o vestiram com as suas próprias vestes. Em seguida, o levaram para ser crucificado.

Mateus 27.27-31

Jesus já havia sido severamente espancado como parte de seu interrogatório. Isso era um procedimento padrão. E, depois de proferida a sentença de crucificação, ele foi, de novo, espancado severamente. Isso também era um procedimento padrão. Uma vez que alguém era condenado à crucificação, ele era espancado de novo antes de ser levado e crucificado. Jesus sofreu tudo isso. Mas o que aconteceu neste relato *não* foi um procedimento padrão. Foi diversão de aquartelamento. Os soldados puseram em Jesus um tipo de veste como se ele fosse um imperador. Em seguida, teceram em coroa uma das videiras espinhosas que eles tinham no Oriente Médio. Colocam-na na cabeça de Jesus. Puseram um caniço em suas mãos, como se fosse um cetro, fingindo que ela era um grande monarca. "Salve, rei dos judeus!", eles diziam, prostrando-se, cuspindo em sua face, rindo. Divertiam-se. Tomaram o caniço que devia ser um símbolo de poder e bateram na cabeça de Jesus repetidas vezes. Mais risadas. Diversão de aquartelamento

No entanto, cada vez que eles disseram: "Salve, rei dos judeus!", queriam dizer o oposto. No contexto, as palavras transmitem realmente apenas zombaria e desprezo. Os soldados achavam que seu divertimento era profundamente irônico e muito engraçado. Contudo, Mateus sabia, Deus sabe e os leitores sabem que Jesus *é* o rei. O homem que é zombado como rei é o Rei (Mt 27.27-31). Essa é a primeira ironia profunda dessa passagem.

Afinal de contas, como começa o evangelho de Mateus? "Livro da genealogia *de Jesus Cristo, filho de Davi*, filho de Abraão" (1.1 – ênfase acrescentada). Jesus é da linhagem de Davi. Ele tem o direito legal ao trono. E em todo o evangelho de Mateus há alusão ao fato de que Jesus é rei. Jesus contou algumas parábolas em que – para os que são capazes de perceber – o rei na parábola é ele mesmo. De fato, como parte dos procedimentos do julgamento de Jesus, o governador romano, Pilatos, lhe perguntou: "És tu o rei dos judeus?" Na perspectiva de Pilatos, se Jesus respondesse "Sim", ele poderia ser condenado: suas palavras seriam uma confissão de traição. Jesus se colocaria contra a família de Herodes (que supriu os monarcas subalternos da região) ou se coloria contra César, em Roma. Jesus respondeu com um tipo de afirmação: "É como você falou. Você disse isto". Mas ele apenas queria afirmar enfaticamente: "Sim, eu sou o rei prometido"; porque o que Jesus pretendia dizer com a palavra "rei" não era exatamente o que Pilatos tinha em mente. Apesar disso, Jesus era o rei dos judeus.

Na verdade, quando lemos todo o Novo Testamento, Jesus é não somente o rei *dos judeus*, mas também o seu e o meu rei. Como Mateus termina o seu evangelho? Jesus, ressuscitado dentre os mortos, diz: "Toda a autoridade me foi dada no céu e na terra" (Mt 28.18). Com franqueza, ele afirma ser o rei do universo. Ele é certamente o rei desses soldados que riram de seu suposto poder como rei. Mateus quer que vejamos isto: o homem zombado como rei *é* rei.

No entanto, que tipo de reino é esse? Que tipo de reino é esse cujo rei deu a sua vida, não porque foi vencido por um competidor, e sim como um ato voluntário de autossacrifício? A maioria dos reis quer sair e lutar. Jesus recusou fazer isso. De fato, em uma passagem notável, Jesus falou sobre a natureza de seu reino. Já me referi a ela antes. Em Mateus 20, a mãe de Tiago e João, juntamente com eles (dois discípulos de Jesus), se aproxima de Jesus. E o que eles desejam é que um se assente à direita e outro à esquerda *no reino de Jesus*. Eles querem poder político. Mas Jesus lhes diz:

> *Sabeis que os governadores dos povos os dominam e que os maiorais exercem autoridade sobre eles.*
>
> *Não é assim entre vós; pelo contrário, quem quiser tornar-se grande entre vós, será esse o que vos sirva;*
>
> *e quem quiser ser o primeiro entre vós será vosso servo;*
>
> *tal como o Filho do Homem, que não veio para ser servido, mas para servir e dar a sua vida em resgate por muitos.*
>
> Mateus 20.25-28

Jesus não estava recomendando que seus seguidores adotem uma postura de capacho de todos, útil apenas para as pessoas limparem os pés (esse não é o ensino), nem que eles devem negar qualquer tipo de autoridade, quando são colocados numa posição de autoridade (esse não é o ensino). O problema é que neste mundo, quando ganhamos autoridade, começando a assenhorear-nos das pessoas. Começamos a pensar que isso é nosso dever. Mas Jesus é o tipo de Deus – o Deus presente – que ama porque ele é como descrito em Mateus 20.25-28. Seu alvo é servir. Ele não veio para ser bajulado, mas para servir e servir, finalmente, por dar a sua vida como resgate por muitos. Essa é a razão por que ele veio. Nos três primeiros séculos da história da igreja, os cristãos comuns entendiam isso muito bem, pois retratavam frequentemente a Jesus, com sua agradável ironia, como o Rei que reina da cruz.

Esse é o tipo de reino em que Jesus reina, pois ele espera que seus seguidores exerçam autoridade dessa mesma maneira.

Esta é a primeira ironia: o homem que é zombado como rei é rei.

2. O HOMEM QUE ESTÁ TOTALMENTE SEM PODER É PODEROSO (MT 27.32-40)

> Ao saírem, encontraram um cireneu, chamado Simão, a quem obrigaram a carregar-lhe a cruz.
>
> E, chegando a um lugar chamado Gólgota, que significa Lugar da Caveira,
>
> deram-lhe a beber vinho com fel; mas ele, provando-o, não o quis beber.
>
> Depois de o crucificarem, repartiram entre si as suas vestes, tirando a sorte.
>
> E, assentados ali, o guardavam.
>
> Por cima da sua cabeça puseram escrita a sua acusação: ESTE É JESUS, O REI DOS JUDEUS.
>
> E foram crucificados com ele dois ladrões, um à sua direita, e outro à sua esquerda.
>
> Os que iam passando blasfemavam dele, meneando a cabeça e dizendo:
>
> Ó tu que destróis o santuário e em três dias o reedificas! Salva-te a ti mesmo, se és Filho de Deus, e desce da cruz!
>
> Mateus 27.32-40

Eis um quadro horrível da mais desprezível fraqueza. Quando a sentença era proferida, o condenado à crucificação era espancado mais uma vez e tinha de levar uma haste da cruz (a horizontal), em seu próprio ombro, para o lugar de execução, onde a outra haste estava fixa no solo. O condenado era despido e pregado ou amarrado à haste que ele levara; esta era, então, erguida e fixada na haste vertical. O condenado ficava lá não somente em dores, mas também em vergonha. Quando homens e mulheres eram crucificados, eles eram crucificados nus.

Em tempos anteriores, houve ocasiões em que os soldados deixaram alguém pendurado numa cruz e os amigos da vítima conseguiram tirá-la de lá. Sabe-se que algumas vítimas sobreviveram. Nesta época da história romana, isso era impossível. A política imperial determinava que um grupo de quatro os soldados permanecessem no lugar de crucificação, para guardar o corpo, até que a vítima estivesse inequivocamente morta. A pessoa crucificada puxava o corpo com os braços e o empurrava com as pernas para abrir a cavidade do peito, para que pudesse respirar. Os espasmos musculares começavam, de modo que a pessoa entrava em colapso e não conseguia respirar. Por isso, mais uma vez, ela puxava o corpo com os braços e o empurrava com as pernas para que pudesse respirar; os espasmos começavam novamente, e a pessoa entrava em colapso. Isso prosseguiria por horas, às vezes, dias; e os soldados permaneceriam vigiando. Se, por alguma razão, os soldados quisessem acabar mais rápido com a vida da pessoa crucificada (por exemplo, por causa de um dia especial de festa que estava para começar), o que eles fariam era quebrar a canela do crucificado. Então, a pessoa não poderia mais erguer a si mesma com as pernas e morreria sufocada em minutos.

Nessa altura, Jesus estava tão fraco quanto podemos imaginar. Não havia escape. Não havia esperança. Estava tão fraco por causa dos repetidos espancamentos, que não tinha forças suficientes para carregar a haste em seus ombros e levá-la ao lugar de execução. Mesmo sendo um carpinteiro por profissão, Jesus estava tão fraco que não podia levantar um pedaço de madeira;

por isso, foi necessário intimar outra pessoa para levá-la por ele, um homem identificado como Simão, da cidade de Cirene.

Após a crucificação, começou a zombaria: "Ó tu que destróis o santuário e em três dias o reedificas! Salva-te a ti mesmo, se és Filho de Deus, e desce da cruz!" (Mt 27.40). De onde veio esse insulto? Parece estranho aos nossos ouvidos. Mas ele também apareceu no julgamento – não o julgamento diante de Pilatos, e sim o julgamento diante dos sumo sacerdote descrito no capítulo anterior (Mt 26). Alguns tentaram fazer disso uma parte da acusação contra Jesus. A razão por que poderia, em teoria, ter sido bastante perigoso era esta: no que concerne à religião, o Império Romano era um domínio altamente variado; por isso, uma das coisas que os romanos fizeram para manter a paz entre religiões competidoras foi tornar um crime capital a profanação de um templo. Se uma pessoa profanasse um templo, qualquer templo, sob a lei romana, ela morreria. Então, se alguém ouviu Jesus dizer: "Destruí este templo, e em três dias o reedificarei", talvez a primeira parte dessa afirmação poderia ser desenvolvida em conspiração para um crime capital, ou seja, destruir um templo. Pelo fato de que as testemunhas não puderam comprovar seus fatos, essa acusação deu em nada. Por fim, Jesus foi acusado de traição, de colocar-se a si mesmo como rei em oposição a César. Aparentemente, alguns que ouviram essa acusação no julgamento acharam-na divertida. Eles olharam para Jesus, em sua mais desprezível fraqueza, e disseram, em essência: "Então, grande tagarela – você é tão forte, não é? Você destruirá o templo e o edificará em três dias – veja a sua própria fraqueza agora, homem forte!"

Se você já ajudou na construção de uma casa em organizações beneficentes, sabe que, com um bom alicerce lançado, bastante planejamento, um bom engenheiro, certa quantidade de material pré-fabricado e 40 voluntários bem fortes, você pode construir um casa em um dia. Mas, no mundo antigo, você não poderia edificar um templo em um dia. De fato, você não poderia edificar uma das catedrais da Europa durante uma vida inteira. Nenhum dos arquitetos originais das grandes catedrais da Europa jamais viu sua obra concluída. Era necessário mais do que a duração de uma vida para construir uma delas.

O DEUS QUE MORRE – E VIVE NOVAMENTE   223

Nos dias de Jesus, apenas o embelezamento do projeto existente do templo de Jerusalém levou 46 anos. Além disso, pela lei judaica, um trabalhador não tinha permissão de martelar uma pedra numa distância em que seria ouvido do templo. Todas aquelas pedras tinham de ser medidas, cortadas, trazidas e colocadas no lugar sem equipamentos mecânicos. Não admiramos que o templo tenha demorado tanto para ser construído. Contudo, Jesus disse: "Destruí este santuário, e em três dias o reconstruirei" (Jo 2.19). Quando os escarnecedores lançaram as palavras de Jesus de volta em sua face, pensaram estar usando uma ironia para serem engraçados. Quando disseram: "Tu que destróis o santuário e em três dias o reedificas", eles pretendiam dizer exatamente o oposto: ele não pode fazer isso. Ele está terrivelmente fraco, morrendo, condenado numa cruz.

No entanto, Mateus sabia, Deus sabe e os leitores sabem que, por meio desta morte e da ressurreição que aconteceria em breve, Jesus estava destruindo o templo e reconstruindo-o. Quando, em seu ministério, Jesus usou estas palavras: "Destruí este santuário, e em três dias o reconstruirei" (Jo 2.19), seus discípulos não tiveram a menor ideia do que ele estava dizendo. Talvez eles sussurraram: "Jesus está falando novamente algo profundo, bastante misterioso". Mas João comentou: "Quando, pois, Jesus ressuscitou dentre os mortos, lembraram-se os seus discípulos de que ele dissera isto; e creram na Escritura e na palavra de Jesus" (Jo 2.22).

A verdade é que no Antigo Testamento o templo era o grande lugar de encontro entre o Deus santo e os seres humanos, como já vimos. Era o lugar de sacrifícios. Agora, Jesus, se referindo ao seu corpo, disse: "Destruí este santuário, e em três dias o reconstruirei". Jesus queria dizer que pela destruição de sua vida e sua ressurreição, *ele* se tornaria o grande lugar de encontro entre Deus e os seres humanos. Por ressuscitar dos mortos, após a sua morte, Jesus se tornou o grande templo, com todo o poder que é exigido para trazer alguém de volta dentre os mortos. O grande lugar de encontro entre Deus e os seres humanos não é mais um edifício em Jerusalém, com seu sistema de sacrifícios. É o próprio Jesus.

Assim, enquanto os escarnecedores pensavam que sua zombaria expressava ironia divertida, não podemos deixar de ver uma ironia mais profunda, pois o homem que estava totalmente sem poder era, de fato, poderoso. Ele era o templo do Deus vivo.

3. O HOMEM QUE NÃO PODE SALVAR A SI MESMO SALVA OS OUTROS (MT 27.41-42)

A zombaria continuou: "De igual modo, os principais sacerdotes, com os escribas e anciãos, escarnecendo, diziam: Salvou os outros, a si mesmo não pode salvar-se. É rei de Israel! Desça da cruz, e creremos nele" (Mt 27.41-42).

O que pretendemos dizer hoje quando usamos o verbo *salvar*? O que isso significa nas ruas de Mineápolis, Chicago ou Londres? Depende de quem a está usando. Se você é um diretor de um banco, salvar é poupar – algo que devemos fazer (se o mercado não destruir todo o dinheiro) para proteger os investimentos e preparar-nos para a aposentadoria. Se você é versado em esportes, salvar é o que o goleiro faz para impedir um gol, quer no futebol, quer no hóquei. Se você é perito em informática, salvar é o que você deve fazer para não perder muitos dados, se o seu disco rígido estragar. Portanto, usamos o verbo "salvar" em uma diversidade de contextos diferentes, não é mesmo? O que Mateus estava querendo dizer?

Temos um vislumbre da resposta no capítulo 7. Quando José foi informado de que Maria estava grávida, Deus lhe mandou que desse ao menino o nome de "Jesus [Jeová salva], porque ele *salvará* o seu povo dos pecados deles" (Mt 1.21 – ênfase acrescentada). "Salvar", no evangelho de Mateus, significa salvar pessoas de seus pecados: das consequências do pecado, dos seus efeitos eternos e do seu poder nesta vida. Foi por isso que Jesus veio. Mesmo quando Jesus "*salvou*" pessoas curando-as, isso era uma indicação de sua determinação de salvar seu povo dos pecados deles, incluindo os efeitos temporais do pecado nesta vida (ver Mt 8;14-17).

A essa altura, os zombadores ecoavam: "Salvou os outros" – ou seja, ele os ajudou, ele os curou, foi um salvador tão bom. "A si mesmo não pode salvar-se!" Em outras palavras: "Olhem para ele. Está completamente preso, completamente impedido. Não há meios de salvar-se a si mesmo, e isso mostra que ele não é um salvador, de modo algum". Então, quando eles disseram: "Salvou os outros", a intenção deles era, novamente, transmitir uma ironia vulgar: "Ele não é um salvador que deve ser respeitado, de maneira alguma".

No entanto, Mateus sabia, Deus sabe, e os leitores sabem que é por *permanecer* na cruz que Jesus salva aos outros. Estritamente falando, ele não podia salvar a si mesmo e salvar aos outros. Se ele salvasse a si mesmo, não poderia salvar aos outros. Quando eles disseram: "A si mesmo não pode salvar-se", estavam afirmando que Jesus estava tão preso à cruz, tão cravado na cruz, que fisicamente ele não podia descer. Todavia, Mateus sabia que Jesus *podia* descer. Ainda podia chamar sua legião de anjos. Mas não podia salvar a si mesmo, se tinha de salvar os outros, porque o propósito de ele estar pendurado naquela cruz era levar meu pecado em seu corpo, no madeiro. Se ele salvasse a si mesmo, eu seria condenado. É somente por *não* salvar a si mesmo que Jesus me salva.

Então, mais uma vez, há uma ironia mais profunda escondida nas entrelinhas do deboche dos zombadores. Diferente do que pensavam, suas palavras eram verdadeiras. Ele salvou a outros; ele não pode salvar-se.

Suspeito que parte da razão por que temos dificuldade para aceitar essa verdade é o fato de que vivemos numa época da cultura ocidental em que muito da conduta é compelida pela força da lei ou apenas pela força. Em outras palavras, não temos muito lugar para um tipo de imperativo moral interior.

Você assistiu ao filme *Titanic*, quando ele foi lançado? Enquanto o grande navio afundava, pessoas começaram a brigar pelos poucos botes salva-vidas. Havia muitos homens ricos no navio. Eles começaram a brigar e a empurrar para o lado as mulheres e as crianças, para que pudessem reservar seus próprios lugares. Os marinheiros pegaram revolveres e começaram a atirar para o alto, gritando: "Mulheres e crianças – os botes são para as mulheres e as crianças". Na história real, isso é mentira. Vários homens ricos estavam naquele navio. John Jacob Astor, à época o homem mais rico do mundo, o Bill Gates de 1912, estava lá. Ele colocou sua esposa no bote e, quando outros lhe disseram: "Entre você também, senhor", ele recusou, dizendo: "O bote é para mulheres e crianças". Ele ficou e morreu afogado. Benjamin Guggenheim estava lá. Ele foi separado de sua mulher e gritou para alguém: "Diga à minha mulher que Guggenheim conhece o seu dever" – permaneceu no navio e morreu no naufrágio. A mulher foi salva. Apesar do fato de que muitas pessoas estavam trancadas na terceira classe, não há um único relato de homens ricos, no convés, brigando para salvar a si mesmos, arriscando a vida de mulheres e crianças.

Isso não é impressionante? Quando Fareed Zakaria comentou sobre isso em um artigo no *New York Times*,[2] fez a perguntou óbvia: por que o produtor e o diretor do filme distorceram a história e contaram o que não era verdadeiro? Por que eles não contaram a verdade sobre o que aconteceu naquele dia? Esta é a resposta de Zakaria: se eles tivessem contado a verdade, ninguém teria acreditado neles. Naquele tempo ainda existia tanto de uma cultura de cavalheirismo nutrida frequentemente pela autorrenúncia cristã em benefício dos outros, que um *imperativo moral* interior compelia muitos homens a fazer, a partir de recursos do seu interior, autossacrifício pelos outros.

Foi isto que motivou supremamente a Jesus: ele veio para fazer a vontade do Pai; e a vontade de seu Pai era que ele se sacrificasse em favor de todos que, por graça, creriam. Em um grau menor, é dessa maneira que a motivação cristã tem de operar em nós, quando nos tornamos cristãos, seguidores de Jesus. *Nós* somos mudados pelo novo nascimento; *somos* fortalecidos pelo Espírito Santo que vive e opera em nós. Há um imperativo moral interior, uma transformação do coração – e, sem dúvida, um reflexo pálido de Jesus –, na mesma direção, querendo sacrificar-se por amor aos outros.

---

2 Fareed Zakaria, "To Hell in a Handbasket", resenha de *A Thread of Years*, por John Lacaks, *New York Times*, April 19,1998, http://fareedzakaria.com/articles/nyt/041998.html.

4. O homem que clama em desespero confia em Deus (Mt 27.43-51)

As pessoas continuaram escarnecendo:

Confiou em Deus; pois venha livrá-lo agora, se, de fato, lhe quer bem; porque disse: Sou Filho de Deus.

E os mesmos impropérios lhe diziam também os ladrões que haviam sido crucificados com ele.

Desde a hora sexta até à hora nona, houve trevas sobre toda a terra.

Por volta da hora nona, clamou Jesus em alta voz, dizendo: Eli, Eli, lamá sabactâni? O que quer dizer: Deus meu, Deus meu, por que me desamparaste?

E alguns dos que ali estavam, ouvindo isto, diziam: Ele chama por Elias.

E, logo, um deles correu a buscar uma esponja e, tendo-a embebido de vinagre e colocado na ponta de um caniço, deu-lhe a beber.

Os outros, porém, diziam: Deixa, vejamos se Elias vem salvá-lo.

E Jesus, clamando outra vez com grande voz, entregou o espírito.

Mateus 27.43-50

Jesus estava desistindo nesta altura, apanhado na rede de circunstâncias infelizes, mergulhado em desespero? Essa é a mensagem que devemos aprender? "Pressionem-me bastante, e eu também desistirei"? O clamor de Jesus é muito mais profundo do que isso. Por causa da morte de Jesus, por causa da sua disposição de permanecer na cruz, lemos no versículo que segue essa passagem: "Eis que o véu do santuário se rasgou em duas partes de alto a baixo" (Mt 27.51) – o véu do templo que separava a presença de Deus do resto do povo. Em consequência, o Santo dos Santos, onde somente o sumo sacerdote podia entrar, uma vez por ano, foi exposto. O véu se rasgou para indicar que você e eu – seres humanos comuns que não têm pretensões sacerdotais – podemos realmente entrar na presença de Deus, porque o sacrifício de Jesus pagou realmente toda a dívida que o sangue de touros e de bodes jamais puderam pagar, através dos sacrifícios que vimos em capítulos anteriores. Jesus morreu, e o seu clamor: "Deus meu, Deus meu, por que me desamparaste?", foi proferido com o mais desolado, sombrio e ignominioso desespero, não porque ele não sabia que estava fazendo a vontade do Pai, e sim precisamente porque ele *sabia* que estava fazendo a vontade do Pai. Ele *confiava* em Deus. E a vontade de Deus era que ele levasse meu pecado em seu corpo, na cruz, absorvendo a maldição, pagando o culpa, quitando a dívida e rasgando o véu, para que eu pudesse entrar no Santo dos Santos, na presença do Deus vivo.

DEUS PODE MORRER?

Intitulei parcialmente esse capítulo de "O Deus que Morre". De algum modo, esse título é sutil e potencialmente enganador. Em sua maior parte, o Novo Testamento não fala que Deus morre. Fala de Jesus como Deus-homem e fala que Jesus morre. Não há, de modo algum, qualquer indicação de que o Pai morre. É claro que não; ele não é um ser humano que poderia morrer. Somente o Filho podia morrer; somente o "Verbo se fez carne". Jesus podia morrer porque ele era um ser humano, um homem. Mas, se pessoas também confessaram que ele é Deus e o adoraram como Deus (ver, por exemplo, Jo 20.28), há um sentido em que podemos falar que Deus morreu?

Em sua maior parte, a Bíblia evita essa escolha de palavras. Todavia, achamos passagens que chegam perto disso. Quando o apóstolo Paulo fez um discurso para alguns dos presbíteros da igreja de Éfeso, ele disse: "Atendei por vós e por todo o rebanho sobre o qual o Espírito Santo vos constituiu bispos, para pastoreardes a igreja de Deus, a qual *ele comprou com o seu próprio sangue*" (At 20.28 – ênfase acrescentada). Isso não é admirável? "Deus... com o seu próprio sangue"? Ora, é claro que, se insistíssemos com Paulo, ele esclareceria sua afirmação. Talvez diria: "É claro que a Pessoa que tenho em mente não é Deus, o Pai, e sim o Filho de Deus, Jesus, que é Deus. E, visto que ele é Deus, ele deu a sua vida e derramou o seu sangue, é apropriado dizer que Deus derramou o seu sangue". Se você quer desenvolver a afirmação, isso é o que Paulo quis dizer.

No entanto, não permita que o choque da passagem o paralise. Essa passagem descreve a ação *de Deus* em Cristo Jesus, o homem que também é Deus. Não fala da morte de um indivíduo humano e nada mais. É um indivíduo humano que é também o Deus vivo que ficou pendurado na cruz, não porque foi obrigado pela circunstância a fazer isso, e sim porque ele mesmo estava cumprindo toda a linha do sistema de sacrifícios do Antigo Testamento, o sistema do templo – toda a linha desde a Queda e a promessa do descendente da mulher que esmagaria a cabeça da serpente, por meio de sua morte. Em outra carta, Paulo escreveu: *"Deus* prova o *seu próprio* amor para conosco pelo fato de ter *Cristo* morrido por nós, sendo nós ainda pecadores" (Rm 5.8, ênfase acrescentada). Como diz o velho hino:

Levando o pecado e rudemente zombado,
Ele permaneceu em meu lugar condenado
Com seu sangue, o meu perdão ele selou!
Aleluia! que grande Salvador!
Phillip P. Bliss

É apropriado falarmos sobre o Deus que morre.

No fim da Primeira Guerra Mundial, a mais sangrenta e mais estúpida das guerras, vários poetas ingleses (Wilfred Owen, Rupert Brook, um ou dois outros) escreveram algumas poesias bem comoventes sobre a terrível selvageria do conflito. Um dos poetas menos importantes foi Edward Shillito, cujo poema "Jesus das Cicatrizes" merece ampla circulação. O poema termina dizendo:

Outros deuses eram fortes, mas tu eras fraco;
Eles cavalgaram, mas cambaleaste até teu trono;
Somente Deus pode falar com as nossas feridas,
E nenhum deus possui feridas, além de ti.[3]

---

3 Edward Shillito, "Jesus of the Scars", em Jesus of the Scars and Other Poems (London: Hodder & Stoughton, 1919).

Portanto, quando enfrentamos as desolações da incerteza, quando há sofrimento e agonia em nossa vida ou no mundo; quando nos perguntamos o que Deus está fazendo, e não temos respostas, e relemos o livro de Jó (aquela parte da literatura de sabedoria que consideramos no capítulo 6), e ouvimos Deus falar por meio de quatro capítulos de perguntas retóricas: "Aquiete-se, Jó, há muitas coisas que você não entende de maneira alguma", podemos agora acrescentar algo mais que *realmente* entendemos:

> Somente Deus pode falar com as nossas feridas,
> E nenhum deus possui feridas, além de ti.

Podemos crer num Deus que não somente é soberano, mas também sofre por nós. Às vezes, quando não há nenhuma resposta para nossa culpa, nossos temores, incertezas e angústia, há um lugar inabalável em que podemos nos manter firmes – o solo em frente à cruz.

A RESSURREIÇÃO

Embora a cruz seja muito importante, ela não é o fim da história. Todos os escritores do Novo Testamento focalizam, igualmente, a ressurreição de nosso Senhor Jesus. Os relatos da ressurreição são ricos e diversos. Não há meios de reduzi-los a mera alucinação. Jesus apareceu a muitas pessoas, muitas vezes, em um período de aproximadamente 40 dias. Ele apareceu a poucos e a muitos. Apareceu a 500 pessoas de uma vez. Apareceu aos apóstolos mais do que uma vez; apareceu em cômodos fechados. Apareceu à beira-mar e comeu peixe que assara para eles. Os testemunhos se multiplicaram. Apareceu quando eles não esperavam e quando esperavam. Jesus não podia ser categorizado, rejeitado ou domesticado. As aparições depois da ressurreição foram frequentes, diversas e confirmadas por muitas testemunhas. O que você faz com elas?

Se você pensa que os primeiros cristãos inventaram isso ou foram, de

O Deus que Morre – e Vive Novamente   231

algum modo, enganados ou vítimas de algum tipo de psicologia de massas, é difícil explicar por que estavam dispostos a morrer por sua fé. Se a ressurreição é um conto de fadas como "João e Maria", minha pergunta é: "Quantos já se ofereceram para morrer por João e Maria?" Mas os primeiros cristãos estavam dispostos a morrer por sua convicção de que Jesus ressuscitara dentre os mortos. Tinham visto a Jesus, tocado nele, apalpado-o, comido com ele, *depois que ressuscitara dos mortos* – e foram transformados por ele. De fato, Jesus lhes prometeu a ressurreição de seus corpos um dia. Eles creram que ele era Senhor.

POR QUE DUVIDAR DA RESSURREIÇÃO DE JESUS? (JOÃO 20.24-28)

Uma das mais comoventes cenas descrevem o que aconteceu no segundo domingo, o domingo depois do domingo em que Jesus ressuscitou dos mortos. No primeiro domingo, o domingo da ressurreição, Jesus apareceu a algumas mulheres, a Pedro e a João, a dois discípulos que caminhavam para a pequena cidade de Emaús e a dez dos apóstolos. Sobre o segundo domingo, lemos estas palavras:

> *Ora, Tomé, um dos doze, chamado Dídimo, não estava com eles quando veio Jesus.*
> *Disseram-lhe, então, os outros discípulos: Vimos o Senhor. Mas ele respondeu: Se eu não vir nas suas mãos o sinal dos cravos, e ali não puser o dedo, e não puser a mão no seu lado, de modo algum acreditarei.*
>
> *João 20.24-25*

Esse é o tipo de dúvida que resulta de mágoa. Tomé não queria ser enganado. Ele tinha crido que Jesus era o Messias, mas Jesus morrera. Isso não fazia sentido. Tomé estava sozinho e triste. Ainda era um judeu monoteísta e piedoso, mas fora enganado (ele pensava) uma vez e agora não queria iludir a si mesmo crendo que, depois de tudo, Jesus estava de volta à vida. Teria de ver por si mesmo. Não teria uma fé fácil, que crê apenas no relato de outra pessoa. Não faria isso. Em outras palavras, Tomé queria distinguir entre a fé e a credulidade e, por essa razão, apresentou o teste mais extremo que ele podia imaginar. Queria estar certo de que o corpo depositado no sepulcro era o mesmo que supostamente saíra ou tinha algum tipo de conexão orgânica e genuína com aquele corpo. Por isso, ele especificou: "Se eu não vir nas suas mãos o sinal dos cravos, e ali não puser o dedo, e não puser a mão no seu lado, de modo algum acreditarei" (20.25).

Sou presidente do ministério *Gospel Coalition*. Nosso diretor-executivo é um homem chamado Ben Peays. Ele é um gêmeo idêntico. Quando digo "gêmeo idêntico", quero dizer "gêmeo *idêntico*". Eles se parecem nos traços gerais, mas têm as mesmas pequenas marcas, sorrisos e coisas semelhantes – são imagens exatas um do outro. Tenho certeza de que, se você os conhecesse muito bem, poderia distingui-los. Eu só consigo fazer isso quando eles estão lado a lado. No ano passado, quando tivemos nossa reunião do conselho, é claro que Bem estava lá, mas não disse a ninguém do conselho que seu irmão viria também. Em determinado momento da reunião do conselho, eu disse: "Irmãos, devo contar-lhes que nosso diretor-executivo tem trabalhado arduamente em tantas coisas, que decidimos cloná-lo e ter dois dele". Em seguida, eu apontei para o seu irmão gêmeo.

Talvez Jesus tivesse um irmão gêmeo, que fingiu ter saído do sepulcro. Talvez ele fosse o novo Jesus. Mas, onde estão as feridas, não somente as feridas dos pregos, mas também o corte que penetrara por baixo da sua cavidade torácica até ao pericárdio e perfurara a carne, de modo a sair sangue e água? Onde estão as feridas? "Se eu não vir nas suas mãos o sinal dos cravos, e ali não puser o dedo, e não puser a mão no seu lado, de modo algum acreditarei." Esse era o teste.

Passados oito dias, estavam outra vez ali reunidos os seus discípulos, e Tomé, com eles. Estando as portas trancadas, veio Jesus, pôs-se no meio e disse-lhes: Paz seja convosco!

> *E logo disse a Tomé: Põe aqui o dedo e vê as minhas mãos; chega tam-*
> *bém a mão e põe-na no meu lado; não sejas incrédulo, mas crente.*
> *Respondeu-lhe Tomé: Senhor meu e Deus meu!*
>
> João 20.26-28

Numa primeira leitura da reação de Tomé, alguém poderia questionar por que ele disse palavras tão significativas. Por que ele não disse apenas: "O Senhor *está* vivo!", ou: "Eu estava errado!", ou algo mais modesto? Por que ele inferiu tanto ("Senhor meu e Deus meu!") do fato de Jesus estar vivo? Afinal de contas, alguns dias antes, Lázaro havia sido ressuscitado dos mortos, e nin-guém dissera a Lázaro, depois que ele ressuscitara: "Senhor meu e Deus meu!" Então, por que Tomé disse isso para Jesus?

O que você tem de fazer é colocar-se no relato. Coloque-se no lugar de Tomé – tanto quanto possível. Você tem uma semana inteira entre os primei-ros relatos da ressurreição e a segunda aparição. Os outros apóstolos estavam dizendo: "Vimos realmente a Jesus. Pedro o viu pessoalmente. Pedro e João viram o sepulcro vazio. Os dois discípulos que iam para Emaús o viram. Jun-tos, nós o vimos – dez de nós, de uma vez. E há os relatos das mulheres. Todos nós o vimos". Assim, durante toda a semana, Tomé estava dizendo:

Não pode ser. Não posso acreditar. Sei que o sepulcro está vazio, mas, quem sabe, um ladrão de sepulcros pode ter ido lá. Talvez examinamos o sepulcro errado. Ainda era escuro quando o colo-caram lá. Mas, supondo que ele esteja vivo, o que isso significa? Oh! não, não pode ser! Não faz sentido. Mas Jesus fez tantas coisas estranhas em sua vida. Quero dizer, ele disse na noite em que se dirigia para a cruz: "Há tanto tempo estou convosco, e não me tens conhecido? Quem me vê a mim vê o Pai" (ver Jo 14.9). E houve aquela estranha afirmação de Jesus, quando ele disse: "Antes que Abraão existisse, EU SOU" (Jo 8.58). Isso é mais do que uma péssima medição do tempo. Abraão está morto há mais de mil anos. Por que ele não disse: "Antes que Abraão existisse, eu era"? Isso afirmaria algum tipo de preexistência, talvez – muito difícil de acreditar. Mas ainda seria apenas preexistência. "Antes que Abraão existisse, Eu Sou"? Isso está falando do nome do próprio Deus!

O que você faz com passagens como essa? Durante todos os anos do ministério de Jesus, quando ele disse coisas que eram difíceis de entender, sem dúvida seus discípulos coçaram a cabeça, sorriram piedosamente e pensaram: "Mais mistério. Talvez um dia entendamos isso". Eles podiam lembrar que Jesus insistira no fato de que era determinação do Pai de que todos honrassem o Filho como honravam o Pai (ver Jo 5.23). Você não diz isso sobre um mero ser humano.

Talvez durante aquela semana antes do segundo domingo, Tomé tenha pensado também em algumas passagens do Antigo Testamento, à luz das afirmações de que Jesus ressuscitara dos mortos. Além disso, no que concerne à história, os outros evangelhos narram ocasiões em que Tomé teve oportunidade de observar a Jesus. Mencionarei apenas uma.

SOMENTE A PARTE OFENDIDA PODE PERDOAR

Há um relato espetacular em dois outros evangelhos (não em João) que descreve uma ocasião em que Jesus pregava numa casa lotada – não havia cadeiras, e as pessoas estavam apinhadas. Por esse tempo, Jesus tinha reputação de pregador e mestre, mas também de curador. Quatro homens levaram um amigo paralítico. Ele não podia andar, por isso o levaram em um tipo de maca. Os quatro homens tentaram entrar na casa em que Jesus estava pregando, mas não puderam. As pessoas diziam: "Silêncio, silêncio, o mestre está pregando. Esperem a sua vez. Ele está ocupado. Não o importunem". Mas os quatros homens, com sua maca, não parariam. Por isso, subiram pela escada exterior (naqueles dias muitas casas tinham escadas exteriores porque à noite as

O DEUS QUE MORRE – E VIVE NOVAMENTE   235

pessoas se refrescavam no teto plano, beneficiando-se das brisas que bafeja-
vam sobre a cidade). Chegando ao teto plano, eles ouviram cuidadosamente
para discernir o lugar em que Jesus falava. Acharam a área correta e começaram a abrir o teto. Em seguida, eles desceram seu amigo, por cordas, em frente
de Jesus. Se a multidão não lhe daria entrada pela porta, eles achariam um
jeito para o amigo, porque uma maca foi descida por cima da cabeça daquelas
pessoas. Assim, a maca e o paralítico ficaram diante de Jesus, que disse: "Filho,
os teus pecados estão perdoados" (Mc 2.5).

Os teólogos ali presentes ficaram indignados. "Quem pode perdoar pecados, senão um, que é Deus?" (Mc 2.7). Essa é uma boa observação, não é?

Suponha (Deus não o permita) que em sua próxima viagem a trabalho,
você seja brutalmente atacado por uma gangue de criminosos. Seja ferozmente
espancado e deixado quase morto, talvez violentado. O serviço de emergência
o leva para o hospital. Passados dois dias, eu lhe faço uma visita. Você está
enfaixado, e suas pernas, erguidas em roldana. Você mal pode falar. E eu lhe
digo: "Sabe, você pode ficar contente, achei os seus agressores e *os perdoei!*" O
que você me diria? Não ficaria indignado? "Quem você pensa que é? Você não
foi violentado por uma gangue. Você não está no hospital! Como pode tê-los
perdoado? A única pessoa que pode perdoar é a parte ofendida. Somente a
parte ofendida pode perdoar".

No final da Segunda Guerra Mundial, um judeu chamado Simon Wiesenthal ainda lutava pela vida em Auschwitz, mesmo depois de toda a sua família
ter sido destruída. Naquela altura, Wiesenthal estava apenas a algumas semanas do fim do terror e horror de Auschwitz; os russos avançavam do Leste.
Wiesenthal estava num grupo de trabalho quando repentinamente foi tomado
pelos guardas alemães e lançado numa sala. Ali havia um jovem soldado alemão, nazista, talvez de 19 anos. Ele sofrera ferimentos graves, estava à morte
e desejava conversar com um judeu antes de morrer. Na providência peculiar
de Deus, Simon Wiesenthal foi o judeu tirado do trabalho e introduzido naquela sala. O jovem soldado nazista explicou por que queria vê-lo. Lutando
para respirar, reconheceu que os nazistas haviam tratado horrivelmente os

judeus e que ele mesmo estivera envolvido em coisas horríveis. Ele queria o perdão dos judeus.

Em quietude, Wiesenthal ponderou isso em sua mente. Mais tarde, ele escreveu suas reflexões em um livreto intitulado *The Sunflower*. Muitas das páginas desse livreto descrevem o que passou pela mente de Wiesenthal. Seu raciocínio foi este: quem pode perdoar, senão a aqueles que foram ofendidos? A parte mais ofendida no Holocausto estava morta. Em Auschwitz, os judeus haviam sido queimados nos fornos. Como um sobrevivente como Wiesenthal poderia proferir perdão em favor dos que estavam mortos? Como ele poderia falar em lugar dos mortos? Se as vítimas mais brutalizadas dos nazistas estavam mortas, não havia ninguém qualificado para pronunciar perdão. *Portanto, não havia perdão para os nazistas.* Sem dizer uma palavra, Wiesenthal ouviu o jovem soldado e, em seguida, virou-se e deixou a sala.

Depois que a guerra terminou e Wiesenthal escreveu seu livro, ele o enviou para especialistas em ética ao redor do mundo – cristãos e judeus, vários contextos – e pediu-lhes que respondessem esta pergunta: "Eu fiz o que era certo? Ele suscitou uma discussão furiosa entre os especialistas ao redor do mundo.

Wiesenthal quase entendeu a questão corretamente. Ele estava certo ao insistir em que somente a parte ofendida pode perdoar. Isso é certo. Mas, de acordo com a Bíblia, Deus é sempre a parte mais ofendida. Davi entendeu isso quando ousou escrever: "Pequei contra ti, contra ti somente, e fiz o que é mau perante os teus olhos" (Sl 51.4).[4]

Aquele jovem paralítico foi descido diante de Jesus – um jovem que não ofendera Jesus na carne, de homem para homem, de pessoa para pessoa –, e Jesus olhou para ele e lhe disse: "Os teus pecados estão perdoados" (Mc 2.5). Os teólogos perguntaram: "Quem pode perdoar pecados, senão um, que é Deus?" (Mc 2.7).

Tomé lembrou isso também. Combinadas todas as outras recordações do que Jesus dissera e fizera com todas as suas reflexões sobre as Escrituras do

---

4 Isso foi discutido no capítulo 6.

O DEUS QUE MORRE – E VIVE NOVAMENTE

Antigo Testamento, Tomé chegou à única conclusão lógica: Jesus é não somente um homem ressurreto – milagre tremendo! – mas também, incrível e maravilhosamente, ele é Deus, com todos os direitos de Deus para perdoar pecados. Tomé se curvou diante do Jesus ressurreto e disse: "Senhor meu e Deus meu" (Jo 20.28).

Isto é o que todos nós devemos fazer: reconhecer que o que Jesus fez na cruz foi sofrer em benefício de seu próprio povo, aqueles que colocam sua fé nele, que reconhecem que ele levou o pecado deles. Como o Deus-homem, somente ele pode perdoar. Precisamos ter o perdão de Jesus para sermos reconciliados com Deus. Precisamos tê-lo. Assim, podemos nos prostrar diante dele e clamar, com alegria e gratidão, mistério, adoração e temor: "Senhor meu e Deus meu" (Jo 20.28).

ORAÇÃO CONCLUSIVA

Pai celestial, nos regozijamos na verdade de que Jesus ressuscitou dos mortos. Começamos a ver que isso não é apenas uma verdade manifestada na arena pública da história que deve admitida imediatamente e, depois, deixada de lado. Pois, se, de fato, o teu Filho querido, o Deus-homem, ressuscitou dos mortos, tudo muda. A vitória dele sobre a morte é confirmada. O sacrifício que ele proveu foi aceito. Ele é o cabeça de uma nova humanidade que, um dia, compartilhará da semelhança de sua ressurreição. E o teu povo, Pai celestial, se alegra em prostrar-se diante dele e clamar: "Senhor meu e Deus meu". Permite que todos os que leem estas páginas clamem: "Perdoa os meus pecados como perdoaste o pecado daquele homem paralítico, Senhor meu e Deus meu". Em nome de Jesus, amém.

II

O Deus

QUE DECLARA JUSTO O CULPADO

Em certo nível, o título deste capítulo quase parece perverso. Eu preferiria que as coisas fossem desta maneira:

> Membros do júri, não estou pedindo misericórdia e perdão. Quero justiça. Estou exigindo absolvição total. Sim, cometi o assassinato do qual sou acusado. Mas não sou culpado. Membros do júri, vocês têm de considerar todas as minhas boas obras – não somente como circunstâncias que abrandam a culpa, mas também como a razão para inocentar-me. A bondade de minhas outras obras excede o crime que cometi. Minhas boas obras exigem um veredito de "inocente". Se a justiça tem de ser feita, vocês têm de declarar-me inocente.

Assim escreveu Todd Wiken.[1] Sorrimos disso porque o argumento é tão ridículo. No entanto, inesperadamente percebemos que uma aproximação de Deus que depende de nosso equilíbrio entre boas obras e más obras não é

---

1 Todd Wilken, "God Is Just: The Art of Self-Justification", *Modern Reformation* 16/5 (Sept./Oct. 2007): 31.

menos ridícula. Isso é a mais imperfeita de todas as formas de *autojustificação* – mas é o que queremos argumentar diante de Deus. O argumento não é um apelo por indulgência; pelo contrário, é uma asseveração ousada de inocência. Presume que a culpa é cancelada pelas boas obras. Deus *tem de* inocentar-nos e declarar-nos "inocentes" porque fizemos muitas coisas boas compensadoras. Isso é *autojustificação*. E tão inaceitável no tribunal de justiça de Deus como o seria em um tribunal contemporâneo.

Sendo assim, o que deveríamos pensar sobre a avaliação que Deus faz? Deus mesmo é espetacularmente santo e não vê as nossas boas obras como coisas que são pesadas numa balança em contraste com as más obras; antes, ele vê esse esforço inútil de autojustificação como mais um exemplo de nosso desafio mortal contra ele. Qual é a solução bíblica? Deus não designou que as boas obras compensem as más obras. Pelo contrário, ele estabeleceu um meio de declarar *justo* o culpado – e retém a sua integridade enquanto faz isso. Em lugar da *autojustificação*, Deus tem uma maneira de *justificar*-nos. Ele tem um meio de dar-nos *justificação*, que não é *autojustificação*, e sim a justificação que procede dele mesmo, que é nosso Criador e Juiz. Isso é o assunto desse capítulo.

Focalizaremos Romanos 3.21-26. Martinho Lutero, um reformador que viveu há 500 anos, chamou este parágrafo de o centro de todo o livro de Romanos e, de fato, de toda a Bíblia. Mas, antes de examinarmos os versículos, devemos lembrar que eles fazem parte da carta de Paulo aos crentes de Roma.

ROMANOS 3.21-26 À LUZ DE ROMANOS 1.18-3.20

A carta de Paulo aos cristãos em Roma integra o Novo Testamento. O Novo Testamento começa com os quatro evangelhos (Mateus, Marcos, Lucas e João), seguidos pelo livro de Atos (que reconta os "atos dos apóstolos" desde a ressurreição de Cristo até às três primeiras décadas da história da igreja) e, depois, um conjunto de cartas escritas pelo apóstolo Paulo. A primeira das cartas de Paulo no Novo Testamento é a escrita aos cristãos romanos. Antes

O Deus que Declara Justo o Culpado

de considerarmos Romanos 3.21-26, que é o foco de nosso interesse, temos de reconhecer que todo o argumento de Paulo em Romanos 1.18 a 3.20 nos mostra que somos culpados. O que estes dois capítulos e meio fazem é explicar, em termos teológicos, o que a Bíblia diz sobre os seres humanos de Gênesis 3 em diante.

Essa longa seção começa com as palavras:

> *A ira de Deus se revela do céu contra toda impiedade e perversão dos*
> *homens que detêm a verdade pela injustiça;*
> *porquanto o que de Deus se pode conhecer é manifesto entre eles,*
> *porque Deus lhes manifestou*
>
> *Romanos 1.18-19*

Os dois capítulos e meio seguintes mostram que, se você é da descendência de Abraão, por meio da aliança feita com Moisés e recebeu muitas revelações de Deus, ou se, alternativamente, você é de fora dessa descendência, de algum tipo de herança gentílica, ambos – judeus e gentios igualmente – sem exceção, são culpados diante de Deus. Saber o que Deus quer não capacita ninguém a satisfazer os padrões divinos. Por outro lado, se você pertence a um povo que foi pouco exposto ao que Deus disse e que adota algum padrão mais superficial, você também não vive de acordo com esse padrão. Em qualquer caso, você é uma pessoa culpada.

Isso é tão discordante da autopercepção contemporânea, que, ao lermos algo do que Paulo disse em Romanos, sem desenvolvermos um pensamento quanto a todo o enredo da Bíblia, podemos facilmente rejeitá-lo como algo exagerado. Paulo terminou esta seção em 3.9-18, fazendo várias citações do Antigo Testamento:

> *Que se conclui? Temos nós qualquer vantagem? Não, de forma ne-*
> *nhuma; pois já temos demonstrado que todos, tanto judeus como*
> *gregos, estão debaixo do pecado; como está escrito: Não há justo,*
> *nem um sequer,*

não há quem entenda, não há quem busque a Deus;

todos se extraviaram, à uma se fizeram inúteis; não há quem faça o

bem, não há nem um sequer.

A garganta deles é sepulcro aberto; com a língua, urdem engano, ve-

neno de víbora está nos seus lábios,

a boca, eles a têm cheia de maldição e de amargura;

são os seus pés velozes para derramar sangue,

nos seus caminhos, há destruição e miséria;

desconheceram o caminho da paz.

Não há temor de Deus diante de seus olhos.

Romanos 3.9-18

Se você vem de um contexto secular e abriu esse livro nessa página e leu o texto que acabei de citar, talvez você pense: "O autor perdeu seu bom senso? Sim, sei que há algumas pessoas más neste mundo – Stalin, talvez; Pol Pot, eu suponho, e Hitler, é claro – mas, o que se pode dizer de organizações como 'Médicos sem Fronteiras'? Não há muitas pessoas fazendo o bem por aí?"

Em certo nível, Paulo concordaria com essa conclusão. Historicamente, os cristãos têm visto nessas coisas boas os frutos da graça comum, ou seja, a graça que Deus dá a todos os tipos de pessoas. Mas a sondagem de Paulo analisa profundamente o coração humano. A questão não é se muitas coisas boas são feitas (por exemplo, obras de arte, uma sinfonia maravilhosa, médicos que se autossacrificam nos limites de uma doença horrível e muito mais). Já vimos que a Bíblia apresenta os seres humanos como contradições horríveis: temos grande potencial de refletir algo da bondade da criação e da glória de Deus; por outro lado, somos tão corruptos, abusivos, pervertidos e, acima de tudo, egocêntricos. O âmago do mal, de acordo com toda a Bíblia, é o relacionamento quebrado com Deus que estabelece ídolos e detrata a Deus. Isso resulta em destruição da beleza e da bondade da ordem criada. O âmago do mal não é Auschwitz, embora ele seja bastante inconcebível. O âmago de todo mal é, antes de tudo, nós, seres humanos,

O DEUS QUE DECLARA JUSTO O CULPADO

você e eu, que queremos seguir nosso próprio caminho e rejeitamos a Deus, que nos criou.

Quando você examina essa passagem de Romanos, linha por linha, e discerne que isso é o que Deus pensa quando ele fala sobre o mal, tudo faz sentido. "Não há justo, nem um sequer" (Rm 3.10). Isso faz sentido se você lembra a citação de Todd Wilken com a qual começamos este capítulo: a questão não é equilibrarmos boas obras e más obras. Nenhum de nós pode reivindicar que é justo, "nem um sequer" – e muitos de nós reconheceremos a verdade dessa afirmação, se formos honestos.

"Todos se extraviaram, à uma se fizeram inúteis" (Rm 3.12) – não inúteis no sentido de que não há nenhum valor intrínseco nos seres humanos, nos portadores da imagem de Deus, mas inúteis no sentido de que todos ofendemos nosso Criador, Deus. Isso é mais fácil de entender quando lembramos o que Jesus disse no "principal" mandamento: "Amarás, pois, o Senhor, teu Deus, de todo o teu coração, de toda a tua alma, de todo o teu entendimento e de toda a tua força. O segundo é: Amarás o teu próximo como a ti mesmo" (Mc 12.30-31). Confesso, com vergonha, que não amo a Deus com todo o meu coração, alma, entendimento e força. Se Jesus disse que este é o mandamento mais importante, sou culpado de transgredi-lo. Você não é? De fato, amar a Deus com todo o coração, alma, mente e força pode ser considerado fanatismo em nossa cultura. Mas, em essência, Deus disse: "Ouça, você não entende? Esta é a maneira como criei originalmente o universo. Se você não vê, isso é uma evidência de como este mundo está caído". De modo semelhante, o segundo mandamento, a ordem de amar o próximo como a nós mesmos, parece muito exagerado, ridiculamente utópico. Mas Deus diz que essas inferências mostram quão terrivelmente temos abandonado o que ele vê como normal, saudável, bom, santo, correto, puro. Não é surpreendente que estas citações digam:

Todos se extraviaram, à uma se fizeram inúteis... A garganta deles é sepulcro aberto; com a língua, urdem engano, veneno de víbora está nos seus lábios, a boca, eles a têm cheia de maldição e de amargura.

Romanos 3.12-14

Sim, eu sei que muitos de nós somos de culturas civilizadas em que não há maldição e amargura, a menos que martelemos o polegar ou sejamos demitidos do trabalho, quando pensamos que isso é injusto. Apesar de todo nosso comportamento civilizado, quando enfrentamos bastante pressão, achamos extremamente fácil em nossa mente (se somos bastante disciplinados para não deixar escapar de nossos lábios), nutrir amargura e amaldiçoar nossos oponentes. Isso dificilmente é uma evidência de amar o próximo como a nós mesmos. Não é uma maneira de louvar a Deus; não é um reflexo do *shalom* – o completo bem-estar que só Deus pode estabelecer – que Deus almeja que desfrutemos.

O cerne da questão é, como diz a última linha dessas citações bíblicas: "Não há temor de Deus diante de seus olhos" (Rm 3.18). Portanto, ainda estamos imergidos no problema central revelado no drama de toda a Bíblia. Como os seres humanos são reconciliados com Deus? Se, como vimos no início desse capítulo, a *autojustificação* não serve, que tal a simples negação? Eis parte do testemunho de um filósofo chamado Budziszewski, que escreveu:

> Todas as coisas dão errado sem Deus. Isso é verdade até quanto às coisas boas que ele nos deu, como a nossa mente. Uma das coisas boas que recebi foi uma mente mais vigorosa do que uma mente normal... O problema é que uma mente vigorosa que recusa a chamada para servir a Deus tem sua própria maneira de dar errado. Quando algumas pessoas fogem de Deus, elas roubam e matam. Quando outras fogem dele, usam muitas drogas e fazem muito sexo. Quando eu fugi de Deus, não fiz nenhuma dessas coisas. Minha maneira de fugir foi tornar-me estúpido. Embora isso sempre pareça surpreendente aos intelectuais, há algumas formas de estupidez que, para atingi-las, a pessoa tem de ser altamente inteligente e culta...
>
> O apóstolo Paulo disse que o conhecimento da lei de Deus está "gravado" em nosso "coração, testemunhando... também" a

nossa consciência [isso é uma citação de Romanos 2.15]... Isto significa que, enquanto temos mente, não podemos deixar de conhecer as coisas ali gravadas. Bem, eu estava singularmente decidido a não conhecê-las. Portanto, eu tinha de destruir minha mente...

Imagine um homem abrindo os painéis de acesso à sua mente e jogando fora todos os componentes que contém a imagem de Deus estampada neles. O problema é que todos eles estampam a imagem de Deus; portanto, o homem nunca parará. Não importa quantos ele jogue fora, haverá sempre mais a jogar. Eu era esse homem. Porque joguei fora cada vez mais componentes, havia cada vez menos sobre os quais eu podia pensar. [Isso é que ele pretendia dizer quando falou que se tornara estúpido. Os cristãos têm tantas coisas em que pensar. Pessoas que rejeitam a Deus e toda a sua verdade têm muito menos em que pensar. Elas se tornam estúpidas.][2]

Ele prosseguiu dizendo que, antes de ser convertido, pensava que estava se tornando mais focalizado, pensava que era mais brilhante do que os tolos ao seu redor – até que entendeu ser ele mesmo o tolo.

Esse foi o contexto que Paulo estabeleceu e simplesmente o pressupôs quando escreveu o parágrafo espetacular que Martinho Lutero chamou de o centro de toda a Bíblia: Romanos 3.21-26. Acrescentaremos alguns poucos versículos:

Mas agora, sem lei, se manifestou a justiça de Deus testemunhada pela lei e pelos profetas;
justiça de Deus mediante a fé em Jesus Cristo, para todos [e sobre todos] os que creem; porque não há distinção,
pois todos pecaram e carecem da glória de Deus,

---

2 J. Budziszewski, "Escape from Nihilism", *re:generation Quarterly* 4/1 (1998): 13-14.

sendo justificados gratuitamente, por sua graça, mediante a redenção que há em Cristo Jesus,

a quem Deus propôs, no seu sangue, como propiciação, mediante
a fé, para manifestar a sua justiça, por ter Deus, na sua tolerância, deixado impunes os pecados anteriormente cometidos;

tendo em vista a manifestação da sua justiça no tempo presente, para
ele mesmo ser justo e o justificador daquele que tem fé em Jesus.

Onde, pois, a jactância? Foi de todo excluída. Por que lei? Das
obras? Não; pelo contrário, pela lei da fé.

Concluímos, pois, que o homem é justificado pela fé, independentemente das obras da lei.

É, porventura, Deus somente dos judeus? Não o é também dos
gentios? Sim, também dos gentios,

visto que Deus é um só, o qual justificará, por fé, o circunciso e,
mediante a fé, o incircunciso.

Anulamos, pois, a lei pela fé? Não, de maneira nenhuma! Antes,
confirmamos a lei.

Romanos 3.21-31

Falando com franqueza, esses parágrafos soam tão condensados que, se
você já é um cristão por algum tempo, quando ouve a sua leitura, começa a
ouvir sequências da palavra de Deus sem poder seguir o fluxo do pensamento.
A única maneira de entender o pensamento é ler com muita atenção essas
linhas, para conhecer a lógica e descobrir como toda a passagem se harmoniza. A passagem compensará uma leitura cuidadosa: sei que, em toda a Bíblia,
nenhuma passagem é tão clara como esta no que diz respeito ao que a cruz
realiza. A passagem nos mostra o que Jesus fez na cruz.

Seguiremos o argumento primeiramente nos versículos 21 a 26 e, depois,
nos versículos 27 a 31.[3]

---

3 Quanto a uma exposição mais ampla de Romanos 3.21-26, ver meu livro *Escândalo: a Cruz e a Ressurreição de Jesus*
(São José dos Campos, SP: Fiel, 2011).

ROMANOS 3.21-26

1. A REVELAÇÃO DA JUSTIÇA DE DEUS EM SUA RELAÇÃO COM O ANTIGO TESTAMENTO (RM 3.21)

Lembremos que Paulo gastou dois capítulos e meio para mostrar quanta culpa, ingratidão e idolatria existem – e fez isso em face da verdade de que Deus é um Deus justo. Então, como podemos ser justo aos olhos de Deus? Como viveremos diante dele?

"Mas agora" (3.21) significa neste ponto do fluxo da narrativa bíblica, nesta altura da história de redenção: Jesus veio.

"Sem lei" refere-se à lei dada por Moisés, a lei da aliança sob a qual os hebreus, os israelitas, viveram por 1.500 anos.

"Mas agora, sem lei, se manifestou a justiça de Deus." Isso quer dizer: a justiça de Deus que transcende as épocas, o próprio caráter de Deus, sua justiça perfeita, se tornou manifesta ou conhecida, não na estrutura da antiga aliança da lei, com seu sistema de sacrifícios, seus sacerdotes, etc. A justiça de Deus se tornou conhecida *à parte* disso. Usando a linguagem que Paulo empregou em outra passagem, o que ele estava dizendo era: "Chegamos agora à *nova* aliança; agora, uma *nova* estrutura de referência, uma *nova* aliança chegou". Ele ainda não explicou em que ela se fundamenta, nem como ela opera.

No entanto, isso não significa que esta nova situação é totalmente desvinculada da antiga aliança da lei, visto que Paulo acrescentou uma cláusula interessante no final do versículo 21: "Mas agora, sem lei, se manifestou a justiça de Deus *testemunhada pela lei e pelos profetas*" (ênfase acrescentada). Ou seja, se você ler o Antigo Testamento com cuidado e prestar bastante atenção, verá que a aliança da lei que Moisés estabeleceu previa realmente o que chegou agora. Por exemplo, o sangue de um novilho e de um bode que o sumo sacerdote levava ao Santo dos Santos, no tabernáculo, no Yom Kippur, o Dia da Expiação, apontava para o sacrifício final que pagaria por nossos pecados, o sacrifício de Cristo.

Até aquelas leis que chamamos de leis morais (ou seja, "não matarás", "não adulterarás") também apontavam para frente. Por exemplo, imagine o estado final das coisas, um novo céu e uma nova terra, justiça perfeita, existência ressurreta, sem pecado, morte e decadência em qualquer lugar. Você acha que haverá pequenos avisos fixados aqui e ali, que dirão: "Não matarás" ou: "Não adulterarás"? Provavelmente será muito difícil cometer assassinato e adultério em corpos ressurretos na perfeição do paraíso! Mas, à parte dessas considerações, você acha realmente que leis como estas serão necessárias? Se você disser sim, ainda não imaginou a perfeição. Se disser não, deve perguntar a si mesmo: "Isso significa que a lei de Deus mudou?" Não, isso é total incompreensão dos mandamentos, porque, em última análise, as leis que dizem: "Não matarás" e "Não adulterarás" antecipam um tempo em que assassinato e adultério, ódio e concupiscência sexual egoísta, não mais existirão. Nesse sentido, as leis apontam para a justiça perfeita, quando o povo de Deus amará um ao outro, quando assassinato e adultério serão inconcebíveis.

Portanto, a aliança da lei, que estabeleceu muitos mandamentos e proibições, juntamente com seu sistema de sacrifícios e suas estruturas para a nação – em muitas maneiras, essas coisas apontavam para frente, para o que foi introduzido por Cristo. Se a justiça de Deus é conhecida "sem lei", essa mesma lei dava testemunho deste novo estado de coisas e antecipava esse tempo.

2. A DISPONIBILIDADE DA JUSTIÇA DE DEUS PARA TODOS, SEM DISTINÇÃO RACIAL, MAS SOB A CONDIÇÃO DE FÉ (RM 3.22-23)

"... se manifestou a justiça de Deus [que agora foi manifestada de uma maneira nova] ...mediante a fé em Jesus Cristo, para *todos* os que creem; porque não há distinção, pois *todos* pecaram e carecem da glória de Deus" (Rm 3.22-23). Observe as duas ocorrências da palavras "todos"; é esta dupla ocorrência de "todos" que conecta este parágrafo com os dois capítulos e meio anteriores. Os capítulos anteriores argumentaram, amplamente e em detalhes apropriados, que *todas* as pessoas precisam dessa justiça. Somos *todos*

O Deus que Declara Justo o Culpado

culpados diante de Deus. Mas agora há uma justiça de Deus que satisfaz as *nossas* necessidades. Ela pode ser a *nossa* justiça. Ela é dada "mediante a fé em Jesus Cristo, para *todos* [e sobre todos] os que creem", judeus e gentios, "pois *todos* pecaram".

A antiga aliança era para os israelitas. É claro que, mesmo no Antigo Testamento, Deus se apresentava como soberano de todas as nações do mundo. No Antigo Testamento está escrito: "A justiça exalta as nações, mas o pecado é o opróbrio dos povos". E Deus considera todos responsáveis. Essa é a razão, por exemplo, por que o Deus de Israel, no Antigo Testamento, pode ser retratado como o Deus que, digamos, considerou a Babilônia e a Assíria responsáveis. Hoje ele considera a América e a China responsáveis. Deus ainda é o soberano Senhor que considera todos responsáveis. No entanto, na época do Antigo Testamento, a aliança da lei ligava Deus aos israelitas, os descendentes de Abraão, Isaque e Jacó.

Mas agora, a Bíblia nos diz, essa justiça de Deus, que, de algumas maneiras, é dissociada da antiga aliança, é dada por meio da fé em Jesus Cristo. Não é dada nas bases da antiga aliança, conforme as quais uma pessoa deveria ser nascida em uma nação ou, em algum sentido, ser adotada pela nação. Não, ela é dada "mediante a fé em Jesus Cristo, para *todos* [e sobre todos] os que creem; porque não há distinção, pois *todos* pecaram e carecem da glória de Deus". Em outras palavras, a graça é dada conforme a necessidade, e a necessidade está em todos, judeus e gentios igualmente.

Uma das coisas maravilhosas sobre o último livro da Bíblia é que ele mostra que, no último dia, ao redor do trono de Deus estarão homens e mulheres de toda língua, etnia e nação. Milhões deles! Naquele último dia, ao redor do trono, haverá muitos chineses, tutsis, hutus, sérvios, russos, bolivianos, árabes, europeus – diferentes cores, diferentes sensos de humor, diferentes línguas, diferentes etnias. Deus reúne seu povo de todas essas nações. Hoje, cristãos que viajam descobrem que, onde quer que vão, encontram cristãos, mesmo em lugares surpreendentes. Estive em Papua Nova Guiné e tive comunhão com irmãos e irmãs que, uma geração e meia atrás, teriam sido canibais.

Visitei Hong Kong. Que cidade espetacular! Ela contém uma mistura de estilos: lojas luxuosas e, dois quarteirões adiante, um mercado de carne ao ar livre. Grande diversidade de pessoas – e muitos cristãos naquele lugar. E o mesmo é verdade ao redor do mundo: africanos, asiáticos, europeus, americanos. Ao redor do trono, naquele último dia, haverá pessoas de todo o globo e de toda etnia, porque nos termos da nova aliança, Deus tornou disponível a justiça que necessitávamos tão desesperadamente, para *todos* que creem, porque *todos* pecaram e carecem da glória de Deus.

Paulo ainda não explicou como Deus fez isso. Mas esta é a força do ensino que ele estabeleceu.

3. A FONTE DA JUSTIÇA DE DEUS NA GRACIOSA PROVISÃO DE CRISTO JESUS COMO A PROPICIAÇÃO PELOS NOSSOS PECADOS (RM 3.24-25)

> *Justiça de Deus mediante a fé em Jesus Cristo, para todos [e sobre todos] os que creem; porque não há distinção,*
> *pois todos pecaram e carecem da glória de Deus,*
> *sendo justificados gratuitamente, por sua graça, mediante a redenção que há em Cristo Jesus, a quem Deus propôs, no seu sangue, como propiciação, mediante a fé.*
>
> Romanos 3.22-25

Agora temos algumas palavras teológicas que precisam ser esclarecidas.

REDENÇÃO

O que significa *redenção*? Para nós, *redenção* é uma palavra que pertence à linguagem teológica. Não a usamos muito em nossa conversa comum. Uma ou duas gerações atrás, ainda usávamos a palavra *redenção* em algumas transações financeiras. Se você fosse a uma loja de penhores, empenhasse ali o relógio de seu avô, para obter um pouco de dinheiro, e conseguisse ganhar algum dinheiro nas semanas seguintes, você voltaria lá e *redimiria* o relógio. Você o compraria de volta e o resgataria de onde ele estava. De modo semelhante, pessoas falariam em termos financeiros sobre redimir sua hipoteca, quitando-a finalmente.

No mundo antigo, a linguagem de redenção era usada mais comumente. Não era restrita ao vocabulário teológico. Por exemplo, no mundo antigo você poderia tornar-se um escravo porque não havia leis de falência de bancos semelhantes às que temos hoje. Suponha que você emprestasse algum dinheiro, começasse um negócio, a economia tropeçasse, e seu negócio falisse. O que você faria? No mundo antigo, o que você deveria fazer era vender a si mesmo e/ou entregar a sua família à escravidão. Isso é o que você faria. Não havia leis de proteção referentes à falência.

No entanto, suponha que você tivesse um primo abastado que morava a quarenta quilômetros de sua cidade (talvez um dia de viagem). E ele soubesse que você se vendeu à escravidão. Suponha que ele se importasse com você e decidisse fazer algo a respeito disso. O que ele poderia fazer era ir à sua cidade e comprar você de volta. Ora, havia um processo complicado para fazer isso por meio de templos pagãos – um processo que não precisamos abordar. Mas o que ele estaria fazendo era redimindo você. Ele o compraria de volta e, assim, o libertaria de sua escravidão.

O que Paulo estava dizendo era isto: "Nós também recebemos uma redenção, uma libertação de nossa escravidão ao pecado. Fomos comprados de volta e, como resultado, fomos libertos daquilo que, do contrário, nos escravizaria". De fato, o que Paulo estava afirmando é que todos nós fomos "justificados gratuitamente, por sua graça, mediante a redenção que há em Cristo Jesus" (3.24). Isto é impressionante: somos todos *justificados* – declarados justos, retos diante de Deus. Como pode ser isso – quando não somos justos nem retos? Acabamos de passar por dois capítulos e meio que nos dizem que não somos justos. No entanto, agora, Paulo diz que a justiça de Deus nos declarou justos. Somos justificados gratuitamente pela graça de Deus, por meio da redenção, do comprar-nos de volta; a nossa liberdade é garantida por Cristo Jesus, por meio da redenção que vem através dele. Como isso se realiza? O que isso significa?

Para entender, temos de aprender o conceito de outra palavra que Paulo utilizou.

PROPICIAÇÃO

"A quem Deus propôs, no seu sangue, como *propiciação*, mediante a fé" (3.25 – ênfase acrescentada). O que isso significa? Precisamos deter-nos por um momento e considerar esta palavra "propiciação".

"Propiciação" é aquele ato sacrificial pelo qual Deus se torna propício. Isso talvez não lhe diga muita coisa, não é? "Propício" significa apenas favorável; isso implica que a propiciação é o ato pelo qual Deus se torna favorável a nós. Ele estava contra nós em ira, mas agora por este ato sacrificial Deus se torna favorável. Isso é propiciação.

Outros preferem usar o termo "expiação". A expiação é o ato pelo qual o pecado é cancelado, banido, removido. Portanto, o objeto da expiação é o pecado. O objeto da propiciação é Deus. Ele se torna favorável.

No mundo pagão antigo, no século I, quando os pagãos ofereciam sacrifícios aos seus deuses, muito frequentemente o desejo deles era tornar os deuses propícios. Se você quisesse fazer uma viagem marítima, faria um sacrifício propiciatório a Netuno, o deus do mar, na esperança de que ele não fosse genioso e não ficasse irado com você; assim, você teria uma viagem segura. Era um sacrifício a Netuno, para torná-lo propício. Era um sacrifício propiciatório.

No entanto, este texto de Romanos nos diz algo mais impressionante. Naquela antiga maneira pagã de ver as coisas, os adoradores humanos ofereciam um sacrifício propiciatório aos deuses. Mas este texto diz que *Deus* apresentou Cristo como um sacrifício propiciatório. Isso significa que Deus, ao apresentar Cristo como um sacrifício propiciatório, propicia a si mesmo? Como Deus pode oferecer um sacrifício que propicia a ele mesmo?

Por causa da estranheza desse pensamento, muitos têm rejeitado totalmente essa interpretação. Eles acham que é insensatez. Como Deus pode

O Deus que Declara Justo o Culpado

propiciar a si mesmo? Além disso, alguns deles não gostam da noção de sacrifício de sangue ou da ideia de que Deus se ira. Nos anos 1930, um influente professor no Reino Unido, um homem chamado C. H. Dodd, argumentou vigorosamente que "propiciação" não faz sentido como tradução. Certamente, Deus não pode propiciar a si mesmo. Portanto, isso tem de ser *"expiação"*, em que, pelo sacrifício de seu próprio Filho, o pecado é cancelado. Posteriormente, Dodd argumentou: Deus amou tanto o mundo, que deu seu único Filho (ver Jo 3.16). Se Deus foi tão favorável ao mundo, que deu seu próprio Filho, como podemos imaginar que o Filho está propiciando a Deus, tornando-o favorável? Deus já é favorável. Portanto, o que está acontecendo tem de ser expiação (cancelamento do pecado) e não propiciação (afastamento da ira de Deus).

Aqueles que responderam ao professor Dodd salientaram que, no Antigo Testamento, quando a propiciação é mencionada, ela aparece regularmente no mesmo contexto em que a ira de Deus é mencionada. De fato, a palavra traduzida por *"propiciação"* é usada, na tradução grega do Antigo Testamento, dois terços das vezes para se referir à cobertura da arca da aliança, onde no Dia da Expiação era aspergido o sangue de novilho e de bode – precisamente para afastar a ira de Deus. Deus ordenou que esse sacrifício fosse oferecido para cumprir esse propósito. E, nesta passagem de Romanos, temos dois capítulos e meio que começam com a afirmação *"a ira de Deus* se revela do céu contra toda impiedade e perversão" que nós, seres humanos, temos manifestado ao deter a verdade (1.18 – ênfase acrescentada). Portanto, a ira de Deus é o pano de fundo para o uso de propiciação em Romanos 3.25.

A reação de Deus ao nosso pecado é profunda, pessoal e inevitável. A ira tem de ser afastada, pois, do contrário, não podemos ser "justificados", declarados justos aos olhos de Deus. Como Deus pode propiciar a si mesmo? A resposta é que toda a narrativa da Bíblia nos ensina que Deus está contra nós em ira, por causa de sua santidade, mas está sobre nós em amor porque esta é a natureza de Deus. Ambas as atitudes são importantes.

Por um lado, se Deus não se manifestasse em ira contra nós, quando pecássemos, ele seria imoral. "Oh! não me importo! Eles podem blasfemar, matar, estuprar, roubar, mentir. Não me preocupo. Não me importo. Não estou nem aí!" Mas Deus é justo; ele está *realmente* contra nós em ira, em especial porque nós o temos marginalizado. Temos menosprezado a Deus.

Deus sabe que é para o nosso bem que ele esteja no centro de tudo. Isso não implica que ele quer ter certa preferência entre os parceiros: ele não é nosso parceiro. Quando você e eu queremos ser louvados por nossos semelhantes – pelos outros seres humanos, o que desejamos é ser mais fortes, mais sábios, mais ricos, mais bonitos do que eles; queremos ser reputados, em algum sentido, como superiores. Contudo, Deus *é* superior. Ele não é como nós. Ele é *Deus*. Além disso, Deus sabe, em amor, que *temos de* vê-lo no centro de tudo, pois, do contrário, estamos perdidos, arruinados. Vê-lo dessa maneira é para o nosso bem. É por amor que Deus insiste em que ele seja Deus, que os ídolos sejam banidos. Por sua vez, ele se mostra irado quando, por nossas ações, pensamentos e obras, declaramos: "Não será assim".

Deus está contra nós em ira por causa de sua santidade, mas, por outro lado, ele está sobre nós em amor porque esta é a sua natureza. Este texto de Romanos nos diz que Deus apresentou Cristo como a propiciação por nossos pecados. De fato, não podemos ter propiciação (ou seja, o afastamento da ira de Deus) sem expiação (ou seja, o cancelamento do pecado). As duas se mantêm juntas na Bíblia. Isso se aplica até ao sacrifício realizado no Dia da Expiação. É também a razão por que algumas pessoas preferem a expressão "sacrifício de expiação", que é mais abrangente: "Deus propôs Cristo como sacrifício de expiação" (3.25) por nossos pecados, cancelando o nosso pecado e afastando a ira de Deus num mesmo ato. O que não podemos perder de vista, no contexto de Romanos, é o fato de que a ira justa de Deus tem de ser afastada sem macular a justiça de Deus.

Precisamos pensar um pouco mais a respeito disso. O que acontece não é que o Pai se mantém contra nós em ira, realmente irado, e o querido Jesus aparece e se coloca sobre nós em amor. Isso seria uma noção bárbara: o Deus trino estaria fazendo um esforço conjunto para, em harmonia, livrar seres humanos, portadores de sua imagem, da tirania de nosso pecado. Toda a Trindade

O Deus que Declara Justo o Culpado

(Pai, Filho e Espírito Santo) estão contra nós em ira e, igualmente, sobre nós em amor.

Penso que uma das razões por que, no Ocidente, achamos difícil imaginar isso é o nosso sistema judicial. Em quase todos os países do Ocidente, o judiciário é independente. E o juiz não pode ser a vítima de um criminoso que está sendo julgado. Imagine, por exemplo, que alguém acusado de assalto seja trazido perante um juiz. E acontece que o juiz é a pessoa que foi assaltada. Em nosso sistema, o juiz tem de recusar-se a arbitrar o caso, porque não pode julgar qualquer pessoa quando ele é a vítima do crime. Isso é assim porque o juiz exerce a autoridade de um sistema judicial maior. Isso é tudo que um juiz faz. Espera-se que o juiz exerça, de maneira igualitária, a autoridade de um sistema maior. O criminoso ofende o Estado, a lei, a Constituição, o povo. Se você mora em um país monárquico como a Inglaterra, você ofende a coroa. Mas você não pratica um crime contra o juiz. Espera-se que ele seja um árbitro independente que usa a estrutura do sistema judicial para aplicar a lei com justiça e imparcialidade à pessoa que está em julgamento.

Mas isso não se aplica ao tribunal de Deus. Como já vimos, repetidas vezes, Deus é sempre a parte mais ofendida. Nós o temos ofendido, e ele é o nosso juiz. Deus nunca se recusa a isso. Contudo, a sua justiça não é injusta. Ele é perfeitamente justo, é a própria incorporação da justiça. Ele é perfeitamente reto. Sabe todas as coisas. Nada pode ser escondido dele, nem mesmo nossos pensamentos. A justiça de Deus é perfeita. Mas ele é também a parte mais ofendida. Sempre. Portanto, Deus exige, em ira, que a justiça seja feita. E, na pessoa de seu Filho, ele pagou a penalidade.

Em nosso sistema de tribunais, isso é tão estúpido e inacreditável. Talvez você já tenha ouvido ilustrações que retratam pessoas trazidas diante de um juiz, que a declara culpada e ordena uma fiança de cinco mil dólares ou, alternativamente, confina o ofensor a cinco anos de prisão. Depois, o juiz desce do tribunal, pega o seu talão de cheques e escreve um cheque de cinco mil dólares ou, alternativamente, tira a sua toga e vai à cadeia por cinco anos em lugar do criminoso culpado. Isso é chamado de substituição. Suponho que essa ilustração esclarece a noção de substituição, mas em nosso sistema judicial ela seria incrivelmente corrupta. Em nosso sistema, nenhum juiz poderia fazer isso. O juiz deve ser um árbitro independente cuja paixão é a aplicação justa da lei, a autoridade da lei. Ele não tem o direito de tomar o lugar do réu. Isso seria uma corrupção da justiça.

No entanto, nos tribunais do céu, Deus estabelece o sistema. Ele é perfeitamente justo, mas é também a parte ofendida. E, na pessoa de seu querido Filho, ele absorveu a penalidade em favor das pessoas que colocam sua fé nele. Este último ponto é sobremodo importante.

4. A DEMONSTRAÇÃO DA JUSTIÇA DE DEUS POR MEIO DA CRUZ DE JESUS CRISTO (RM 3.25-26)

> A quem Deus propôs, no seu sangue, como propiciação, mediante a fé, para manifestar a sua justiça, por ter Deus, na sua tolerância, deixado impunes os pecados anteriormente cometidos; tendo em vista a manifestação da sua justiça no tempo presente, para ele mesmo ser justo e o justificador daquele que tem fé em Jesus
>
> Romanos 3.25-26

Deus fez isso "para manifestar a sua justiça", não apenas para amar-nos, perdoar-nos e redimir-nos – mas para demonstrar a sua justiça. Se Deus tivesse perdoado nosso pecado, sem que, em algum sentido, o pecado tivesse sido pago, onde estaria a justiça? Se a justiça não tivesse sido satisfeita, como Deus poderia dizer: "Eu perdoo você", sem promover a *in*justiça? O pecado tinha de ser pago.

"Na sua tolerância", Deus deixou "impunes os pecados anteriormente cometidos" (3.25). Isso se refere a todos os pecados do povo de Deus da aliança no passado. Eles haviam recebido vários tipos de punições temporais. Por exemplo, na justiça de Deus o povo corrupto de Israel foi para o exílio. Eles enfrentaram vários tipos de pressões e punições terrenas. Mas, aqui, Paulo

O Deus que Declara Justo o Culpado

ressaltou que eles nunca receberam toda a força da condenação de Deus. Isso viria no próprio Cristo. Eles foram poupados dessa condenação. De alguma maneira profunda, Deus deixara impunes os pecados deles. Agora, Deus demonstra sua justiça em mandar Cristo à cruz por haver, "na sua tolerância, deixado impunes os pecados anteriormente cometidos". Jesus levou o pecado deles, como levou o meu. Jesus fez isso para manifestar a justiça de Deus "no tempo presente, para ele mesmo ser *justo* e o justificador daquele que tem fé em Jesus" (Rm 3.26 – ênfase acrescentada). Em outras palavras, por meio disso, Deus não somente declara justas pessoas culpadas como você e eu (ou seja, ele nos justifica porque alguém pagou por nosso pecado), mas também demonstra sua própria justiça ao fazer isso.

Você quer saber onde a justiça de Deus é mais poderosamente demonstrada? Na cruz. Quer saber onde o amor de Deus é mais poderosamente demonstrado? Na cruz. Ali, Jesus, o Deus-homem, suportou o próprio inferno, e Deus fez isso tanto para ser justo como para ser aquele que declara justos os que têm fé em Jesus. Há um sentido em que Deus vê a mim, Don Carson, pelas lentes de Jesus. Isso significa: meu pecado é agora visto como dele, que pagou por meu pecado. E a justiça de Jesus, a retidão de Jesus, é agora vista como minha. Deus olha para mim e me declara justo, não por causa do que eu sou (eu sou culpado!), e sim porque ele propôs seu Filho como a propiciação por nossos pecados.

ROMANOS 3.27-31

Repetidas vezes, em Romanos 3.21-26, Paulo nos diz que a *fé* é a maneira pela qual recebemos essa justiça, a justificação de Deus. Nos últimos versículos do capítulo, Romanos 3.27-31, Paulo ressalta três ênfases sobre a fé. Em resumo:

1. A FÉ EXCLUI A VANGLÓRIA (RM 3.27; 4.1-2)

"Onde, pois, a jactância? Foi de todo excluída. Por que lei? Das obras? Não; pelo contrário, pela lei da fé" (Rm 3.27).

Isso significa que eu não posso aproximar-me de você e dizer: "Sou uma pessoa superior. Por isso eu fui aceito por Deus". Eu sou declarado justo diante de Deus não porque fiz o máximo que podia, e sim porque recebi o dom de Deus pela fé. A própria natureza da fé exclui a vanglória. No novo céu e na nova terra, ninguém argumentará sobre a maneira como seu mérito pessoal atraiu a aprovação de Deus.

2. A FÉ É NECESSÁRIA PARA PRESERVAR A GRAÇA (RM 3.28; 4.3-8)

"Concluímos, pois, que o homem é justificado pela fé, independentemente das obras da lei" (Rm 3.28).

Se, de alguma maneira, eu posso obter o perdão de Deus (ou seja, Deus pode olhar para mim com favor) porque eu o mereço, não existe mais graça. Já vimos que, ao lidarmos com um Deus com quem não podemos fazer barganhas, a única maneira de sermos perdoados é por sua graça soberana realizada na cruz. Essa graça é demonstrada na cruz, e nós a recebemos pela fé. A fé preserva a soberana graça de Deus. Se, de algum modo, merecêssemos o favor de Deus, então, o favor de Deus não seria dispensado com base na graça de Deus.

A fé não somente exclui a vanglória, não somente é necessária para preservar a graça, mas também...

3) É NECESSÁRIA PARA QUE JUDEUS E GENTIOS SEJAM SALVOS (RM 3.29-30; 4.9-17)

É, porventura, Deus somente dos judeus? Não o é também dos gentios? Sim, também dos gentios,
visto que Deus é um só, o qual justificará, por fé, o circunciso [ou seja, judeus] e, mediante a fé, o incircunciso [ou seja, gentios].
Romanos 3.29-30

Uma das implicações necessárias do monoteísmo – a crença em um único

O Deus que Declara Justo o Culpado

Deus – é que, em algum sentido, ele é o Deus de todos, reconhecido ou não. Ele é o Deus dos judeus e dos gentios, igualmente. É pela fé que você e eu recebemos essa afirmação ousada de que somos justos diante de Deus; pois é somente com base na cruz, e somente nessa base, que Deus justifica judeus (os circuncisos) e gentios (os incircuncisos) crentes.

4. A FÉ CRISTÃ, EM VEZ DE ANULAR O ANTIGO TESTAMENTO, CUMPRE-O E O CONFIRMA (RM 3.31; 4.18-25)

"Anulamos, pois, a lei pela fé? Não, de maneira nenhuma! Antes, confirmamos a lei" (Rm 3.31). Assim, Paulo fecha o círculo. Ele nos leva de volta ao versículo 21, onde já havia estabelecido que esta maravilhosa manifestação da justiça de Deus, embora pareça separada da aliança da lei, foi antecipada e anunciada pela mesma aliança da lei. Por dizer algo semelhante nesta altura, Paulo está insistindo enfaticamente que toda a Bíblia é uniforme. Os propósitos de Deus são unificados em todo o decorrer da história bíblica – estratificados, complexos, entremeados, porém maravilhosamente unificados, de modo que agora, na cruz e na ressurreição de Jesus, a aliança da lei é cumprida e seu propósito em longo prazo, no plano de Deus, é espetacularmente cumprido. Homens e mulheres culpados são declarados justos e reconciliados com Deus, não porque sejam justos, não porque equilibraram boas obras e más obras, e sim porque pela fé creram no sacrifício de Cristo em favor deles – um sacrifício que, ao mesmo tempo, paga a penalidade do pecado deles e estabelece a justiça de Deus.

UMA PALAVRA FINAL SOBRE A FÉ

Não podemos deixar de observar que "fé" e "crer" são termos cruciais neste capítulo de Romanos. No entanto, essas palavras podem ser mal interpretadas, porque hoje, no mundo ocidental, a palavra "fé" tem um de dois significados, nenhum dos quais Paulo empregou:

1. Em alguns contextos contemporâneos, "fé" é equivalente a "religião". Dizemos que há muitas religiões, muitas formas de fé. Você tem sua fé, eu tenho a minha; você tem a sua religião, eu tenho a minha. Neste uso, "fé" é apenas um sinônimo de "religião".

2. Mas, quando não é usada dessa maneira, "fé" significa, em nossa cultura, algo como escolha pessoal, subjetiva e religiosa. Ou seja, ela não está vinculada, em qualquer sentido, à verdade ou aos fatos. É uma escolha pessoal, subjetiva, religiosa. Portanto, se você diz a alguém hoje: "Você precisa ter fé em Jesus", isso parece um convite para um salto no escuro: alguns fazem opção por Jesus, outros, por Alá e Maomé; e outros optam pelo budismo. Mas, embora a palavra "fé" seja usada de maneiras diferentes na Bíblia, nem uma vez ela é usada dessa maneira. Nem uma vez.

Na Bíblia, é crucial estabelecer o objeto da fé, ou seja, *em que* ou *em quem* você crê. Por exemplo, em outra carta de Paulo, escrita aos cristãos em Corinto, ele insistiu em que os cristãos cressem que Jesus ressuscitou dos mortos (ver 1Co 15). Suponha, argumentou Paulo, que Jesus não tenha ressuscitado dos mortos; suponha que isso seja um absurdo histórico. Então, o que aconteceria com a sua fé se Jesus não ressuscitou dos mortos?

Primeiro, as testemunhas originais estavam todas enganadas. Você não poderia confiar em qualquer das 500 testemunhas de lugares, tempos e circunstâncias diferentes. Eram todos mentirosos. Segundo, você ainda estaria perdido, porque a Bíblia ensina que foi a morte e a ressurreição de Cristo que trouxe a nossa redenção. É assim que nos reconciliamos com Deus. Terceiro, a sua fé seria inútil. Em outras palavras, se você crê que Jesus ressuscitou dos mortos, quando de fato ele não ressuscitou, sua fé não tem valor, porque *a validação da fé depende, em parte, da veracidade do objeto da fé*. Essa é a razão por que a Bíblia nunca nos incentiva a crer em algo que não é verdadeiro ou em algo que não está apto para ser declarado verdadeiro. Por isso, na Bíblia a fé é fortalecida por articularmos e defendermos a verdade. A Bíblia nunca diz: "Apenas creia, creia, creia, creia, creia – não importa se é verdade ou não, apenas creia. Contanto que você seja sincero em sua crença, isso é bom". Paulo vai

O Deus que Declara Justo o Culpado

além e diz que, se você crê em algo que não é verdadeiro (como a ressurreição de Jesus, se ela não aconteceu), você é a mais infeliz de todas as pessoas. Sua vida é uma piada. Você está crendo em algo que é absurdo.

Se você não está convencido de que Cristo ressuscitou dos mortos, eu serei a última pessoa a exortá-lo a esforçar-se para fingir que crê nisso. Isso não é fé.

Nesse assunto, é importante que evitemos iludir a nós mesmos. Se alguém dissesse em oposição: "Prefiro não ter fé *nenhuma*. Viverei minha fé apenas com base em evidência comprovável", a resposta óbvia é que a fé é inevitável. Se você sustenta que *qualquer* reivindicação de um conhecimento superior sobre Deus *não pode* ser verdadeiro, isso é, em si mesmo, um objeto de fé, um objeto de crença religiosa – ou seja, uma crença que molda sua estrutura de referência a respeito de tudo que você afirma ser importante. Se você insiste em que ninguém pode decidir que fé é verdadeira, você está fazendo uma afirmação fundada em certo tipo de fé, uma percepção da realidade em que você chegou a acreditar. Por que devemos crer em você? Todos nós, sem exceção, fazemos um tipo ou outro de reivindicações da verdade. Sem dúvida, é difícil avaliá-las. Mas não temos outra alternativa, senão tentar.

Quando Paulo recomendou, em Romanos 3, a fé, o que ele desejava de nossa parte era uma habilidade dada por Deus para percebermos o que Deus fez ao pendurar Jesus na cruz, reconciliando-nos consigo mesmo, colocando de lado a sua ira justa, demonstrando seu amor e declarando-nos justos, embora não o sejamos, porque agora a justiça de Cristo Jesus é reputada como nossa, e nosso pecado é reputado como dele. E Paulo apoiou isso na graciosa autorrevelação de Deus através dos enormes períodos de tempo, através de toda a narrativa bíblica, culminando na impressionante realidade de que o Deus que nos fez, o Deus que é nosso juiz, derramou seu sangue, morreu por nós e ressuscitou.

Esse é o tipo de Jesus em que você pode crer. É o tipo de Deus em quem você pode colocar sua fé.

ORAÇÃO CONCLUSIVA

Dilema infame: como pode a santidade
De vida resplendente e límpida tolerar
Fétida lama de rebelião e não abater
Em sua glória, comprometida ao máximo?
Dilema infame: como pode a verdade atestar
Que Deus é amor e não ser envergonhada por ódio,
Vontades escravizadas e morte amarga – a carga
De maldição merecida, o caos de rebeldes humanos?
A cruz! A cruz! O lugar de encontro sagrado
Onde, desconhecendo perda e comprometimento,
O amor e a pureza de Deus, em graça assoladora,
Solucionam o grande dilema! A cruz! A cruz!
Este santo, amável Deus cujo Filho querido morre
Por meio disso é justo – e aquele que justifica.[4]

Pai celestial, abre os nossos olhos para que vejamos a verdade do que fizeste em Jesus e, vendo a verdade, creiamos. Por amor a Jesus, Amém.

---

4 D. A. CARSON, *Holy Sonnets of the Twentieth Century* (Grand Rapids: Baker, 1994), 101.

12

O Deus

QUE REÚNE E
TRANSFORMA SEU POVO

Em um de seus mais recentes livros, *God Is Not Great: How Religion Poisons Everything* (Deus Não É Grande: Como a Religião Envenena Tudo), o expressivo e interessante ateísta Christopher Hitchens argumenta que todo o registro religioso – toda religião – se direciona à guerra, ódio e conflito, quer seja o conflito católico-protestante em Belfast, em décadas recentes, quer seja em Beirute, entre pessoas de herança cristã e mulçumanos, quer seja em Belgrado, Bagdá ou Bombaim. Em todos os lugares do mundo, a religião envenena tudo. Precisamos dizer que há alguma verdade na acusação. Não foi por nada que, nos séculos passados, a Guerra dos Trinta Anos foi, pelo menos em certa medida, uma guerra religiosa.

A razão por que há alguma verdade na acusação formulada por Hitchens é que uma das coisas que a religião faz – toda religião – é abordar alguns assuntos como questões de importância extraordinária. Hoje, o grupo de terroristas predominante é constituído de mulçumanos, e sem dúvida eles gostariam de ver a cultura e a fé islâmica desfrutar de maior porção das finanças e da cultura mundial. Mas o que torna a crença deles tremendamente importante aos seus próprios olhos é a convicção de que eles representam a mente de Deus.

Considere isto: Alister McGrath já mostrou em seu livro sobre ateísmo[1] que, se você não tem religião para transcendentalizar as coisas, você acaba transcendentalizando algo mais. Em outras palavras, o ato de fazer que algo seja de importância transcendental não é exclusivamente uma função da religião. Pode ser uma função do desejo humano de controlar. No século XX, os poderosos movimentos do nazismo e do stalinismo não eram impulsionados por religião. Alguns, no partido nazista, afirmavam seu direito de reconstrução do cristianismo, mas o propósito era controlar o cristianismo e restringir suas energias. Na realidade, o que impulsionava os dois movimentos – nazismo e stalinismo – eram visões distintas da realidade: em um lado, havia a transcendentalização da etnicidade – um senso intrínseco da superioridade ariana, uma acusação cheia de ódio dos judeus e do Tratado de Versaillles; no outro lado, havia uma transcendentalização do Estado alicerçado no marxismo social e teoria econômica. Então, o fato não é que a religião envenena tudo quando tudo é bom. O século caracterizado pelo maior derramamento de sangue, o século XX, gerou a maior parte de sua violência em movimentos que eram distintamente antirreligiosos. O mundo não perdeu um terço da população do Camboja por causa do cristianismo, e sim por causa do comunismo.

O cristianismo tem tido os seus fanáticos. A noção de fanatismo precisa ser considerada. Talvez a maioria das pessoas achem que os cristãos podem ser colocados em um espectro entre o nominalismo (cristãos apenas de nome) e o fanatismo (cristãos que são extremamente intensos em suas crenças e moralidade). Nesta escala, poderíamos ser mais atraídos ao seu meio, incluídos entre os moderados. O problema é que a escala é, em si mesma, perniciosa. Ela presume que o cristianismo seja basicamente esforço e aprimoramento moral, de modo que o polo de mais elevada intensidade da escala esteja repleto de pessoas cheias de justiça própria, superconfiantes, superiores e desdenhosas, pessoas que, no melhor, são terrivelmente repugnantes.

No entanto, o cristianismo não é isso. Onde quer que o cristianismo seja

---

1 Alister McGrath, The Twilight of Atheism: The Rise and Fall of Disbelief in the Modern World (New York: Doubleday, 2004).

O DEUS QUE REÚNE E TRANSFORMA SEU POVO

vivido de maneira razoavelmente fiel à ênfase bíblica sobre a salvação pela graça, o que Deus fez por nós em Cristo e não sobre o que temos feito, uma mudança de tudo pode ser vista. Tim Keller escreveu:

> A crença de que você é aceito por Deus por meio de pura graça é humilhante. As pessoas fanáticas são assim, não porque são muito comprometidas com o evangelho, e sim porque não são suficientemente comprometidas.
>
> Pense em pessoas que você considera fanáticas. Elas são orgulhosas, cheias de justiça própria, obstinadas, insensíveis e rudes. Por quê? Não é porque elas são cristãs demais, e sim porque não são cristãs na medida certa. São fanaticamente zelosas e corajosas, mas não são fanaticamente humildes, amáveis, sensíveis, empáticas, perdoadoras e compreensíveis – como Cristo era... O que nos impressiona como excessivamente fanático é um fracasso em ser totalmente comprometido com Cristo e seu evangelho.[2]

Se você compreende bem o que temos considerado na Bíblia e admite que, em última análise, a nossa esperança é a graça de Deus, isso muda tudo. Essa é a razão pela qual o cristianismo bíblico sempre teve, em sua herança, a capacidade de desafiar e reformar a si mesmo: ele retorna à graça de Deus. É por isso que, embora as cruzadas tenham sido horríveis e indefensáveis, a herança cristã no Ocidente tem se desculpado por elas inúmeras vezes. E, embora o islamismo tenha dominado o Oriente Médio com *a mesma* sede de sangue, não há na herança do islamismo traços de qualquer pedido de desculpa por isso.

A escravidão que foi difundida e desenvolvida no Ocidente, da qual os cristãos participavam, também foi, por fim, destruída pelos cristãos que tentavam ser mais bíblicos e desafiaram todo aquele empreendimento perverso. Thomas Sowell analisou o que aconteceu na Inglaterra sob a influência de

---

2 Timothy Keller, The Reason for God: Belief in an Age of Skepticism (New York: Dutton, 2008), 57.

Wilberforce e outros líderes cristãos até que, primeiramente, o comércio de escravos pelo Atlântico fosse abolido e, por fim, a própria escravidão terminasse no Império Britânico. Ele observou que o que impeliu o movimento de abolição foi, inicialmente, cristãos evangélicos determinados a acabar com aquele mal; por fim, bastante opinião pública foi mobilizada durante sucessivas gerações de oficiais de governo, para que o movimento abolicionista fosse levado adiante e chegasse à sua conclusão lógica.[3]

Apesar dos argumentos revisionistas apresentados para provar que os abolicionistas descobriram ser mais econômico abolir a escravidão do que mantê-la, as realidades foram bem diferentes. Por exemplo, quando a escravidão foi abolida definitivamente, o governo britânico prometeu pagar a todos os grandes fazendeiros de cana-de-açúcar, na Jamaica e em outros lugares sob domínio britânico, o preço dos escravos para libertá-los. A promessa chegava até a *metade* do PIB britânico, e eles resolveram isso não porque lhes pouparia dinheiro, e sim por causa da influência cristã referente ao que é certo e ao que é errado. Isso não justifica toda a impiedade que foi cometida antes, mas nos lembra de que, embora a Bíblia possa ser usada de muitas maneiras vergonhosas, ela pode firmar seguidores de Jesus tão profundamente na graça de Deus, que todos os sistemas éticos são transformados. Quando descobre o que é realmente o evangelho, você se torna humilde. O evangelho não torna as pessoas arrogantes. Ele as transforma.

Nos capítulos anteriores, vimos como a cruz de Jesus é a base de nossa reconciliação. Deus propicia a si mesmo. Ele afasta a sua ira porque é o Deus de amor. Satisfaz seu senso de justiça na pessoa de seu Filho amado e, em graça, reconcilia consigo mesmo rebeldes ingratos. O resultado é que eles vêm a Deus humildemente, não imaginando, nem por um momento, que estão lhe fazendo um favor. O que acontece é o contrário: eles se apropriam dessa reconciliação, dessa justificação de Deus, pela fé. Vimos que essa salvação é dada somente por graça e recebida somente pela fé. Isso se aplica tanto a judeus como a gentios.

---

3 Ver Thomas Sowell, *Race and Culture: A World View* (New York: Basic Books, 1994), 210-14.

Em outras de suas cartas, Paulo, o apóstolo, desenvolveu seu argumento de maneiras levemente diferentes. O que farei no resto deste capítulo é um pouco diferente do que tenho feito frequentemente. Em vez de focalizar uma passagem curta ou um capítulo da Bíblia, citarei diversas passagens completas e oferecerei alguns comentários breves, para que você ouça o argumento de Paulo, com ênfases diferentes, de que as boas novas a respeito de Cristo e de sua cruz, o que a Bíblia designa como "o evangelho", chama pessoas, as reúne e transforma . Qualquer cristianismo que não incorpore essa realidade em sua visão não é digno do nome que possui.

EFÉSIOS 2.1-22

Paulo escreveu aos crentes que viviam na cidade de Éfeso e descreveu a conversão deles:

Ele vos deu vida, estando vós mortos nos vossos delitos e pecados,

nos quais andastes outrora, segundo o curso deste mundo, segundo o príncipe da potestade do ar, do espírito que agora atua nos filhos da desobediência;

entre os quais também todos nós andamos outrora, segundo as inclinações da nossa carne, fazendo a vontade da carne e dos pensamentos; e éramos, por natureza, filhos da ira, como também os demais.

Mas Deus, sendo rico em misericórdia, por causa do grande amor com que nos amou,

e estando nós mortos em nossos delitos, nos deu vida juntamente com Cristo, – pela graça sois salvos,

e, juntamente com ele, nos ressuscitou, e nos fez assentar nos lugares celestiais em Cristo Jesus;

para mostrar, nos séculos vindouros, a suprema riqueza da sua graça, em bondade para conosco, em Cristo Jesus.

> *Porque pela graça sois salvos, mediante a fé; e isto não vem de vós; é*
> *dom de Deus;*
>
> *não de obras, para que ninguém se glorie.*
>
> *Pois somos feitura dele, criados em Cristo Jesus para boas obras, as*
> *quais Deus de antemão preparou para que andássemos nelas.*
>
> *Efésios 2.1-10*

Em outras palavras, os interesses de Paulo não se restringiam a ver homens e mulheres declarados justos diante de Deus e nada mais. Certamente, o problema da culpa tem de ser resolvido. O motivo da ira de Deus tem de ser afastado. Deus mesmo tem de ser propiciado. O pecado tem de ser expiado. Mas isso ainda me deixa funcionalmente um pecador. É verdade que precisamos ser reconciliados com este Deus, mas nós mesmos temos de ser mudados.

Falamos sobre esse tema quando examinamos o que é o novo nascimento (no capítulo 8). Agora descobrimos algo semelhante, em terminologia diferente, nos escritos do apóstolo Paulo. "Pois somos feitura dele, *criados em Cristo Jesus para boas obras*, as quais Deus de antemão preparou para que andássemos nelas" (Ef 2.10, ênfase acrescentada). *Tem de* haver uma transformação, pois este é o propósito de Deus na salvação, em sua "feitura". Essa mudança, essa nova criação, essa feitura de Deus em nós capacita-nos de tal modo que faremos boas obras – não porque as boas obras garantam nosso lugar em Deus, mas precisamente porque elas são o resultado inevitável dessa nova criação.

Na verdade, se você recorda, Romanos 3 fala sobre judeus e gentios, ambos sob a ira de Deus, ambos sendo salvos por graça, mediante a fé. Nesta passagem, Paulo fala sobre judeus e gentios novamente. Observe o que ele diz em continuação desse capítulo de Efésios:

> *Portanto, lembrai-vos de que, outrora, vós, gentios na carne, chama-*
> *dos incircuncisão por aqueles que se intitulam circuncisos, na carne,*
> *por mãos humanas [isto é, os judeus],*

O DEUS QUE REÚNE E TRANSFORMA SEU POVO

naquele tempo, estáveis sem Cristo, separados da comunidade de Israel e estranhos às alianças da promessa [ou seja, a aliança com Abraão e aliança da lei com Moisés; vós, gentios, não sois parte desta herança], não tendo esperança e sem Deus no mundo.

Mas, agora [com a vinda de Cristo], em Cristo Jesus, vós, que antes estáveis longe, fostes aproximados pelo sangue de Cristo [ou seja, a sua morte em nosso favor].

Porque ele é a nossa paz, o qual de ambos [isto é, judeus e gentios] fez um; e, tendo derribado a parede da separação que estava no meio, a inimizade,

aboliu, na sua carne, a lei dos mandamentos na forma de ordenanças [ou seja, não estamos mais sob essa aliança da lei que era somente para os israelitas e, por isso, os distinguia dos outros], para que dos dois criasse, em si mesmo, um novo homem, fazendo a paz [um novo povo de Deus constituído de judeus e gentios, pessoas tiradas de toda língua, tribo, povo e nação, uma nova humanidade],

e reconciliasse ambos em um só corpo com Deus, por intermédio da cruz [ou seja, não somente reconciliando-os uns com os outros e, assim, fazendo a paz, mas também reconciliando-os com Deus e, assim, fazendo a paz, para que a sua ira não caísse sobe nós; tudo isso a cruz realiza], destruindo por ela a inimizade.

E, vindo, evangelizou paz a vós outros que estáveis longe [ou seja, gentios] e paz também aos que estavam perto [ou seja, judeus];

porque, por ele, ambos temos acesso ao Pai em um Espírito.

Efésios 2.11-18, ênfase acrescentada

"Um Espírito." Em um capítulo anterior apresentei brevemente o tema do Espírito de Deus, o Espírito Santo. Um pouco de revisão nos preparará para aprendermos mais sobre ele. Às vezes, a Bíblia nos diz que Deus envia o seu Espírito, mas também mostra o próprio Espírito falando. O Espírito é apresentado regularmente não como um poder abstrato, mas como, de algum modo, semelhante à Palavra eterna, o Filho eterno, a autorrevelação de Deus, a automanifestação de Deus. De fato, na noite em que Jesus foi traído e levado para julgamento e crucificação, ele falou em detalhes sobre o Espírito, que ele enviaria. Ele o chamou de Espírito Santo; também o designou por outra palavra que é mais difícil de traduzir: *paraklētos*, no original. Ela significa alguém que vem para o lado e ajuda de várias maneiras. Por exemplo, no evangelho de João, o *paraklētos* traz convicção de pecado a pessoas que, de outro modo, seriam justas aos seus próprios olhos. Ele vem para ser a presença e a manifestação de Deus naquele momento em que o Filho se encaminha para a cruz, ressuscita e volta para a sua habitação celestial. É o Espírito quem é derramado em nós como a presença de Deus entre nós. A Bíblia diz que é o Espírito quem toma residência na vida de pessoas, transformando-as, dando-lhes poder.

De fato, nas cartas de Paulo, o Espírito Santo é, às vezes, chamado – e isso é impressionante – o penhor ou a garantia da herança prometida (ver 2Co 1.22; 5.5; Ef 1.14). Esta prometida herança final que devemos receber é um novo céu e uma nova terra, o lar dos justos, em corpos ressurretos transformados, um mundo perfeito. O penhor ou a garantia dessa herança, conforme Paulo, é o Espírito Santo. Realizar a transformação final, no último dia, exigirá o imensurável poder de Deus, mas o seu poder formidável, o mesmo poder que ressuscitou Jesus dentre os mortos (ver Ef 1.18-21), está operando em nós pelo seu Espírito Santo, para nos transformar, para começar a obra de mudar nosso coração e nossa mente.

Portanto, Paulo fala sobre esta nova humanidade que está sendo formada por causa do que Cristo fez na cruz – uma nova humanidade constituída de judeus e gentios; e o Deus trino está em ação para formá-la. *Cristo* veio e pregou a paz aos judeus e aos gentios (ver 2.17), para que, por meio dele, ambos os grupos tenham acesso ao *Pai*, em um *Espírito*. O Pai, o Filho e o Espírito Santo estão em atividade nesta nova humanidade. Paulo acrescenta:

O DEUS QUE REÚNE E TRANSFORMA SEU POVO

Assim, já não sois estrangeiros e peregrinos, mas concidadãos dos santos, e sois da família de Deus,
edificados sobre o fundamento dos apóstolos e profetas, sendo ele mesmo, Cristo Jesus, a pedra angular;
no qual todo o edifício, bem ajustado, cresce para santuário dedicado ao Senhor,
no qual também vós juntamente estais sendo edificados para habitação de Deus no Espírito.

Efésios 2.19-22

Esta é uma visão de cristianismo que vai além do indivíduo; ela se estende à *igreja*. A igreja é a "família" de Deus. Em outra metáfora, a igreja é um edifício que está sendo formado para servir como "santuário dedicado ao Senhor", um edifício em que o Senhor Jesus é a "a pedra angular". No Antigo Testamento, o tabernáculo, sucedido pelo templo, era o lugar em que Deus se encontrava com seres humanos pecaminosos. Já vimos que, no evangelho de João, Jesus é o templo, o lugar em que Deus se encontra com seres humanos pecaminosos. Mas essa mesma linguagem é agora aplicada à igreja: este é o lugar em que as boas novas do que Jesus fez são anunciadas, o lugar em que seres humanos pecaminosos se encontram com Deus. Assim como Deus manifestava sua presença no templo do Antigo Testamento, assim também ele o faz na igreja, pois Deus vive nessa habitação por meio de seu "Espírito".

Uma das marcas dos crentes da antiga aliança era a circuncisão. Esse sinal era tão importante que Paulo se refere coletivamente aos judeus chamando-os de "a circuncisão". Nesta comunidade da nova aliança que Paulo descreve, constituída de judeus, gentios e todas as outras etnias, a circuncisão não é mais um sinal determinativo. De fato, em outras passagens, os escritores do Novo Testamento nos ensinam que o batismo é o sinal público de alguém se tornar um cristão e se unir com outros crentes, na disciplina estimuladora da igreja local. No século I, era inconcebível que alguém se tornasse cristão e, ao mesmo tempo, não se unisse à igreja cristã e fosse batizado; pois essa comunidade, que foi libertada pela morte e ressurreição de Cristo, recebe poder do Espírito Santo. Essa comunidade, a igreja, é a matiz em que os crentes individuais crescem, florescem, são encorajados e admoestados e, frequentemente, se tornam líderes.

Algo desastrosamente errado acontece quando a palavra "igreja" se refere a nada mais do que um edifício ou quando uma igreja local é formada de muitas pessoas que não conhecem a Deus, não creem em Cristo, nada sabem sobre o perdão de seus pecados e não experimentam o poder do Espírito Santo na transformação de suas vidas. Isso não é o que o Novo Testamento diz que a igreja realmente é. Imagine o impacto que haveria no mundo se uma igreja local vivesse os privilégios elevados que Paulo descreve nessa passagem.

E Paulo pode ser mais prático ainda, como veremos.

EFÉSIOS 4.17-5.10

Isto, portanto, digo e no Senhor testifico que não mais andeis como também andam os gentios, na vaidade dos seus próprios pensamentos [ou seja, os gentios em seus dias antes de se tornarem cristãos],

obscurecidos de entendimento, alheios à vida de Deus por causa da ignorância em que vivem, pela dureza do seu coração [isso parece Romanos 1: detêm a verdade pela injustiça],

os quais, tendo-se tornado insensíveis, se entregaram à dissolução para, com avidez, cometerem toda sorte de impureza.

Mas não foi assim que aprendestes a Cristo,

se é que, de fato, o tendes ouvido e nele fostes instruídos, segundo é a verdade em Jesus, no sentido de que, quanto ao trato passado, vos despojeis do velho homem, que se corrompe segundo as concupiscências do engano,

e vos renoveis no espírito do vosso entendimento,

e vos revistais do novo homem, criado segundo Deus, em justiça e retidão procedentes da verdade.

Efésios 4.17-24, ênfase acrescentada

O Deus que Reúne e Transforma seu Povo

"Criados"? O poder de Deus manifestado na criação, conforme Gênesis 1 e 2, é agora revelado novamente em uma *nova criação* que é tão real como a primeira – ainda não consumada na transformação da última criação, mas já operando na vida dos crentes. Eis um quadro de vidas *transformadas* pelo evangelho:

> *Por isso, deixando a mentira, fale cada um a verdade com o seu próximo, porque somos membros uns dos outros.*
>
> *Irai-vos e não pequeis; não se ponha o sol sobre a vossa ira, nem deis lugar ao diabo.*
>
> *Aquele que furtava não furte mais; antes, trabalhe, fazendo com as próprias mãos o que é bom, para que tenha com que acudir ao necessitado.*
>
> *Não saia da vossa boca nenhuma palavra torpe, e sim unicamente a que for boa para edificação, conforme a necessidade, e, assim, transmita graça aos que ouvem. E não entristeçais o Espírito de Deus [isso pressupõe que o Espírito Santo é uma pessoa; não entristecemos um poder], no qual fostes selados para o dia da redenção.*
>
> *Efésios 4.25-30, ênfase acrescentada*

"Selados para o dia da redenção" significa marcados como propriedade de Deus, porque ele já está em nós, já veio como o penhor da herança prometida. Somos separados para ele, E, se vivemos como se nada disso tivesse acontecido, entristecemos a Deus, que se manifestou, por seu Espírito, em nós.

> *Longe de vós, toda amargura, e cólera, e ira, e gritaria, e blasfêmias, e bem assim toda malícia.*
>
> *Antes, sede uns para com os outros benignos, compassivos, perdoando-vos uns aos outros, como também Deus, em Cristo, vos perdoou.*
>
> *Efésios 4.31-32, ênfase acrescentada*

Assim, somos levados de volta à cruz.

O cristianismo bíblico não vem acompanhado de uma porção de regras pré-formuladas, como se isso fosse a essência do cristianismo. Nós, que somos pregadores e pastores, muitas vezes entendemos isso de modo errado. Talvez pensemos que discernimos sinais de decadência em nossa cultura, e, se não formos cuidadosos, nosso primeiro instinto será dizer: "Não faça isso; antes, faça isto", e daremos a impressão de que podemos consertar as coisas por impormos um novo conjunto de regras. Você mostrará quão justo, bom e disciplinado você é se adotar todas essas regras em sua vida. Afinal de contas, essa passagem bíblica fala, certamente, de coisas que devemos e não devemos fazer, como, por exemplo: falar a verdade e livrar-nos da amargura e da malícia. É claro que há uma estrutura moral nesta passagem.

A motivação fundamental do cristianismo, no entanto, não é a adoção de novas regras. Pelo contrário, somos exortados: "Sede uns para com os outros benignos, compassivos, perdoando-vos uns aos outros, *como também Deus, em Cristo, vos perdoou*". O Espírito de Deus nos transforma por levar-nos de volta à cruz, para que toda a nossa moralidade seja, antes e acima de tudo, uma função de gratidão a Deus pelo que Cristo já fez. Vendo o quanto Deus nos perdoou por meio do que Cristo fez na cruz, como podemos nutrir amargura para com os outros? Vendo o que ainda está reservado para o futuro, que já recebemos em parte, pelo penhor do Espírito, que fortalece nossa resolução moral e nos dá vislumbres de um novo céu e uma nova terra, como podemos ficar presos nos dolorosos, agonizantes e limitados interesses de um mundo que passará? Estamos destinados à eternidade com o Deus Todo-Poderoso. Isso muda tudo. Quando há um deslize moral na igreja ou no mundo, precisamos, acima de tudo, ter um entendimento exato, denso e rico do evangelho, pois ele nos transforma. O Espírito Santo, que Jesus enviou, nos capacita a viver de maneira diferente da que vivíamos antes. Todo aquele que tem em si mesmo esta vida, não vive da maneira que costumava viver. Como o vento misterioso cujos efeitos podemos ver, mas cujo mecanismo é frequentemente obscuro, podemos não entender as operações do Espírito, mas vemos os resultados. E isso se aplica a todos os que são nascidos de Deus.

Por isso, lemos:

Sede, pois, imitadores de Deus, como filhos amados;
e andai em amor, como também Cristo nos amou e se entregou a si
mesmo por nós, como oferta e sacrifício a Deus, em aroma suave.

Efésios 5.1-2

Você pode ver, de novo, o entrelaçamento do amor de Deus e o amor de Cristo? "Sede, pois, imitadores de *Deus* [que nos amou tanto, que deu seu Filho]... como também *Cristo* nos amou e se entregou a si mesmo por nós" (5.1-2, ênfase acrescentada). Não podemos ter um sem o outro. Eles estão juntos. E, porque recebemos tanto de Deus, em Cristo Jesus, e somos objetos desse amor, como podemos não amar? Cristo nos amou e se entregou por nós como uma oferta e sacrifício de aroma agradável a Deus.

Mas a impudicícia e toda sorte de impurezas ou cobiça nem sequer se
nomeiem entre vós, como convém a santos.

Efésios 5.3

Ou seja, isso é inconveniente não apenas porque é contra a lei, embora, sem dúvida, o seja. É inconveniente, também, porque fomos comprados por um preço. Somos santos. Brincar com a imoralidade sexual é desonrar o Senhor, o Senhor que nos amou até à morte de cruz.

Nem conversação torpe, nem palavras vãs ou chocarrices, coisas es-
sas inconvenientes; antes, pelo contrário, ações de graças.

Efésios 5.4

Ações de graças é o alicerce de toda a moralidade cristã, bem como do falar cristão.

> *Sabei, pois, isto: nenhum incontinente, ou impuro, ou avarento, que é idólatra, tem herança no reino de Cristo e de Deus.*
>
> *Efésios 5.5*

Essa afirmação não é notoriamente penetrante? A avareza é idolatria porque o que você mais quer se torna seu deus. O que você busca mais urgentemente se torna o seu deus. A idolatria não exige alguma pequena imagem feita de pedra, barro, cerâmica ou uma imagem gigante de um deus esculpida de uma montanha. Idolatria é qualquer coisa e tudo que toma o lugar de Deus, que me faz tentar achar minha identidade e lugar no universo por apelar a algo ou a alguém, e não a Deus. Portanto, a avareza estabelece quem são nossos verdadeiros deuses. E quanto aos cristãos? Eles foram reconciliados com Deus pela morte de Cristo e têm sido expostos à maravilhosa glória e grandeza de Deus – inclusive na cruz.

> *Sabei, pois, isto: nenhum incontinente, ou impuro, ou avarento, que é idólatra, tem herança no reino de Cristo e de Deus.*
> *Ninguém vos engane com palavras vãs; porque, por essas coisas, vem a ira de Deus sobre os filhos da desobediência.*
> *Portanto, não sejais participantes com eles.*
> *Pois, outrora, éreis trevas, porém, agora, sois luz no Senhor; andai como filhos da luz*
> *(porque o fruto da luz consiste em toda bondade, e justiça, e verdade), provando sempre o que é agradável ao Senhor.*
>
> *Efésios 5.5-10*

Aqui, novamente, a mudança de coração e vida que faz parte do ser um cristão não pode ser ignorada. A mudança de coração acontece de tal maneira, que *queremos* agradar ao Senhor e anelamos descobrir o que lhe agrada. O cristianismo bíblico transformacional reúne homens e mulheres na igreja. Essas pessoas que foram chamadas – judeus e gentios, não importa – e estão sob o senhorio de Cristo olham para trás, para a cruz, e olham para frente, para o que ainda está por vir. Pelo poder do Espírito e por causa da mudança operada em sua vida, eles *querem* saber o que agrada ao Senhor.

Deus nos ajude! Nós, que somos cristãos, ainda somos terrivelmente incoerentes nessas questões. Ainda esperamos a transformação final que está à nossa frente. Mas olhamos para trás e vemos que não somos mais o que éramos. Isso foi muito bem ressaltado por John Newton. Seu nome talvez signifique algo para você, se já viu o filme *Jornada pela Liberdade*, sobre William Wilberforce. John Newton era o velho traficante de escravos que se tornara um pregador do evangelho. Revendo a sua vida, ele estimou que havia transportado 20.000 escravos através do Atlântico. Ele disse que em seus pesadelos ainda podia ouvir os gritos dos escravos. Em certo momento, ele foi genuinamente convertido. Tornou-se um cristão, e sua vida foi mudada. No devido tempo, ele se tornou um pastor. Em sua velhice, ele declarou:

> Não sou o que deveria ser – sim, quão imperfeito e falho! Não sou o que desejo ser – detesto o que é mal e quero me apegar ao que é bom! Não sou o que espero ser – em breve, em breve me despirei da mortalidade e, com ela, de todo pecado e imperfeição. No entanto, embora eu não seja o que deveria ser, nem o que desejo ser, nem o que espero ser, posso dizer verdadeiramente: não sou o que era antes – um escravo do pecado e de Satanás. Posso me unir de coração com o apóstolo e reconhecer: "Pela graça de Deus, eu sou o que sou".[4]

---

4 Talvez porque foi extraída de um dos seus sermões, esta citação chegou até nós em várias formas. Por exemplo, compare: Joseph Foulkes Winks, ed., *The Christian Pioneer* 10 (1856): 84; e Josiah Bull, *The Life of John Newton* (Edinburgh: Banner of Truth, 2007 [1868]), 289.

Pois, outrora, éreis trevas, porém, agora, sois luz no Senhor; andai
como filhos da luz
(porque o fruto da luz consiste em toda bondade, e justiça, e verdade),
provando sempre o que é agradável ao Senhor.

Efésios 5.8-10

Vejamos mais uma passagem que expressa um contraste semelhante.

GÁLATAS 5.13-26

Muito do argumento em Gálatas corresponde ao que Romanos explica: o que é a justificação, o que a cruz realiza. Quando enfatizamos essas coisas, temos de falar também sobre como as pessoas precisam mudar. Não basta que sejamos justificados diante de Deus e sejamos reconciliados com ele. Precisamos também ser transformados. Por isso, lemos em Gálatas:

Porque vós, irmãos, fostes chamados à liberdade; porém não useis
da liberdade para dar ocasião à carne; sede, antes, servos uns dos
outros, pelo amor.
Porque toda a lei se cumpre em um só preceito, a saber: Amarás o teu
próximo como a ti mesmo.
Se vós, porém, vos mordeis e devorais uns aos outros, vede que não
sejais mutuamente destruídos.
Digo, porém: andai no Espírito e jamais satisfareis à concupiscência
da carne.
Porque a carne milita contra o Espírito, e o Espírito, contra a carne,
porque são opostos entre si; para que não façais o que, porventura,
seja do vosso querer.
Mas, se sois guiados pelo Espírito, não estais sob a lei.

Gálatas 5.13-18

Em seguida, Paulo distingue para nós as obras da natureza pecaminosa e os frutos do Espírito. As obras da natureza pecaminosa são listados em primeiro lugar:

> Ora, as obras da carne são conhecidas e são: prostituição, impureza, lascívia,
> idolatria, feitiçarias, inimizades, porfias, ciúmes, iras, discórdias, dissensões, facções,
> invejas, bebedices, glutonarias e coisas semelhantes a estas, a respeito das quais eu vos declaro, como já, outrora, vos preveni, que não herdarão o reino de Deus os que tais coisas praticam.
>
> *Gálatas 5.19-21*

Em contraste com as obras da natureza pecaminosa está o fruto do Espírito. Afinal de contas, Deus é o Deus que não somente reúne o seu povo em uma comunidade, mas também o transforma. Em um antigo hino cristão, nós cantamos: "Ele rompe o poder do pecado e liberta o prisioneiro". Ou seja, Deus anula o pecado por meio do que Cristo fez na cruz, mas também derrama o seu Espírito e capacita os crentes a viverem de maneira diferente: "Ele rompe o poder do pecado". Por isso, lemos:

> Mas o fruto do Espírito é: amor, alegria, paz, longanimidade, benignidade, bondade, fidelidade,
> mansidão, domínio próprio. Contra estas coisas não há lei.
> E os que são de Cristo Jesus crucificaram a carne, com as suas paixões e concupiscências.
> Se vivemos no Espírito, andemos também no Espírito.
> Não nos deixemos possuir de vanglória, provocando uns aos outros, tendo inveja uns dos outros.
>
> *Gálatas 5.22-26*

Em outras palavras, Cristo, por meio de seu Espírito, começa de tal modo a obra de transformação no coração e na vida de seus seguidores, que duas coisas resultam: (1) recebemos o incentivo para andar "no Espírito", seguir uma conduta e atitudes que se harmonizam com o Espírito de Deus; por outro lado, (2) temos pouquíssimas razões para acreditar que seja realmente um cristão, aquele em quem a transformação não é evidente de maneira alguma.

TOMAR A CRUZ

Outra maneira de assimilarmos esse tema mais amplo da obra de Deus em reunir e transformar seu povo é considerarmos como Jesus diz aos seus seguidores que tomem a sua cruz. Muitas passagens do Novo Testamento adotam expressões como essa. Uma das mais notáveis vem do ensino do Senhor Jesus. Depois de anunciar com clareza que ele mesmo tinha de ser crucificado, Jesus disse que, se quisessem ser seus discípulos, os mesmos tinham de negar a si mesmos, *tomar a sua cruz* e segui-lo (ver Mt 16.24). Hoje, quando as pessoas usam expressões como "Todos devemos tomar a nossa cruz", a figura comunicada já não é tão significativa. "Oh! que dor de dente horrível!", alguns lamentam, "mas temos de tomar a nossa cruz". Portanto, tomar a cruz se torna nada mais do que alguma irritação insignificante – talvez, um parente desagradável. Mas, no século I, ninguém faria brincadeiras sobre a crucificação. Naquele século, a crucificação era vista com tal horror que, nos manuais de comportamento, os pais eram instruídos a não falar sobre a crucificação para seus filhos. Se um local de crucificação estava no caminho das pessoas, elas não levariam seus filhos por aquele local, tomariam outro caminho. No mundo antigo, você não faria brincadeiras com a crucificação, como não o faria hoje com Auschwitz. Isso era simplesmente impensável.

Jesus teve a coragem de dizer aos seus discípulos: "Se alguém quer vir após mim... tome a sua cruz e siga-me". Tomar a cruz naquele contexto não significava assumir a sua medida específica de sofrimento. Significava tomar uma parte da cruz, a haste horizontal, e levá-la ao lugar de crucificação onde você sofreria e morreria. Significava morte para o interesse pessoal.

O DEUS QUE REÚNE E TRANSFORMA SEU POVO

A maioria de nós não será crucificada num sentido literal, mas seguimos um Senhor que foi crucificado literalmente. Era como se Jesus estivesse dizendo: "Você não entende? Se eu fui crucificado, e se você tem de ser meu discípulo, então, você tem de ser crucificado" – para a maioria de nós, não na mesma maneira física como Jesus sofreu, mas na morte para o interesse pessoal. Temos de tomar a nossa cruz e *seguir a Jesus*, sujeitando-nos ao seu senhorio como ele mesmo obedeceu perfeitamente a seu Pai celestial.

Por essa razão, Paulo pôde dizer em outra de suas cartas: "Porque vos foi concedida a graça de padecerdes por Cristo e não somente de crerdes nele" (Fp 1.29). Essa afirmação é impressionante. Foi *concedido* a você a graça (ou seja, um dom gracioso) não somente de crer (a fé é um dom), mas também de padecer por Jesus (igualmente, um dom!). Você toma a sua cruz, e, na maneira de Cristo ver as coisas, isso é um privilégio. Na perspectiva dos primeiros cristãos, era um privilégio tal que, quando os apóstolos foram açoitados pela primeira vez, a seu respeito foi relatado: "E eles se retiraram do Sinédrio regozijando-se por terem sido considerados dignos de sofrer afrontas por esse Nome" (At 5.41).

Amy Carmichael, missionária que serviu na Índia resgatando centenas de órfãos, em meio a muito sofrimento, escreveu este poema:

Não tens nenhuma cicatriz?
Cicatriz no pé, lado ou mão?
Ouço-te cantar como poderoso na terra;
Ouço-os saudar tua estrela brilhante e ascendente.
Não tens nenhuma cicatriz?

Não tens nenhuma ferida?
Eu fui ferido pelos soldados; esgotado,
Puseram-me numa cruz para morrer; velado
Por bestas vorazes que me cercavam, desfaleci.
Não tens nenhuma ferida?

Nenhuma ferida? Nenhuma cicatriz?
Mas o servo deve ser como o Senhor,
E feridos são os pés que me seguem.
Mas os teus são saudáveis; está me seguindo
Aquele que não tem ferida ou cicatriz?[5]

O discernimento contido neste poema resulta de uma vida que transbordava de compaixão e estava pronta para o sacrifício de si mesma, uma vida que evitou diligentemente nutrir autopiedade. Isso é a marca de uma vida cristã normal, transformada.

Há algum tempo, li os seguintes parágrafos em um jornal:

Em abril de 1942, Jacob DeShazer era um bombardeiro no ataque Doodlittle sobre o Japão [esse foi o ataque que transformou Tóquio em uma fornalha]. Com quatro outros tripulantes, ele saltou de paraquedas. Dois deles foram executados. Os outros passaram o resto da guerra – três anos e quatro meses – em campos de prisioneiros. Foram espancados, torturados e passaram fome. Em algum momento, DeShazer pediu uma Bíblia.

Trouxeram-lhe uma Bíblia, permitindo-lhe ficar com ela por três semanas. "Comecei a ler suas página avidamente", ele escreveu depois. "E descobri que Deus me dera novos olhos espirituais, quando eu olhava para os oficiais e guardas inimigos que nos fizeram passar fome e espancaram tão cruelmente a mim e aos meus companheiros. Percebi que meu terrível ódio por eles foi mudado em amor compassivo". Ele sobreviveu e dedicou sua vida à obra missionária no Japão. Um de seus convertidos foi Mitsuo Fuchida – o piloto-comandante no ataque a Pearl Harbor. Fuchida se tornou um evangelista. Jacob DeShazer morreu em Salem (Oregon), aos 95 anos.[6]

---

5 Amy Carmichael, "No Scars"?, de *Mountain Breezes: The Collected Poems of Amy Carmichael*, ©1999 Dohnavur Fellowship.
6 *National Review* 60, no. 7 (April 21, 2008): 12.

Este é o Deus que reúne e transforma seu povo.

Tenho de incluir mais uma citação. Foi escrita por uma ateísta confesso, Matthew Parris. Ele nasceu em Niassalândia, hoje Malauí. Ele retornou depois de 45 anos e chegou a uma conclusão que, por sua própria admissão, confundiu o seu ateísmo:

> Isto confunde as minhas crenças ideológicas e se recusa obstinadamente a se harmonizar com minha cosmovisão, embaraçando a minha crença crescente de que não há Deus... Tornei-me convencido da enorme contribuição que a evangelização cristã tem feito na África: fortemente distinta do trabalho de ONGs seculares, projetos governamentais e esforços de ajuda internacional. Estes sozinhos não produzem tal resultado. A educação e o treinamento sozinhos não o produzem. Na África, o cristianismo muda o coração das pessoas. Ele traz transformação espiritual. O renascimento é verdadeiro. A mudança é boa...
>
> Tínhamos amigos que eram missionários, e como criança estive frequentemente com eles; também estive, somente com meu irmão menor, em uma tradicional vila rural africana. Na cidade, trabalhavam para nós africanos que haviam se convertido e eram crentes firmes. Os cristãos eram sempre diferentes. Em vez de ter acovardado ou restringido seus convertidos, a sua fé parecia havê-los libertado e tranquilizado. Havia uma vivacidade, uma curiosidade, um envolvimento com o mundo – uma objetividade em seus lidares com os outros – que parecia estar faltando na vida tradicional africana. Eram corajosos.
>
> Aos 24 anos, viajar através do continente reforçou esta impressão... Sempre que entrávamos em um território onde missionários trabalhavam, tínhamos de reconhecer que algo mudara na face das pessoas pelas quais passávamos e com quem conversávamos: algo nos seus olhos, a maneira como falavam

de maneira direta com você, face a face, sem olhar para baixo ou para longe. Não tinham se tornado mais deferentes para com estrangeiros – e, em algumas maneiras, menos deferentes – tinham se tornado mais abertos.

Este tempo no Malauí foi o mesmo. Não conheci missionários... Mas, em lugar disso, observei que alguns dos mais impressionantes membros africanos da equipe da organização Pump Aid (em sua maioria, do Zimbábue) eram, privativamente, cristãos fortes... Seria conveniente para mim acreditar que a honestidade, a diligência e o otimismo deles em sua obra não estavam conectados com sua fé pessoal. A sua obra era secular, mas afetada, com certeza, pelo que eles eram. E o que eles eram foi, por sua vez, influenciado por uma concepção do lugar do homem no universo que o cristianismo havia ensinado.[7]

Ouça: o Deus presente, o Deus que se manifestou supremamente em Jesus, reúne e transforma o seu povo. Sem esta transformação o cristianismo não é cristianismo, pois este Deus reúne e transforma o seu povo.

---

7 Matthew Parris, "As an Atheist, I Truly Believe Africa Needs God", *Times Online*, December 27, 2008, http://timesonline.co.uk/tol/comment/columnists/matthew_parris/article5400568.ece.

13

O Deus
QUE É BASTANTE IRADO

O assunto deste capítulo é solene para aquele que acompanhou a narrativa bíblica até essa altura; e não deve ser muito surpreendente. Quaisquer ideias vagas sobre Deus como um grande avô sonolento, e nada mais, não resistirão à maneira como a Bíblia retrata a justiça de Deus, seu senso da mais profunda ofensa quando as suas criaturas querem se distanciar dele. Quando você começa a pensar no que a Bíblia diz sobre julgamento, percebe que há grande quantidade de julgamento nas Escrituras de Gênesis 3 em diante. Há o julgamento do Dilúvio, o sistema de sacrifícios com todos os seus animais mortos, os ciclos de decadência na época dos juízes, em Israel, quando a nação se corrompeu vez após vez e enfrentou vários tipos de juízos, o julgamento que caía sobre os reis de Israel quando eles eram crescentemente perversos e corruptos, e muitos outros julgamentos na história bíblica. Vemos o Senhor Jesus com linguagem severa, em Mateus 23, condenando alguns dos pecados de seus dias. E o vemos também falando mais sobre o inferno do que o fez qualquer outro personagem da Bíblia. Portanto, nada disso deve surpreender-nos se seguimos a narrativa bíblica.

Em nossa cultura, é difícil pensar sobre esse assunto, porque, na mente popular, a ira é frequentemente conectada com intolerância, preconceito e dogmatismo. A ira justa não está no topo de nossa escala de virtudes.

Neste capítulo, focalizaremos uma passagem específica do último livro da Bíblia e refletiremos sobre o lugar da ira de Deus em toda a Bíblia.

APOCALIPSE 14.6-20

Uma das passagens mais atemorizantes da Bíblia está em Apocalipse 14. Chegamos ao último livro da Bíblia. Há muitas passagens em que poderíamos explorar o tema da ira de Deus, mas focalizaremos Apocalipse 14.6-20.

Esta seção é dividida em duas partes: os arautos (três anjos) e a colheita (duas metáforas sobre colheita). E ambas as seções falam sobre juízo em termos francamente horríveis. O gênero literário do último livro da Bíblia é geralmente chamado de literatura apocalíptica. Está cheio de simbolismo e figuras que não achamos em outros tipos de literatura. Não podemos explicar aqui como "funciona" todo o simbolismo no Apocalipse, mas os principais pensamentos desse capítulo são muito fáceis de entender.

> *Vi outro anjo voando pelo meio do céu, tendo um evangelho eterno para pregar aos que se assentam sobre a terra, e a cada nação, e tribo, e língua, e povo,*
>
> *dizendo, em grande voz: Temei a Deus e dai-lhe glória, pois é chegada a hora do seu juízo; e adorai aquele que fez o céu, e a terra, e o mar, e as fontes das águas.Seguiu-se outro anjo, o segundo, dizendo: Caiu, caiu a grande Babilônia que tem dado a beber a todas as nações do vinho da fúria da sua prostituição. Seguiu-se a estes outro anjo, o terceiro, dizendo, em grande voz: Se alguém adora a besta e a sua imagem e recebe a sua marca na fronte ou sobre a mão, também esse beberá do vinho da cólera de Deus, preparado, sem mistura, do cálice da sua ira, e será atormentado com fogo e enxofre, diante dos santos*

anjos e na presença do Cordeiro. A fumaça do seu tormento sobe pelos séculos dos séculos, e não têm descanso algum, nem de dia nem de noite, os adoradores da besta e da sua imagem e quem quer que receba a marca do seu nome. Aqui está a perseverança dos santos, os que guardam os mandamentos de Deus e a fé em Jesus.Então, ouvi uma voz do céu, dizendo: Escreve: Bem-aventurados os mortos que, desde agora, morrem no Senhor. Sim, diz o Espírito, para que descansem das suas fadigas, pois as suas obras os acompanham. Olhei, e eis uma nuvem branca, e sentado sobre a nuvem um semelhante a filho de homem, tendo na cabeça uma coroa de ouro e na mão uma foice afiada. Outro anjo saiu do santuário, gritando em grande voz para aquele que se achava sentado sobre a nuvem: Toma a tua foice e ceifa, pois chegou a hora de ceifar, visto que a seara da terra já amadureceu. E aquele que estava sentado sobre a nuvem passou a sua foice sobre a terra, e a terra foi ceifada. Então, saiu do santuário, que se encontra no céu, outro anjo, tendo ele mesmo também uma foice afiada. Saiu ainda do altar outro anjo, aquele que tem autoridade sobre o fogo, e falou em grande voz ao que tinha a foice afiada, dizendo: Toma a tua foice afiada e ajunta os cachos da videira da terra, porquanto as suas uvas estão amadurecidas. Então, o anjo passou a sua foice na terra, e vindimou a videira da terra, e lançou-a no grande lagar da cólera de Deus. E o lagar foi pisado fora da cidade, e correu sangue do lagar até aos freios dos cavalos, numa extensão de mil e seiscentos estádios.

Apocalipse 14.6-20

Como já indiquei, a passagem se divide nitidamente em duas partes.

OS ARAUTOS (AP 14.6-13)

Anjos são achados frequentemente na literatura apocalíptica. Neste caso, as proclamações que eles trazem são progressivas e inter-relacionadas.No versículo 6, o primeiro anjo convoca toda a humanidade a temer a Deus e adorá-lo. "Vi outro anjo voando pelo meio do céu", ou seja, para ser visto e ouvido por todos. Ele faz uma proclamação "aos que se assentam sobre a terra". A sua proclamação não é para hostes de anjos do céu, e sim para pessoas que vivem na terra. Ele tinha "um evangelho eterno para pregar aos que se assentam sobre a terra". Era para isto que ele estava lá: para proclamar "um evangelho eterno". Para quem? O autor estipula "aos que se assentam sobre a terra" – e, caso o alcance dessa designação nos escape, ele acrescenta "a cada nação, e tribo, e língua, e povo". Mas o que é este "evangelho eterno" que ele proclama? Há duas opiniões:(1) Um grupo diz que o conteúdo do "evangelho eterno", mencionado no versículo 6, é dado no versículo 7. Logo, o evangelho eterno é o que o anjo diz no versículo 7: "Temei a Deus e dai-lhe glória, pois é chegada a hora do seu juízo; e adorai aquele que fez o céu, e a terra, e o mar, e as fontes das águas". Nesse caso, parece que o evangelho eterno é um tipo de ideia genérica como: "Talvez você tenha ouvido falar de Jesus, talvez não tenha conhecido a verdade, mas adore a Deus, que tem se manifestado na natureza, e tudo ficará bem". Embora essa seja uma interpretação popular, ela não faz muito sentido, por duas razões:(a) Quando Apocalipse foi escrito, por volta do ano 90 d.C., a palavra "evangelho" já desfrutava de um significado fixo. Esse "evangelho" é as grandes boas novas do que Deus fez na morte e ressurreição de Jesus Cristo em favor dos desesperadamente necessitados portadores de sua imagem.(b) Anteriormente, em dois capítulos espetaculares, Apocalipse 4 e 5, João, o seu autor, teve uma visão que nos mostra o que é realmente o evangelho. É espetacular. Gostaria de ter tempo para expor esses dois capítulos. Apocalipse 4 é para Apocalipse 5 o que um cenário é para um drama. Em linguagem altamente apocalíptica, Deus é apresentado no cenário como transcendente, tão espetacularmente glorioso, que até a mais elevada classe de anjos cobre sua face diante dele e clama: "Santo, Santo, Santo é o Senhor Deus, o Todo-Poderoso" (4.8). Este capítulo nos diz que ele é o Deus da criação e que toda a ordem criada vive, se move e tem sua existência totalmente por causa dele. Isso é Apocalipse 4.Em apocalipse 5, o drama começa. Na mão direita de Deus, o texto nos diz, há um rolo selado com sete selos, e este rolo é o livro que contém todos os propósitos de Deus quanto a julgamento e bênção para todo o universo. À medida que o drama é realizado, um anjo proclama a todo o universo: "Quem é digno de abrir o livro e de lhe desatar os selos?" (Ap 5.2). Isso significa que alguém tem de ser digno de se aproximar de Deus, pegar o livro de sua mão direita e servir como agente de Deus para abrir os selos. No simbolismo da época, abrir os selos significava fazer acontecer tudo que estava escrito no rolo. Que anjo pode se aproximar de Deus e ser o seu agente para fazer acontecer os seus propósitos? Não se acha ninguém que é digno: nenhum ser angelical, nenhum ser humano, ninguém nas habitações dos mortos, ninguém. Afinal de contas, ele é o Deus que é descrito em termos transcendentes no capítulo anterior. Se a mais elevada ordem de anjos não ousa olhar para ele, quem se apresentará e dirá: "Aqui estou, eu farei isso"?Por isso, João chora, em sua visão. Ele chora não por ser um intrometido que é frustrado por não ter permissão de ver o futuro. João chora porque, no simbolismo da visão, se não aparecer alguém com as devidas qualificações para se aproximar, pegar o livro e abrir os selos, os propósitos de Deus quanto a julgamento e bênção não se realizarão. Ou seja, a história se tornará sem sentido. Não haverá um acerto final. Não haverá justiça. Os sofrimentos da igreja terão sido inúteis. Por isso, João chora. Então, uma das figuras interpretadoras bate no ombro de João e lhe diz: "Pare de chorar, João. Veja! O leão da tribo de Judá venceu para abrir o livro". "Então, olhei", diz João, "e vi um Cordeiro". Um leão foi apresentado, porém João viu um cordeiro. Não devemos pensar nos dois animais posicionados lado a lado. Isso é literatura apocalíptica, e uma de suas características é que metáforas misturadas são muito comuns: o leão é o cordeiro. O leão da tribo de Judá significa "aquele que vem da tribo real". A tribo de Judá era a tribo de Davi, a tribo de quem o rei viria, a tribo do Messias, o prometido. O leão é da tribo de Judá. Ele é uma figura real. Ele "venceu", sugerindo que prevalecera depois de uma luta. Contudo, o leão é um cordeiro – um cordeiro morto, um cordeiro sacrificial. Como esse leão-cordeiro pode se aproximar tão ousadamente do Deus transcendente? A resposta é que ele mesmo não se aproxima de Deus vindo de fora, mas surge do centro do trono (ver Ap 5.6). Ele é um com Deus. Retornamos, por outro caminho, à complexidade do Deus único. Quando ele se manifesta como o leão-cordeiro, ao redor do trono, incontáveis milhões irrompem em um novo cântico, quando se dirigem a esta figura de Cristo, este leão-cordeiro, e cantam:

Digno és de tomar o livro e de abrir-lhe os selos, porque foste morto e com o teu sangue compraste para Deus os que procedem de toda tribo, língua, povo e nação.

Apocalipse 5.9 – ênfase acrescentada

Em outras palavras, o evangelho é o mesmo evangelho que achamos em Paulo. É o que Deus ordenou por meio de seu Filho, o leão-cordeiro: pagar o preço do pecado, tomar os efeitos da maldição, libertar seu povo, reunir e transformar homens e mulheres de toda tribo, povo, língua e nação. Isso é a boas novas.(2) Portanto, em Apocalipse 14.6-7, a conexão entre estes dois versículos tem de ser vista de outra maneira. O fato não é que o versículo 7 nos dá o conteúdo do evangelho. O conteúdo do evangelho é definido por Jesus,

O Deus que é Bastante Irado   291

na cruz, e já foi apresentado para nós em Apocalipse 4 e 5. A conexão entre Apocalipse 14.6 e 14.7 é um pouco diferente. A conexão é assim: "Visto que o evangelho está aqui, que ele está sendo proclamado a todos e que é o único meio pelo qual os propósitos de Deus quanto à salvação e ao julgamento se realizam, temam a Deus e deem-lhe glória, porque chegou a hora de seu julgamento. Adorem aquele que fez os céus, a terra, o mar e as fontes de água". Em outras palavras, o versículo 7 não nos dá o conteúdo do "evangelho" mencionado no versículo 6, e sim o motivo para alguém responder ao evangelho, uma vez que o fim está próximo. Pessoas de todos os lugares são chamadas a responder em adoração ao seu Criador, pois "é chegada a hora do seu juízo".O segundo anjo anuncia a queda iminente do paganismo. Esse anjo sai e diz: "Caiu, caiu a grande Babilônia que tem dado a beber a todas as nações do vinho da fúria da sua prostituição" (14.8). A cidade histórica de Babilônia era a capital do Império Babilônico e se localizava no sistema dos rios Tigres e Eufrates. Em certa época, ela foi a capital do superpoder regional que destruiu a parte sul da terra de Israel, ou seja, as tribos de Judá e Benjamim. Ela destruiu o templo em 587 a.C. No tempo em que o livro de Apocalipse foi escrito, a Babilônia não era mais do que ruínas e uma pequena vila de pescadores. No entanto, nas Escrituras, a Babilônia se torna um tipo de símbolo do paganismo que prossegue freneticamente e, por fim, é destruída. O livro de Daniel relata que, em certa conjuntura, o rei de Babilônia se vangloriou: "Não é esta a grande Babilônia que eu edifiquei para a casa real, com o meu grandioso poder e para glória da minha majestade?" (Dn 4.30). Não é surpreendente que "Babilônia" tenha se tornado sinônimo do espírito de impiedade que, em todas as épocas, está naqueles que adoram a si mesmos, seu sucesso e seus bens – qualquer coisa, exceto o Criador. Uma sociedade livre de Deus é o pior inimigo de si mesma. Por isso, embora na época do Novo Testamento a antiga Babilônia já tivesse sido destruída, o seu nome ainda era usado para se referir à cidade de Roma, que, naquele tempo, era a capital do superpoder regional e o centro de novas formas de arrogância pagã.Isto é o que está sendo expresso pelo clamor do segundo anjo: "Caiu, caiu a grande Babilônia". Ou seja, isto é um anúncio da destruição iminente de toda cultura, bem como da própria Roma, que se estabelece arrogantemente contra Deus. A Roma pagã havia "dado a beber a todas as nações do vinho da fúria da sua prostituição". Na linguagem bíblica, essa "prostituição" não é primariamente sexual. Antes, a prostituição é uma figura de linguagem que representa o rejeitar a Deus. Assim como na prostituição comum uma esposa trai o esposo, na prostituição espiritual as pessoas traem o Deus que está presente e seguem aos ídolos. A proeminente voz pagã de Roma tem feito as nações beberem do vinho da loucura de sua prostituição.O terceiro anjo retrata vividamente os tormentos que aguardam aqueles que adoram a besta (ver 14.9-11). A referência à besta procede dos dois capítulos anteriores. Apocalipse 12.9 apresenta o próprio Diabo, aludido como "a antiga serpente", o que novamente nos lembra de Gênesis 3. Essa antiga serpente chama duas "bestas" como seus agentes. A primeira besta é tremendamente forte e poderosa, enquanto a segunda besta é enganadora e, às vezes, chamada de falso profeta. E, na visão de João, o Diabo, a primeira besta, e a segunda besta atuam juntos, como um tipo de imitação da Trindade, pretendendo ser Deus, tentando agir como o Pai, o Filho e o Espírito Santo, mas somente de maneira má e destrutiva, nunca sendo capaz de ser Deus. A besta quer que todos sejam marcados por sua imagem e fiquem sob seu domínio e controle. Isso é parte da linguagem do capítulo anterior.Por isso, o terceiro anjo diz em voz alta:

Seguiu-se a estes outro anjo, o terceiro, dizendo, em grande voz: Se alguém adora a besta [ou seja, o emissário de Satanás] e a sua imagem e recebe a sua marca na fronte ou sobre a mão,
também esse beberá do vinho da cólera de Deus, preparado, sem mistura, do cálice da sua ira, e será atormentado com fogo e enxofre, diante dos santos anjos e na presença do Cordeiro.
A fumaça do seu tormento sobe pelos séculos dos séculos, e não têm descanso algum, nem de dia nem de noite, os adoradores da besta e da sua imagem e quem quer que receba a marca do seu nome.

Apocalipse 14.9-11

O Deus que é Bastante Irado

A ira de Deus preparada sem mistura? O que isso significa? A figura é extraída da prática de beber vinho no mundo antigo. Quando você produz vinho, ele sai com teor alcoólico de cerca de 15%. Pode ser um pouco maior ou um pouco menor, mas ele não é um produto destilado no qual a quantidade de álcool pode ser controlada. O vinho é um processo fermentado, por isso ele depende do açúcar, da temperatura, do tipo de uvas e assim por diante. Mas, em geral, o teor alcoólico do vinho é cerca de 15%. Contudo, no mundo antigo, era muito comum "abrandar" o vinho com água, algo em torno de uma parte em dez (uma parte de vinho para dez partes de água) e uma parte em três. A maioria dos vinhos de mesa que as pessoas bebiam no mundo antigo era abrandado. A figura é uma maneira de dizer que, no passado, a ira de Deus fora diluída. Como se o texto dissesse: "Este é, agora, o vinho da ira de Deus preparado sem mistura. Qualquer manifestação da ira de Deus que vocês viram até agora – o exílio, por exemplo, as pragas no Antigo Testamento, doenças, guerras – qualquer uma dessas coisas que vocês viram como manifestações horríveis da ira de Deus era a forma diluída. Agora, a ira de Deus será derramada sem mistura".

Várias figuras são usadas para comunicar esta verdade: "E será atormentado com fogo e enxofre, diante dos santos anjos e na presença do Cordeiro" (14.10). Isso não significa que os anjos e o Cordeiro estão assentados, sorrindo e dizendo: "Eu lhes disse isto". Significa que há nessas pessoas bastante consciência dos anjos e do Cordeiro, a quem não poderão ter mais acesso, e consciência de que isso é parte de seu tormento. Não poderão sair dali. "A fumaça do seu tormento sobe pelos séculos dos séculos" (14.11).

A COLHEITA (AP 14.14-20)

A chegada do juízo de Deus é retratada em duas figuras da agricultura.

1. A COLHEITA DE GRÃOS (AP 14.14-16)

O ensino destes versículos é muito simples: o tempo estabelecido está chegando, a colheita acontecerá, e não há como escapar dela. Aquele que é "semelhante a filho de homem" é o próprio Cristo, que tem "na mão uma foice afiada". E o anjo que sai do templo (ou seja, de seu Pai celestial) diz: "Toma a tua foice e ceifa, pois chegou a hora de ceifar, visto que a seara da terra já amadureceu! E aquele que estava sentado sobre a nuvem passou a sua foice sobre a terra, e a terra foi ceifada" (Ap 14.15-16).

Em outras palavras, a vida não continua para sempre, interminavelmente. Isso não é hinduísmo em que há ciclos de existência. A história na Bíblia é teológica – ou seja, ela se encaminha para um momento, para um *telos*, um alvo, um fim. Ela começa em um momento e termina em um momento; ela se encaminha para o fim que Deus designou. Quando chegar o tempo, e o próprio Senhor passar a sua foice, o tempo como o conhecemos agora não existirá mais, e o julgamento será final.

2. O PISAR DO LAGAR (AP 14.17-20)

A visão final enfatiza a amplitude violenta da ira de Deus, quando ela é finalmente derramada. No mundo antigo, os viticultores pegavam as uvas que haviam colhido e as colocavam num grande tanque de pedra. No fundo do tanque, havia pequenos buracos, e, quando as uvas eram esmagadas, o suco corria por esses buracos, através de canais de pedra, até vasos coletores. As uvas eram colocadas no tanque, e as servas tiravam as sandálias, erguiam as saias, pulavam e esmagavam as uvas. Isso fazia o suco fluir. Em seguida, o suco era coletado, e dele saiam a fermentação e o vinho que marcava a prosperidade do viticultor.

Ora, essa figura é usada para retratar pessoas sendo lançadas no grande lagar da ira de Deus, pessoas que são esmagadas tão completamente e em números tão elevados, que o sangue delas flui dos canais até a uma altura de freios de cavalo, numa extensão de quase 320 quilômetros.

Eu sei que isso é linguagem figurada. O enxofre também é uma figura. Em outra passagem, trevas e cadeias são figuras, com certeza. Em ambos os casos, as figuras são usadas para nos dizer algo importante quanto ao pavor do julgamento final sobre aqueles que desprezam o "evangelho eterno". O principal ensino da linguagem figurada aqui é a plenitude violenta da ira de Deus, quando ela for derramada no final.

REFLEXÕES BÍBLICAS E TEOLÓGICAS SOBRE A IRA DE DEUS

O que devemos fazer com isso? Muitos crentes de nossos dias querem dizer: "Certamente, é melhor pensar no inferno como um lugar em que haverá punição temporária, até que todas as pessoas percam, finalmente, toda a consciência: aniquilação". Outros acham que é manipulador e cruel pensar no inferno: "Fale apenas sobre o amor de Deus". Há diversas coisas que devem ser ditas. Este não é um assunto fácil, mas tem de ser dito.

1. Na Bíblia, Jesus foi a pessoa que mais falou sobre o inferno

Jesus foi quem apresentou as imagens mais horríveis e mais vívidas. Ele falou abertamente para os seus discípulos que estavam em risco de serem crucificados, espancados e sofrerem outras atrocidades: "Não temais os que matam o corpo e não podem matar a alma; temei, antes, aquele que pode fazer perecer no inferno tanto a alma como o corpo" (Mt 10.28). Ele falou sobre algemas, cadeias, trevas exteriores. Às vezes, pessoas dizem: "Quero ir para o inferno. Todos os meus amigos estão lá". Não há amigos no inferno. Jesus falou sobre choro e ranger de dentes. Portanto, não é surpreendente que ele tenha chorado sobre a cidade quando as pessoas não se arrependeram e creram.

Então, se pessoas acham que falar sobre o inferno é manipulador, elas têm de acusar Jesus de manipulação. Contudo, a acusação será sensível apenas se a ameaça do inferno não for real. Advertir pessoas a abandonarem um prédio em chamas, contando-lhes as consequências terríveis de permanecer ali e suplicar-lhes que se apressem a sair dele, nunca seria chamado de manipulação. Visto que o inferno é real, terrível e tem de ser evitado urgentemente, seria falta de amor e compaixão de minha parte *não* advertir as pessoas, exatamente como o seria da parte de Jesus *não* advertir as pessoas de sua época.

A única coisa que muitos americanos sabem a respeito de Jonathan Edwards, o puritano da Nova Inglaterra, é que ele pregou um sermão intitulado "Pecadores nas Mãos de um Deus Irado". Muitos alunos de ensino médio leem este sermão como parte de suas aulas de literatura americana ou de história americana. O principal ensino do sermão é, nas palavras do próprio Edwards: "Não há nada que mantenha os ímpios, a qualquer momento, fora do inferno, senão o prazer de Deus".[1] Nem um pouco da linguagem de Edwards é ilustrativa. Inúmeras gerações de alunos têm lido e rejeitado o sermão como bárbaro ou algo pior.[2] Mas o fato é que a pregação sobre o inferno não constituía o cerne do ministério de Edwards. Ele pregou e escreveu sobre uma ampla variedade de assuntos, e seu livro que expõe 1Coríntios 13, conhecido como o capítulo do amor, é, ainda hoje, uma leitura rica e prazerosa. Nisso, Edwards seguiu a Jesus, que também pregou sobre uma ampla variedade de assuntos, mas dedicou algum espaço para advertir sobre o terrível perigo de ir para o inferno. Mesmo nos detalhes, Edwards não diferiu muito de Jesus. Se Edwards foi bárbaro, Jesus também o foi. Se devemos agradecer a Jesus por ter falado a verdade e apresentar uma advertência necessária, também devemos agradecer a Edwards.

2. HÁ INDICAÇÕES DE QUE ESTE LUGAR DE SOFRIMENTO CONTINUA PARA SEMPRE

Você observou as palavras de Apocalipse 14.11: "A fumaça do seu tormento sobe pelos séculos dos séculos"? Isto não parece um lugar em que o sofrimento chega ao fim. Ou, de novo, alguns capítulos à frente:

---

1 O sermão já foi publicado muitas vezes em diferentes lugares. Uma versão está disponível no livreto *Sinners in the Hands of an Angry God* (Phillipsburg, NJ: P&R Publishing, 1992), 12.

2 Ver, por exemplo, a proveitosa abordagem de Douglas A. Sweeney, *Jonathan Edwards and the Ministry of the Word* (Downers Grove, IL: InterVarsity, 2009), 132-36.

Desceu, porém, fogo do céu e os consumiu.

O diabo, o sedutor deles, foi lançado para dentro do lago de fogo e enxofre, onde já se encontram não só a besta como também o falso profeta; e serão atormentados de dia e de noite, pelos séculos dos séculos.

Apocalipse 20.9-10

É um consolo ilusório supor que as pessoas lançadas no inferno serão, por fim, aniquiladas.

3. AS PESSOAS NO INFERNO NÃO PODEM MAIS SE ARREPENDER

O inferno não será cheio de pessoas que dirão: "Bem, bem, você venceu! Sinto muito. Eu me arrependo. Eu gostaria realmente de outra chance. Gostaria de crer em Jesus. Gostaria de ir para o céu".

Não posso provar isso, mas creio que há muitas indicações bíblicas para afirmar que isso é verdade. O último capítulo da Bíblia diz: "Continue o injusto fazendo injustiça, continue o imundo ainda sendo imundo; o justo continue na prática da justiça, e o santo continue a santificar-se" (Ap 22.11). Ou seja, você irá para o novo céu e a nova terra – ou para o inferno – e permanecerá, em princípio, o que você já era. Se, como um cristão, você já era visto como justo em Cristo, e foi se conformando cada vez mais à semelhança de Cristo, você irá para o novo céu e a nova terra, e a justiça se tornará sua, sem observações, exceções, tendências de cair ou as influências da velha natureza. "O justo continue na prática da justiça." A retidão será consumada. Ou você irá para o inferno e não se tornará, repentinamente, uma nova pessoa, puro: "Continue o injusto fazendo injustiça, continue o imundo ainda sendo imundo". O mal será consumado.

O inferno estará cheio de pessoas que não queriam ir para lá, mas também não queriam se humilhar. Por toda a eternidade elas ainda odiarão a Deus. Ainda desprezarão a cruz. Ainda fomentarão o pecado; ainda odiarão outros no ciclo interminável de pecado, iniquidade, ingratidão e idolatria autoescolhidos e suas consequências. A perspectiva é horrível. O pecado incessante é uma parte tão integrante do caráter e da constituição delas, que, se fossem transportadas para o céu, o odiariam. Exatamente como vimos em João 3, uma passagem que fala sobre o amor de Deus, quando a luz vem, as pessoas amam mais as trevas do que a luz, porque as suas obras são más. Este é o horrível pavor do inferno: punição incessante e, ainda, nenhum arrependimento. Nunca. Essa é a razão por que a Bíblia nos exorta a "fugir da ira vindoura" (Mt 3.7).

O cristianismo biblicamente fiel não se apresenta como uma estrutura religiosa excelente que torna os pais mais felizes, os filhos mais bem educados e que faz os bons cidadãos pagarem os impostos. Pode produzir melhores pais e cidadãos que pagam os impostos, mas a questão em jogo no cristianismo bíblico tem a ver com a eternidade: céu e inferno, assuntos de importância crucial, o relacionamento do homem com o seu Criador, o que Deus proveu em Cristo, o que a cruz e a ressurreição significam. Em última análise, o que o inferno mede é quanto Cristo pagou por aqueles que são livres do inferno. A medida do sofrimento de Cristo (em maneiras que não pretendo começar a entender) como Deus-homem é a medida do tormento que merecemos e ele suportou. E, se você entender isso e crer nisso, achará difícil contemplar a cruz por muito tempo sem verter lágrimas.

4. TODO CRENTE QUE ENSINA ESTAS COISAS SEM LÁGRIMAS ESTÁ TRAINDO A JESUS

A fé e o pensamento cristão não são favorecidos por pregadores bravos cujo tom de voz quase sugere que eles não se entristecem com o fim trágico de outros. Nós, cristãos, deveríamos ser os primeiros a reconhecer, como Paulo em Efésios 2, que somos *todos*, por natureza, filhos da ira – começando por nós, que nos tornamos cristãos. Se experimentamos o perdão dos pecados e a reconciliação com o Deus vivo, isso acontece somente por causa da graça do evangelho. Somos apenas mendigos que dizem aos outros que há comida;

somos apenas condenados que acharam perdão e querem que os outros gozem deste mesmo perdão.

ORAÇÃO CONCLUSIVA

Senhor Deus, abra os nossos olhos, para que vejamos a importância eterna do glorioso evangelho de Cristo. Ajuda-nos a ver que os terrores que se acham neste mundo, as ameaças e tormentos mostrados frequentemente no decorrer da história do mundo são nada, quando comparados com a ira do Cordeiro. Temos diante de nós uma escolha: viver nossa vida com medo das pessoas e do que elas pensam, pessoas que, no máximo, podem fazer-nos pouco mal neste mundo, ou viver nossa vida em temor submisso daquele que pode destruir tanto o corpo quanto a alma no inferno – e fazer isso com justiça. Senhor Deus, ajude-nos a voltar-nos para o único escape, para aquele que levou o nosso pecado, com sua culpa e penalidade, em seu corpo, na cruz, para que fossemos feitos justiça de Deus nele. Ajude-nos a cantar juntamente com aquele antigo e convertido traficante de escravos, John Newton:

Vi um Homem pendurado numa cruz
Em agonia e ensanguentado;
Ele fixou o olhar amoroso em mim
Quando perto da cruz eu fiquei.

A consciência sentiu, admitiu a culpa
E lançou-me em desespero;
Meus pecados fizeram-no sangrar
E ajudei a pregarem-no na cruz.

Ele olhou segunda vez e disse:
"Perdoo graciosamente todo pecado;
Este sangue paga a tua redenção,
Eu morro para que possas viver".

Sua morte expõe o meu pecado
Em toda a sua cor mais sombria.
O mistério da graça é tal,
Que também sela o meu perdão.

Oh! como pode ser que na cruz
O Salvador morreu por mim?
Minha alma rejubila, meu coração exulta
Em pensar que Ele morreu por mim!

Senhor Deus, seja misericordioso para mim, um pecador. Por amor a Jesus, amém.

14

O Deus

QUE TRIUNFA

Chegamos agora a Apocalipse 21 e 22, os dois últimos capítulos do último livro da Bíblia. No entanto, começaremos com outra passagem.

No Sermão do Monte, que é registrado em Mateus 5 a 7, Jesus disse:

> *Não acumuleis para vós outros tesouros sobre a terra, onde a traça*
> *e a ferrugem corroem e onde ladrões escavam e roubam [ou onde o*
> *mercado de ações não pode erodi-lo];*
> *mas ajuntai para vós outros tesouros no céu, onde traça nem fer-*
> *rugem corrói, e onde ladrões não escavam, nem roubam [ou onde o*
> *mercado de ações não tem qualquer efeito];*
> *porque, onde está o teu tesouro, aí estará também o teu coração.*
>
> *Mateus 6.19-21*

A última sentença é tremendamente importante. Observe com atenção o que Jesus disse. Ele não disse: "Guardai o vosso coração", e sim: "Escolhei o vosso tesouro". Há outras passagens em que somos advertidos a guardar o coração: "Sobre tudo o que se deve guardar, guarda o coração, porque dele procedem as fontes da vida" (Pv 4.23). Mas, nessa passagem do Sermão do Monte, não foi isso que Jesus disse. O que ele propôs foi algo assim: "O teu coração seguirá o teu tesouro, então, o escolha corretamente".

Em outras palavras, se o que você mais valoriza são tesouros da terra – coisas que podem ser boas em si mesmas, ser apreciadas e pelas quais podemos dar graças – se isso é todo o horizonte de seu tesouro, o seu coração seguirá essa direção. "Coração" não se refere apenas às emoções ou aos impulsos românticos de alguém. Frequentemente, na Bíblia, "coração" está relacionado com a essência do ser humano: quem você é, o que pensa, o que ama. E, se o que você valoriza no coração tem a ver com todas as coisas desta vida, *e isso é tudo*, então, o seu coração seguirá isso. Sua criação imaginativa se direcionará para isso. Sua energia será norteada para isso. E seus pensamentos convergirão para isso. Você esperará por isso e sonhará com isso. É claro que, se você for um cristão, também crerá, em algum nível, que há um novo céu e uma nova terra a serem ganhos. Todavia, essa crença não significará uma coisa boa em sua maneira de viver, a menos que o novo céu e a nova terra sejam algo que você anseia, algo que você entesoura. Se tudo que você valoriza pertence a esta vida, a crença na vinda de um novo céu e uma nova terra não o moldará de alguma maneira poderosa.

Se, por outro lado, embora possamos apreciar as coisas boas que Deus nos dá nesta vida (e há tantas), o que você mais valoriza está relacionado com o novo céu e a nova terra, a sua imaginação se direcionará para isso, sua energia se voltará para isso, e seu coração convergirá para isso. Os cristãos que vivem em partes do mundo onde há muita perseguição, violência e sofrimento não têm, de modo algum, dificuldade para entender essa verdade. Você encontra cristãos no Sul do Sudão ou no Irã, e eles entendem imediatamente este ensino.

Por contraste, se vivemos em lugares que abundam das coisas boas deste mundo, nosso coração seguirá facilmente o que há aqui e raramente se encantará com o que está por vir. Isso significa que uma das coisas que temos de fazer, se temos de levar a sério a exortação do Senhor Jesus, é separar tempo para pensar frequentemente em passagens da Bíblia que nos dizem como são o novo céu e a nova terra. Precisamos abastecer nossa imaginação para que vejamos o que o Senhor nos ordenou entesourar, meditar, valorizar, perseguir.

O Deus que Triunfa

303

Há poucas passagens como Apocalipse 21 e 22 que foram escritas intencionalmente para satisfazer esse propósito. Estes capítulos são profundamente simbólicos, e há muito pouco espaço para que eu considere cada versículo e explique todos os símbolos. Entretanto, mesmo com uma consideração rápida, poderemos ver sobre o que Jesus estava falando.

> *Vi novo céu e nova terra, pois o primeiro céu e a primeira terra passaram, e o mar já não existe.*
>
> *Vi também a cidade santa, a nova Jerusalém, que descia do céu, da parte de Deus, ataviada como noiva adornada para o seu esposo.*
>
> *Então, ouvi grande voz vinda do trono, dizendo: Eis o tabernáculo de Deus com os homens. Deus habitará com eles. Eles serão povos de Deus, e Deus mesmo estará com eles.*
>
> *E lhes enxugará dos olhos toda lágrima, e a morte já não existirá, já não haverá luto, nem pranto, nem dor, porque as primeiras coisas passaram.*
>
> *E aquele que está assentado no trono disse: Eis que faço novas todas as coisas. E acrescentou: Escreve, porque estas palavras são fiéis e verdadeiras. Disse-me ainda: Tudo está feito. Eu sou o Alfa e o Ômega, o Princípio e o Fim. Eu, a quem tem sede, darei de graça da fonte da água da vida.*
>
> *O vencedor herdará estas coisas, e eu lhe serei Deus, e ele me será filho.*
>
> *Quanto, porém, aos covardes, aos incrédulos, aos abomináveis, aos assassinos, aos impuros, aos feiticeiros, aos idólatras e a todos os mentirosos, a parte que lhes cabe será no lago que arde com fogo e enxofre, a saber, a segunda morte.*
>
> *Então, veio um dos sete anjos que têm as sete taças cheias dos últimos sete flagelos e falou comigo, dizendo: Vem, mostrar-te-ei a noiva, a esposa do Cordeiro;*
>
> *e me transportou, em espírito, até a uma grande e elevada montanha e me mostrou a santa cidade, Jerusalém, que descia do céu, da parte de Deus,*
>
> *a qual tem a glória de Deus. O seu fulgor era semelhante a uma pedra preciosíssima, como pedra de jaspe cristalina.*

Tinha grande e alta muralha, doze portas, e, junto às portas, doze anjos, e, sobre elas, nomes inscritos, que são os nomes das doze tribos dos filhos de Israel.

Três portas se achavam a leste, três, ao norte, três, ao sul, e três, a oeste.

A muralha da cidade tinha doze fundamentos, e estavam sobre estes os doze nomes dos doze apóstolos do Cordeiro...

Nela, não vi santuário, porque o seu santuário é o Senhor, o Deus Todo-Poderoso, e o Cordeiro.

A cidade não precisa nem do sol, nem da lua, para lhe darem claridade, pois a glória de Deus a iluminou, e o Cordeiro é a sua lâmpada.

As nações andarão mediante a sua luz, e os reis da terra lhe trazem a sua glória.

As suas portas nunca jamais se fecharão de dia, porque, nela, não haverá noite.

E lhe trarão a glória e a honra das nações.

Nela, nunca jamais penetrará coisa alguma contaminada, nem o que pratica abominação e mentira, mas somente os inscritos no Livro da Vida do Cordeiro.

Então, me mostrou o rio da água da vida, brilhante como cristal, que sai do trono de Deus e do Cordeiro.

No meio da sua praça, de uma e outra margem do rio, está a árvore da vida, que produz doze frutos, dando o seu fruto de mês em mês, e as folhas da árvore são para a cura dos povos.

Nunca mais haverá qualquer maldição. Nela, estará o trono de Deus e do Cordeiro. Os seus servos o servirão,

contemplarão a sua face, e na sua fronte está o nome dele.

Então, já não haverá noite, nem precisam eles de luz de candeia, nem da luz do sol, porque o Senhor Deus brilhará sobre eles, e reinarão pelos séculos dos séculos.

Apocalipse 21.1-14; 21.22-22.5

O DEUS QUE TRIUNFA

Em um dos cursos de primeiro ano que ensino no seminário, às vezes dou aos alunos um trabalho interpretativo no qual eles têm de passar por Apocalipse 21 e 22 e separar toda alusão a qualquer coisa do Antigo Testamento. E há muitas dessas alusões. O que esses dois capítulos fazem é reunir grande quantidade de temas do Antigo Testamento – muitos dos quais vimos nos treze capítulos anteriores. Podemos examinar apenas uma pequena parte deles, mas são maravilhosos.

O que João, o autor, vê em sua visão final? Ele vê o que é novo (Ap 21.1-8), o que é especialmente carregado de simbolismo (21.9-21), o que está ausente (21.22-27) e o que é central (22.1-5).

O QUE É NOVO (APOCALIPSE 21.1-8)

O que João vê inicialmente é nada menos que "novo céu e nova terra" (21.1). É claro que isso nos recorda as palavras iniciais de Gênesis 1: "No princípio, criou Deus os céus e a terra". Assim, o começo da Bíblia se conecta com o seu fim. Mas, agora, esse novo céu e essa nova terra (como veremos nos versículos seguintes) não são maculados por qualquer resíduo do pecado de Gênesis 3. É um *novo* céu e uma *nova* terra. Isso é o que João vê: uma transformação da existência. João acrescenta: "E o mar já não existe" (21.1). Para aqueles que amam o mar, isso parece cruel, não parece? Mas o que devemos entender é que para os antigos israelitas o mar estava associado com caos. Os israelitas não eram um povo marítimo.

Eu nasci no Canadá, mas os meus pais nasceram, ambos, no Reino Unido. Os britânicos nascem com água salgada nas veias, por ser uma nação que habita uma ilha. A realidade geográfica os tornou um povo que viaja pelo mar, e como resultado disso, a literatura e a poesia dos britânicos estão cheias de figuras do mar. Sendo um menino que cresceu no Canadá, memorizei poemas como este:

Devo ir para os mares novamente, para o mar e o céu solitário,
Tudo que peço é um navio pequeno e uma estrela para me guiar,

A força do leme, a canção do vento e a vela branca a tremular,
Uma névoa cinza na superfície do mar e a aurora rompendo...

John Masefield[1]

No entanto, os israelitas da antiguidade não eram assim. Eram como um povo encerrado numa terra, e, na ocasião em que tentaram construir uma frota, sob o governo de Salomão, os navios tiveram de ser operados por homens dos portos pagãos da região costeira. Por isso, a poesia israelita é cheia de conotações negativas do mar; o mar pode estar associado com caos, perigo e coisas semelhantes. Em Isaías, "os perversos são como o mar agitado, que não se pode aquietar, cujas águas lançam de si lama e lodo" (Is 57.20). Esta passagem de Apocalipse não está falando das propriedades da água nesta nova realidade, sejam elas quais forem. Está dizendo que neste novo céu e nesta nova terra não há mais caos, não há mais destruição, não há mais sujeira e lama.

Esta expressão "novo céu e nova terra" remonta a Isaías (ver Is 65.17) e aparece de vez em quando na Bíblia. Aparece, por exemplo, em uma das cartas de Pedro (ver 2Pe 3.13). Às vezes, a mesma visão essencial é descrita em outros termos. O apóstolo Paulo escreveu que essa presente ordem mundial geme como uma mulher grávida e espera a transformação final do povo de Deus, quando todo o universo também será transformado (ver Rm 8.19-22).

É assim que a visão de João começa em Apocalipse 21. Quase imediatamente ela muda. "Vi também a cidade santa, a nova Jerusalém, que descia do céu, da parte de Deus" (21.2). Não devemos pensar em uma nova criação em que a nova Jerusalém surge, unindo assim as duas figuras. Pelo contrário, João está apenas mudando a metáfora. A literatura apocalíptica sobrepõe com habilidade metáforas diferentes. O ensino é que o estado final pode ser concebido como um novo céu e uma nova terra ou pode ser imaginado como uma nova cidade, uma nova Jerusalém. A mudança capacita os leitores a vislumbrarem diferentes aspectos da mesma realidade.

A visão de uma "nova Jerusalém" traz à mente a velha Jerusalém, que era

---

1 John Masefield, "Sea-Fever", *Salt Water Ballads*, 1902.

a cidade do grande rei, a cidade do templo, a cidade em que Deus se manifestou ao seu povo. Mas, agora, o que João vê em sua visão é uma nova Jerusalém, sem mácula ou corrupção. Esta nova Jerusalém nunca é derrotada pelos babilônios ou por ninguém mais. É uma visão profundamente social. Muitos de nós, ocidentais, pensamos em espiritualidade em termos altamente individualistas, mas este é o povo de Deus em um contexto social: uma cidade.

Sei que em parte de nossa literatura ocidental a cidade é entendida como antro de iniquidade, mas na Bíblia a cidade pode ser vista como um reservatório de mal ou como um glorioso lugar de beleza onde Deus vive com seu povo. Como resultado dessa tensão entre duas associações bem diferentes com a palavra "cidade", algumas pessoas, em tom de brincadeira, chamam o livro de Apocalipse de "uma história de duas cidades", porque este livro contrasta duas cidades simbólicas: Babilônia, famosa por idolatria pagã, e a nova Jerusalém.

João muda o simbolismo novamente. Ele vê a nova Jerusalém descendo "do céu, da parte de Deus, *ataviada como noiva adornada para o seu esposo*" (Ap 21.2, ênfase acrescentada). A cidade é agora uma noiva. Se algum rapaz que lê essas páginas está prestes a casar, recomendo-lhe fortemente que não diga à sua esposa na primeira noite: "Oh! você é uma cidade tão amável" ou: "Você me lembra uma grande cidade". Suspeito que sua esposa ficará confusa. Fiel à sua natureza, a literatura apocalíptica sobrepõe as figuras sem torná-las interdependentes. João pula de uma figura para outra.

Diversas vezes, no Antigo Testamento, Deus se apresenta como um tipo de noivo de seu povo, Israel. A figura é estendida ao Novo Testamento. Neste, Cristo é o noivo, e a igreja, a noiva. E os dois estão noivos até à grande ceia de consumação do casamento. Esta é uma maneira poderosa de dizer, em essência: "A alegria, a intimidade, o prazer, a união de alma, mente, coração e corpo, que conhecemos melhor em um casamento bem ordenado, são apenas uma indicação do tipo de intimidade e alegria que experimentaremos quando a igreja estiver unida com Cristo para sempre". Visto que Jesus é também designado, em outra metáfora, como um cordeiro sacrificial, o banquete final de casamento pode ser chamado de "ceia das bodas do Cordeiro" (Ap 19.9). E ainda neste capítulo 21, a cidade é, depois, referida como uma "noiva, a esposa do Cordeiro" (21.9).

"Então, ouvi grande voz vinda do trono, dizendo: Eis o tabernáculo de Deus com os homens. Deus habitará com eles" (Ap 21.3). Essa noção de Deus fazendo sua habitação com seu povo aparece repetidas vezes no Antigo Testamento. Em Levítico 26, quando o tabernáculo estava sendo montado no deserto, para os antigos israelitas, antes que houvesse um templo fixo, Deus falou: "Porei o meu tabernáculo no meio de vós, e a minha alma não vos aborrecerá. Andarei entre vós e serei o vosso Deus, e vós sereis o meu povo" (Lv 26.11-12). Neste caso, o lugar da habitação de Deus está associado com o tabernáculo e, depois, com o templo. O fato de que os israelitas eram o povo de Deus estava ligado aos rituais no tabernáculo. Alguns séculos depois, quando Deus prometeu que haveria uma nova aliança, ele disse: "Na mente, lhes imprimirei as minhas leis, também no coração lhas inscreverei; *eu serei o seu Deus, e eles serão o meu povo*" (Jr 31.33, ênfase acrescentada). Temos aqui uma linguagem semelhante. Contudo, se na velha aliança a habitação de Deus estava ligada à sua autorrevelação no tabernáculo, nos termos da nova aliança a habitação de Deus está ligada à sua autorrevelação na mente e no coração de seu povo. É a mesma linguagem, mas toda a noção é aprimorada. Agora, no *último* estágio, a mesma linguagem ("eu serei o seu Deus, e eles serão o meu povo") é aprimorada a um nível tal, que a intimidade é tão grande, e Deus é tão presente com eles, que é inconcebível que algum resíduo de pecado, decadência, julgamento, perda ou morte possa prevalecer. O aprimoramento das expectações é tão intenso que a própria perfeição é prevista. Por isso, lemos:

> *Eis o tabernáculo de Deus com os homens. Deus habitará com eles.*
> *Eles serão povos de Deus, e Deus mesmo estará com eles.*
> *E lhes enxugará dos olhos toda lágrima, e a morte já não existirá, já não haverá luto, nem pranto, nem dor, porque as primeiras coisas passaram.*
>
> *Apocalipse 21.3-4*

O DEUS QUE TRIUNFA

Aqui, a bem-aventurança eterna é expressa em termos negativos – ou seja, não haverá lágrimas, nem dores, nem pranto, nem morte, nada que é mau. Esse é apenas o lado negativo da glória por vir. O lado positivo é retratado na figura seguinte: estar com Deus em glória e esplendor, ver as perfeições infinitas que toda a eternidade não esgotará, porque ele é o nosso Deus, e nós, seu povo, habitaremos com ele, e ele, conosco, para sempre. Prazer incalculável!

Como se a nossa fé precisasse ser reassegurada, João acrescenta:

> *E aquele que está assentado no trono [ou seja, Deus mesmo] disse: Eis que faço novas todas as coisas. E acrescentou: Escreve, porque estas palavras são fiéis e verdadeiras.*
>
> *Disse-me ainda: Tudo está feito. Eu sou o Alfa e o Ômega [a primeira e a última letra do alfabeto grego], o Princípio e o Fim [desde a criação até à consumação, a nova criação; desde a criação em sua perfeição, com sua terrível imersão de pecado, destruição e decadência, até à obra que eu realizei no envio de meu próprio Filho e no derramamento do Espírito e até à consumação; eu sou o Alfa e o Ômega, e o ponto crucial é Jesus; agora chegamos à consumação].*
>
> *Eu, a quem tem sede, darei de graça [há graça novamente] da fonte da água da vida.*
>
> *O vencedor [em Apocalipse, isto se refere àqueles que perseveram até ao fim na confiança em Jesus; não se refere ao tipo de cristão que anda pela vida sem nunca se apegar a estas coisas; ser vitorioso, em Apocalipse, significa que você persevera em fidelidade, pela graça de Deus, até ao fim] herdará estas coisas, e eu lhe serei Deus, e ele me será filho.*
>
> *Quanto, porém, aos covardes, aos incrédulos, aos abomináveis, aos assassinos, aos impuros, aos feiticeiros, aos idólatras e a todos os mentirosos, a parte que lhes cabe será no lago que arde com fogo e enxofre, a saber, a segunda morte.*
>
> *Apocalipse 21.5-8*

Então, o que é novo? O novo céu, a nova terra, a nova Jerusalém, a união consumada entre Cristo e seu povo. Espetacular!

O QUE É CARREGADO DE SIMBOLISMO (APOCALIPSE 21.9-21)

Muito do que já dissemos era intensamente carregado de simbolismo, mas nesses versículos os símbolos se acumulam um sobre outro tão rapidamente que o leitor pode sentir-se saturado pelas figuras. Eu precisaria de muitas páginas para considerar todos os símbolos. Em vez disso, explicarei dois ou três deles.

O texto bíblico nos diz que a cidade que João vê brilha com "a glória de Deus" (21.11). Ou seja, o povo, esta cidade que desce do céu brilha com "a glória de Deus". Sejamos bem francos: mesmo as melhores igrejas de nossos dias (igrejas cheias do evangelho, nas quais há disciplina e responsabilidade, e os crentes amam realmente uns aos outros) são rebanhos defeituosos. A igreja ainda tem seu quinhão de pecado. É constituída de pecadores como você e eu, pecadores que, embora declarados justos, são pecadores que ainda não foram aperfeiçoados e ainda estão longe do que serão. Contudo, um dia a cidade resplandecerá com a presença de Deus. Nenhuma mancha em lugar algum. A linguagem é extraída dos profetas do Antigo Testamento que prenunciaram a Jerusalém que seria construída depois do exílio, aguardando pela Jerusalém final. Estas palavras foram dirigidas a Sião, a Jerusalém:

> Dispõe-te, resplandece, porque vem a tua luz, e a glória do Senhor nasce sobre ti.
> Porque eis que as trevas cobrem a terra, e a escuridão, os povos; mas sobre ti aparece resplendente o Senhor, e a sua glória se vê sobre ti.
>
> Isaías 60.1-2

Agora, a glória de Deus é manifestada na igreja, na nova Jerusalém. Observe as estranhas dimensões desta cidade:

O Deus que Triunfa

Aquele que falava comigo tinha por medida uma vara de ouro para medir a cidade, as suas portas e a sua muralha.

A cidade é quadrangular, de comprimento e largura iguais. E mediu a cidade com a vara até doze mil estádios. O seu comprimento, largura e altura são iguais.

Mediu também a sua muralha, cento e quarenta e quatro côvados, medida de homem, isto é, de anjo.

Apocalipse 21.15-17

O significado dos 12.000 e dos 144: a literatura apocalíptica ama símbolos; e ela nos lembra as doze tribos de Israel e os doze apóstolos: 12 multiplicado por 12 é igual a 144. Essa é uma maneira de dizer que todo o povo da antiga aliança e todo o povo da nova aliança constituem, juntos, este povo unificado (como "um novo homem" em Cristo, em Efésios 2.15).

Mas, uma cidade construída como um cubo? Até as mais espetaculares de nossas cidades não são como cubos. Novamente, isso tem de ser simbólico. Então, você para e pergunta a si mesmo: "Muito bem, onde há um cubo no Antigo Testamento?" Há apenas um: o Santo dos Santos, no tabernáculo ou no templo. Você lembrará que o tabernáculo tinha um cumprimento equivalente a três vezes a sua largura; e dois terços do tabernáculo constituíam a primeira parte, o Lugar Santo, e o último terço – semelhante a um cubo perfeito – era o Santo dos Santos. Era neste lugar que ficava a arca da aliança, incluindo a cobertura, onde o sangue de novilho e de bode era aspergido na presença de Deus, no Dia da Expiação. Era neste lugar que Deus se manifestava em sua glória quando o sangue era derramado. Agora, somos informados de que a nova Jerusalém, toda a cidade, é edificada em forma de um cubo. Isto é uma maneira de dizer que todos nós estaremos para sempre na presença de Deus. Não precisaremos mais de um sacerdote mediador. Não precisaremos mais de sangue de sacrifícios. Isto é equivalente ao que descobrimos quando Cristo foi crucificado: o véu do templo rasgou-se, o caminho para o Santo dos Santos, a presença de Deus, foi aberto. E toda a nova Jerusalém é construída em forma de um cubo.

O QUE ESTÁ AUSENTE (21.22-27)

João nos diz o que ele *não* vê na cidade, o que está ausente.

1. Templo

"Nela, não vi santuário, porque o seu santuário é o Senhor, o Deus Todo-Poderoso, e o Cordeiro" (Ap 21.22). Não há templo na cidade porque toda a cidade é construída como um cubo: já estamos no Santo dos Santos. Não podemos imaginar um templo *dentro do* Santo dos Santos! Ou, mudando a linguagem, Deus mesmo, aquele que se assenta no trono, e o Cordeiro são o templo, o ponto focal, o âmago do universo, o centro do templo – é aqui que o seu povo está. Não precisaremos mais de templos como os que nos serviram como meios, através dos séculos, para nos prepararem para a vinda de Cristo, porque Cristo já terá vindo.

2. Sol e lua

"A cidade não precisa nem do sol, nem da lua, para lhe darem claridade, pois a glória de Deus a iluminou, e o Cordeiro é a sua lâmpada" (Ap 21.23). Isto não é uma maneira de explicar-nos as estruturas astronômicas do novo céu e da nova terra, assim como a ausência do mar não revela as disposições hidrológicas. Como sempre, a linguagem é simbólica. No mundo antigo, em uma cultura que não contava com energia elétrica, as horas da noite traziam grandes trevas, especialmente se não havia lua. Era costumeiro fechar os portões da cidade para aumentar a segurança. Assim, uma pessoa se sentia segura, porque a noite estava ligada a perigo e a perversidade. Nesse tipo de cultura, o sol e a lua não somente davam tempo estruturado, por proverem os ciclos normais da vida, mas também sinalizavam relativa segurança. Agora, João nos diz:

> *A cidade não precisa nem do sol, nem da lua, para lhe darem claridade, pois a glória de Deus a iluminou, e o Cordeiro é a sua lâmpada.*
>
> *As nações andarão mediante a sua luz, e os reis da terra lhe trazem*

a sua glória. As suas portas nunca jamais se fecharão de dia, porque, nela, não haverá noite.

Apocalipse 21.23-25

Nenhum perigo, nenhuma maldição, nenhum pecado, nenhuma rebelião.

3. IMPUREZA

Mais extensivamente, não haverá nenhuma impureza: "Nela, nunca jamais penetrará coisa alguma contaminada, nem o que pratica abominação e mentira, mas somente os inscritos no livro da vida do Cordeiro" (Ap 21.27).

Você já tentou imaginar como seria não somente ser perfeitamente puro e imaculado, mas também viver em uma cultura imaculada e totalmente pura? É tão difícil imaginar isso. Como seria nunca ter mentido a respeito de algo ou de alguém? Como seria ter sempre, sempre amado a Deus de coração, alma, mente e força e o seu próximo como a você mesmo? Como seria viver em uma sociedade em que isso era verdadeiro quanto a todos ao seu redor? Você entende? Isso é normal na mente de Deus. Era assim que acontecia no princípio. É assim que acontecerá no final. Na existência pós-ressurreição, sem qualquer possibilidade de cair de novo, nenhuma impureza jamais entrará ali. Nenhuma. Nenhuma rivalidade. Nenhuma cobiça. Nenhum holocausto. Nenhum ódio. Nenhuma traição. Nenhuma inveja. Acima de tudo, nenhuma idolatria. Todos os que entrarem ali serão completa, plena, total e alegremente teocêntricos, *porque é assim que as coisas deveriam ser*. Achar todo o nosso supremo gozo e contentamento no Deus presente, o Deus que se revela para sempre, perfeita e inesgotavelmente diante de seu próprio povo, comprado por sangue – isso significa que toda a cultura do novo céu e da nova terra será impregnada com *shalom*, o bem-estar, a prosperidade, a paz social cuja imensurável fonte é aquele que está assentado no trono e é o Cordeiro.

O QUE É CENTRAL (AP 22.1-5)

Isto é o clímax da visão: vemos o que é central. Duas coisas são enfatizadas:

1. A água da vida que flui do trono de Deus e do Cordeiro (Ap 22.1-3)

A linguagem é novamente extraída, em parte, de Gênesis:

> *Então, me mostrou o rio da água da vida, brilhante como cristal, que sai do trono de Deus e do Cordeiro.*
>
> *No meio da sua praça, de uma e outra margem do rio, está a árvore da vida, que produz doze frutos, dando o seu fruto de mês em mês, e as folhas da árvore são para a cura dos povos.*
>
> *Nunca mais haverá qualquer maldição. Nela, estará o trono de Deus e do Cordeiro. Os seus servos o servirão.*
>
> *Apocalipse 22.1-3*

"O trono de Deus e do Cordeiro" nos leva de volta à grande visão de Apocalipse 4 e 5, mencionada no capítulo anterior. Este Cordeiro, o próprio Jesus Cristo, é aquele que sai do trono e traz à realização todos os propósitos de Deus, porque ele é o leão-rei. O trono é, por assim dizer, um trono compartilhado: é o trono de Deus e do Cordeiro. E tudo que necessitamos para a vida eterna procede do seu reino. A água da vida procede de seu trono, plenamente dependente dele, em suprimento puro. Os doze meses produzem doze frutos; o "doze" nos lembra, novamente, as doze tribos e os doze apóstolos: todo o povo de Deus.

Há uma transformação tão profunda, que há cura das nações.

2. A visão de Deus (Ap 22.4-5)

De fato, a parte mais espetacular de toda a visão está nos versículos 4 e 5. Às vezes, ela é chamada de visão beatífica, a visão bendita – a visão de Deus.

> *Contemplarão a sua face, e na sua fronte está o nome dele.*
>
> *Então, já não haverá noite, nem precisam eles de luz de candeia, nem*

da luz do sol, porque o Senhor Deus brilhará sobre eles, e reinarão
pelos séculos dos séculos.

Apocalipse 22.4-5

"Contemplarão a sua face." Você lembra Êxodo 32 a 34, onde lemos que Moisés queria ver mais da glória de Deus, ver a face de Deus? Deus lhe respondeu: "Não me poderás ver a face, porquanto homem nenhum verá a minha face e viverá" (Êx 33.20). O mais próximo que podemos chegar de ver a face de Deus, antes da consumação, é o próprio Jesus, o Deus-homem. Agora, porém, fomos transformados de tal modo que nossa pecaminosidade, talvez possamos dizer isso, foi destruída, os últimos estágios da velha natureza e seus desejos pecaminosos desapareceram. Agora, pela graça de Deus, temos o privilégio de contemplar a Deus em toda a sua santidade transcendente. Às vezes, cantamos essas verdades mesmo quando não as entendemos bem:

Face a face com Cristo, meu Salvador,
Face a face – oh! o que será
Quando em êxtase eu contemplar
Jesus Cristo, que por mim morreu?

Agora eu o vejo vagamente,
Com um véu que obscurece,
Mas o dia bendito vindo está
Em que sua glória vista será.[2]

A maravilha do novo céu e da nova terra não é, em primeira instância, que você pode estar com sua mãe, que já partiu. Sem dúvida, haverá uma reunião do povo de Deus. Mas a Bíblia diz muito pouco sobre tais reuniões, comparado com o que ela diz sobre a pura, inimaginável e espetacular glória, centrada em Deus, que será nossa para sempre, quando contemplarmos a Deus em todas as suas perfeições. Todas as outras descrições bíblicas do estado final, tudo que

---

2 Carrie E. Breck, "Face to Face with Christ, My Savior", 1898.

316   O DEUS PRESENTE

é dito em outras partes da Bíblia sobre o trabalho que faremos e sobre nosso gozo e responsabilidade crescentes e sobre a tranquilidade de tudo ("O lobo habitará com o cordeiro, e o leopardo se deitará junto ao cabrito; o bezerro, o leão novo e o animal cevado andarão juntos, e um pequenino os guiará", diz Isaías 11.6) – embora estas perspectivas sejam maravilhosas, todas perdem seu brilho em comparação com esta visão da pura divindade de Deus, esta visão que nos consome, nos capacita e nos deixa perpetuamente transformados.

Parte de meu trabalho me leva a muitos lugares diferentes do mundo. Voo muito frequentemente. Mas, de vez em quando, estou viajando para algum lugar perto de casa; então, viajo de carro. Levo bastante música; e meu gosto musical é bastante eclético. Pouco tempo atrás, eu estava ouvindo Roger Whittaker, um cantor popular cuja peculiaridade é cantar as músicas populares de muitas partes diferentes do mundo. Naquela gravação, ele cantava uma canção popular do Canadá, o que aguçou imediatamente meus ouvidos. Cantava uma canção sobre Cape Breton. A canção descreve o lugar em termos líricos extravagantes. Na última estrofe, Whittaker cantava que, se pudesse terminar sua vida tranquilamente,

> O céu, dom de Deus, seria três coisas:
> Meu amor, Cape Breton e eu.[3]

Pensei comigo mesmo: "Meu querido Roger, você apenas definiu o inferno". Roger e seu "amor" reproduziriam como coelhos, ainda pecadores. Logo eles teriam Caim e Abel novamente e outra espiral de decadência. "O céu, dom de Deus, seria três coisas"? Roger Whittaker ainda pensava em termos totalmente egocêntricos: *seu* amor, *sua* preferência por Cape Breton e *ele mesmo*. Nada a respeito de Deus – e isso significa que a idolatria reina.

Na Bíblia, o que esta música chama de "o céu, dom de Deus" é, antes e acima de tudo, consumado na centralidade de Deus, de tal modo que, pela

---

3 Roger Whittaker, "My Love, Cape Breton, and Me", *Roger Whittaker's Greatest Hits*, audio-cassette, RCA AYK1-4743, 1972.

primeira vez, sem quaisquer exceções, embargos e falhas, conheceremos por experiência o que significa obedecer ao que Jesus chamou de o mandamento mais importante: amar a Deus de coração, alma, mente e força. E seremos transformados de tal modo que, conforme esta visão de felicidade eterna, saberemos por experiência o que significa amar nosso próximo como a nós mesmos.

Por isso, em cada geração e em todos os lugares, os cristãos se reúnem e oram usando as palavras extraídas do final deste capítulo: "Amém! Vem, Senhor Jesus!"

ORAÇÃO CONCLUSIVA

Quão limitada é a nossa visão, quão inadequadas, as nossas palavras, quão diminuto, o nosso amor por ti, Senhor Deus, em resposta a tudo que tens feito, em resposta a tudo que tens mostrado de ti mesmo em teu Filho, por meio de tua Palavra. Encha nosso coração de alegria, para que não somente nos envergonhemos do pecado e o detestemos, mas também sejamos atraídos ao teu querido Filho, à santidade, ao amor transparente uns pelos outros – tudo isso foi garantido por Cristo e sua obra na cruz em nosso favor. Atrai-nos ao novo céu e à nova terra, precisamente porque isso nos tornará melhores mordomos de tua graça neste mundo. Conceda, agora mesmo, que entendamos em nossa própria experiência, como o Espírito Santo é o penhor da herança prometida, a antecipação daquilo que um dia será realidade. Dá-nos o poder de assimilar, juntamente com todo o povo de Deus, as dimensões infinitas de teu amor por nós. Molda nossa vida por gratidão e adoração. Dá-nos coragem e vigor e, com estes, alegria santa e amor por tudo que é santo. Abra os nossos olhos para que vejamos a Jesus, o preço que ele pagou e a graça que derramou sobre nós, até que sejamos cativados por sua beleza, consumidos por um coração cheio de adoração. Por amor a Jesus, amém.

O Ministério Fiel tem como propósito servir a Deus através do serviço ao povo de Deus, a Igreja.

Em nosso site, na internet, disponibilizamos centenas de recursos gratuitos, como vídeos de pregações e conferências, artigos, e-books, livros em áudio, blog e muito mais.

Oferecemos ao nosso leitor materiais que, cremos, serão de grande proveito para sua edificação, instrução e crescimento espiritual.

Assine também nosso informativo e faça parte da comunidade Fiel. Através do informativo, você terá acesso a vários materiais gratuitos e promoções especiais exclusivos para quem faz parte de nossa comunidade.

Visite nosso website

www.ministeriofiel.com.br

e faça parte da comunidade Fiel

Esta obra foi composta em Chaparral Pro Regular 12, e impressa
na Promove Artes Gráficas sobre o papel Pólen Soft 70g/m²,
para Editora Fiel, em Março de 2021